第2版

図解

為替デリバティブのしくみ

公認会計士
山下章太

中央経済社

第2版刊行にあたって

本書の第1版を発行した2013年は、2008年に発生したリーマンショックにより、世界的な経済不況が継続し、急激な円高によって日本企業は大きな影響を受けました。リーマンショック前に契約した為替デリバティブは、急激な円高により多くの企業に損失を発生させました。

その後世界経済は回復し、グローバル化が進んだこともあり、日本企業が日本円以外の通貨を利用する機会が増加しました。この傾向は今後も継続すると考えられ、為替取引の重要性は年々増加しています。さらに、グローバル化した企業取引において、世界的に発生したパンデミックやカントリーリスクが為替市場に与える影響は無視することができません。

第1版の発行時はすでに起こっている為替デリバティブの問題について、その内容と解決方法を解説することをメインにしていましたが、第2版においては今後発生する可能性のある為替市場の変動にどのように備えていけばよいかという点をメインに解説しています。このため、第1版を読んだことがある人が第2版を読めば、全く違う書籍のような印象を受けるかもしれません。

それでは、為替デリバティブを理解するうえで必要となる為替市場に影響を与える事項、為替デリバティブを理解するための基本的なしくみを見ていきましょう。

2022年7月

山下　章太

◆はじめに◆

近年、為替デリバティブ取引をめぐり、会社と金融機関との間で訴訟、ＡＤＲ（裁判外紛争解決手続）などの争いが起きています。

紛争の原因は、ここ数年の急激な円高で、企業が多額の損失を被ってしまったことにあります。

契約締結前に金融機関からどのような説明を受けたのか？　金融機関の説明が十分であったか？　など、争点はさまざまです。

たとえば、企業が海外取引をしている場合、銀行は為替デリバティブを契約することによって為替リスクをヘッジ（回避）することを勧めてきます。

為替デリバティブを締結すると為替リスクが小さくなる場合もありますが、銀行が勧めてくるデリバティブ取引は、すべてが為替リスクを低減するものではなく、リスクヘッジとは関係のない為替デリバティブである場合も多くありました。なかには、為替リスクとは無縁の会社が、資金運用の一環として為替デリバティブを締結している場合もあります。

企業が金融機関と締結している為替デリバティブは、円高になると損失が発生するものがほとんどです。急激な円高が発生すると、ほぼすべての為替デリバティブから損失が発生したのが、近年の為替デリバティブの問題を生じさせたといえます。

デリバティブは必ずしも悪いものではありませんが、利用方法によっては大きなマイナスとなります。

近年の日本は、中小企業金融円滑化法の施行などにより、中小企業を支援していく金融政策が続いてきました。ただし、デリバティブは契約ですので、本来はデリバティブの契約で定められた事項は守らなければなりません。

たとえば、「2年前の賃料が高かったから返してくれ」とか「5年前の金利が高かったから返してくれ」といえないのと同じことで、そのうち中小企業を保護する政策が維持されなくなると、「デリバティブでの損失は、銀行に払いなさい」といわれるようになるでしょう。

今後の金融機関との付き合いを考えていくうえでも、問題となっている為替デリバティブが、どのような商品なのかを理解していかなければなりませんし、経営における為替リスクをヘッジすることによって、デリバティブをうまく利用して会社の経営を行っていく必要があります。

本書では、問題となっている為替デリバティブに焦点を当てて解説していきます。

デリバティブは、金融工学を駆使して組成されているため、一般にはとても理解しにくいように思われていますが、数学が得意な人でなくても、そのイメージさえつかめれば、理解できます。

目次

第2章　為替デリバティブを理解するための基礎知識

第3章　為替デリバティブの種類

第4章　為替デリバティブを考えるうえでのポイント

第5章　為替デリバティブの事例解説

※本書では、一部において、マイナス（負）記号の代わりに△を用いています。
例：－100円　↓　△100円

第1章

為替デリバティブの前提と特徴

為替デリバティブを理解するためには、そもそも、どういう状態になれば円高（円安）になるのかがわかっていなければ、正しく理解することはできません。ここでは、為替デリバティブの説明に入る前段階として、為替相場に影響を与える事象について説明します。なお、本書においては、投資価値を日本円ベースで説明しているので、他の通貨（たとえば米ドル）などで投資価値を判断すると逆になる点に留意してください。

1 為替デリバティブの特徴

デリバティブは日本語で「**金融派生商品**」といわれるものです。そのうち、外国通貨をベースにして派生した契約（商品）を、本書では「為替デリバティブ」といいます。外貨預金は契約時点で取引が完了しますが、為替デリバティブは契約形態、期間、回数、その他の条件をカスタマイズすることにより、数百種類の契約を作ることができます。

すなわち、為替デリバティブは、単純なものから複雑なものまでさまざまな契約形態があるため、ある程度の契約パターンが理解できていないと、正しいリスク判断ができません。

現物(たとえば外貨預金として米ドルを保有する場合)が米ドルの為替レートの変動に応じて発生する損益は、図表1・1のように直線的に発生します。「円安になったら利益が発生する」、「円高になったら損失が発生する」というように直感的にイメージできます。

これに対して、為替デリバティブの損益は為替レートに関係するものの、契約内容によって損益の幅（レンジ）が広くなるので、直感的にイメージしにくいのです。

現物（この場合は米ドル預金）は、図表1・2のように100円／米ドルで米ドルを購入して、80円になったらマイナス20円／米ドル（80－100）の損失が発生するので、直感的に損益がイメージできます。

それに対して、デリバティブは、80円になったらマイナス200円／米ドルの損失が発生する場合や、プラス100円／米ドルの利益が発生する場合があったりするので、直感的に損益をイメージしにくいのです。

❖為替デリバティブの損益の特徴

図表1・1 発生する損益の範囲

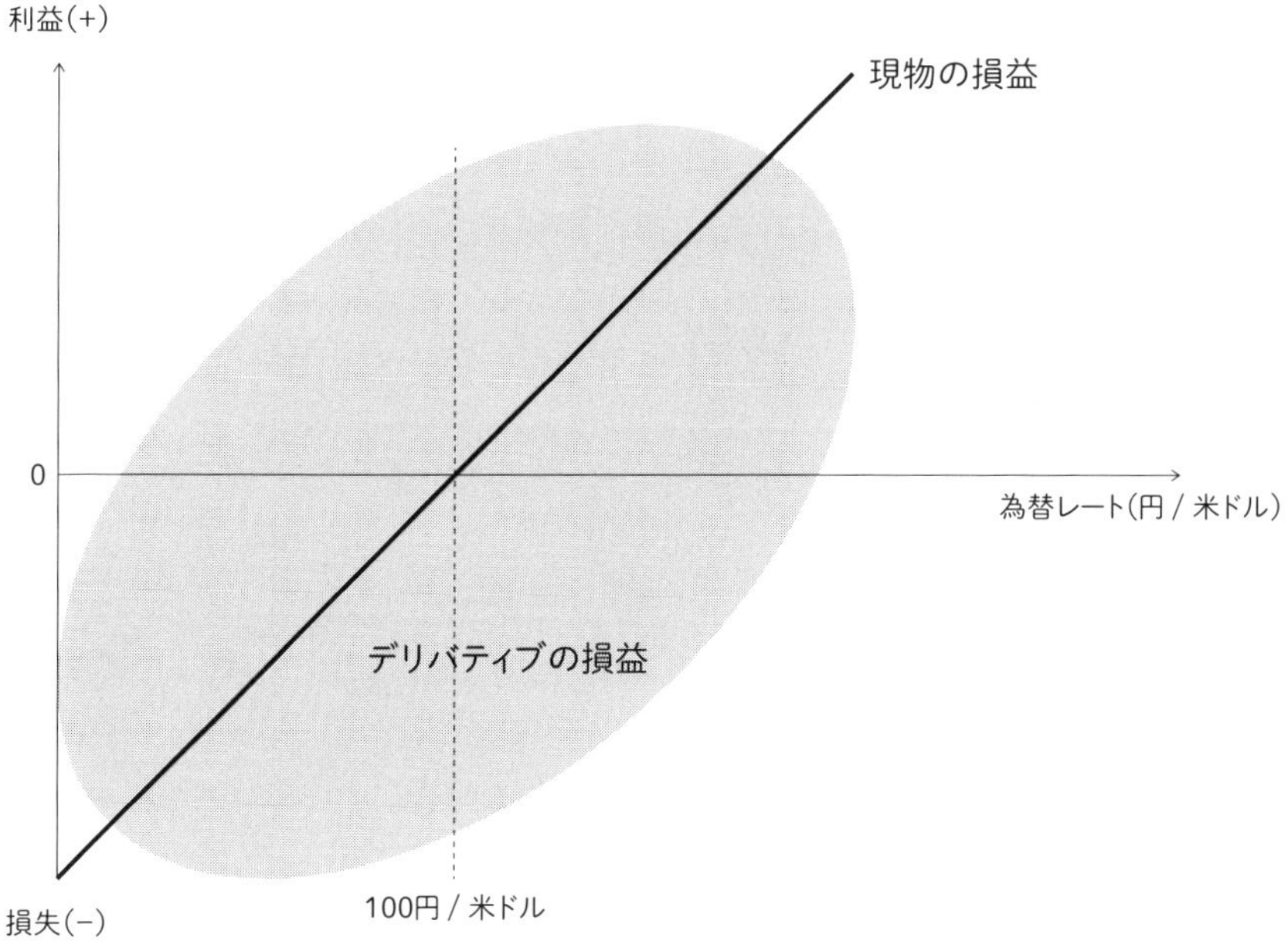

図表1・2 発生する損益の例

為替レート	80円/米ドル	100円/米ドル	120円/米ドル
現物	−20	0	+20
デリバティブA	−100	0	+100
デリバティブB	−200	−10	+50
デリバティブC	+100	0	−100

※為替レートが100円/米ドルの時に契約した場合

2 身近な為替デリバティブはどういうものがあるか？

本書は、主に企業向けの為替デリバティブ取引を対象にしているため、個人が行うＦＸ（外国為替証拠金取引）、ＣＦＤ（Contract for Difference：差金決済取引）、バイナリー・オプションなどの詳しい解説はありません。ただ、身近なデリバティブでイメージをつかむため、ここで例として説明します。

まず、最もシンプルな為替取引は図表1・3の外貨両替・外貨預金（たとえば、米ドルを日本円で両替するで、現物取引（米ドルと日本円を直接（現物で）やり取りする取引）といいます。

ＣＦＤは、対象が外国通貨であればＦＸと同じで、証拠金を担保とした信用取引です。図表1・3に示したように、1億円を担保にして5倍（5億円相当）の取引を行うので、経済実態としては、5億円を借りて5億円分の為替取引をしているのと同じです。資金貸借と差金決済があるだけで、これらは本書の対象（為替デリバティブ）ではありません。

バイナリー・オプションは為替デリバティブの一種です。正確にいうと、キャッシュ・デジタル・オプションという為替デリバティブです。図表1・4のように、1米ドル＝100円を超えたら（円安になったら）1億円もらえるという賭けに参加費5千万円で参加します。1カ月後の為替レートが110円／米ドルになったら1億円をもらえます（利益は5千万円＝1億円－5千万円）。1カ月後の為替レートが90円／米ドルになったら（円高になったら）お金がもらえないので、実質的に5千万円の損失です。バイナリー・オプションは、比較的単純なので理解しやすいと思います。

❖為替取引の種類と内容

図表1・3 個人の為替関連取引

俗称	契約の種類	取引の内容
外貨両替・外貨預金	現物取引	1億円で1百万米ドルを買う
FX、CFD	信用取引	1億円を担保にして、5百万米ドル（5億円分）を買う
バイナリー・オプション	デリバティブ（オプション）取引	1カ月後に1米ドル＝100円を超えたら（円安になったら）1億円もらえる権利を5千万円で買う

※ここでは、便宜上1米ドル＝100円として計算

図表1・4 キャッシュ・デジタル・オプションのイメージ

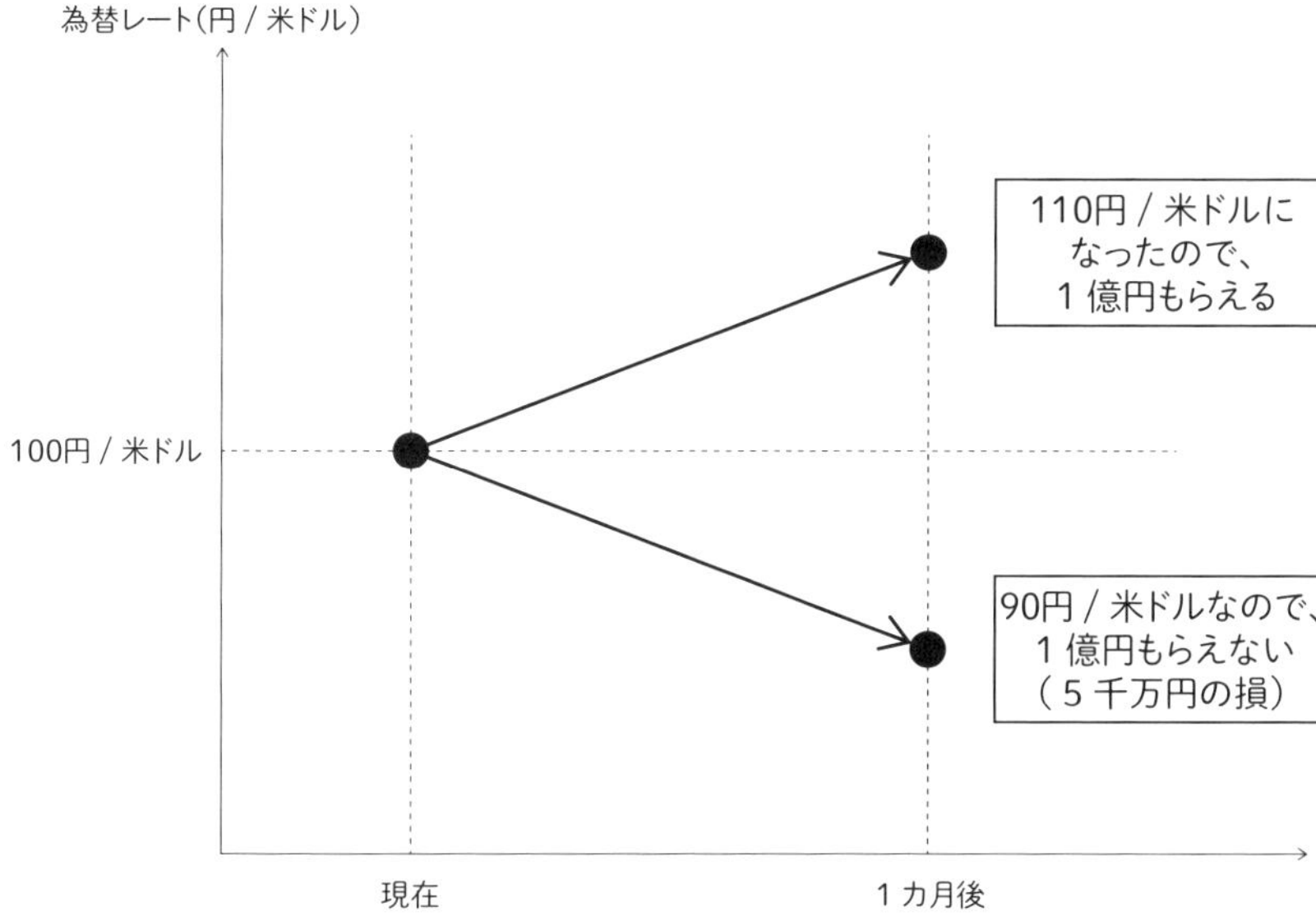
為替レート(円 / 米ドル)
110円 / 米ドルになったので、1億円もらえる
100円 / 米ドル
90円 / 米ドルなので、1億円もらえない（5千万円の損）
現在
1カ月後

3 為替デリバティブが必要な場合

為替デリバティブはリスクヘッジ（回避）のための重要な手段です。

たとえば、日本の会社が米国の会社から米ドル建で輸入取引を行っている場合、円高（1米ドル＝100円から1米ドル＝80円になった場合）になると日本円での仕入金額が減るため、会社としては得をします。逆に、円安（1米ドル＝100円から1米ドル＝120円になった場合）になると、日本円での仕入金額が増加するため、会社は損をします（図表1・5）。

会社としては、為替相場という世界の経済情勢に関するリスク、つまり本業と関係のないリスクを抱えることになります。

為替デリバティブは、本来はこのような本業とは関係のない為替リスクをヘッジして、収益を安定化させるために利用します。すなわち、「リスク回避のための手段」です。

為替リスクのヘッジ手段として「為替予約」を例に考えてみましょう。

1百万米ドルの仕入取引のリスクをヘッジするために、1米ドル＝100円で為替予約（買い）を締結したとします。

為替予約（買い）は100円／米ドルで取引を行うため、図表1・6のように円高になった場合は損しますが、仕入価格は図表1・7のように100円／米ドルで一定になるため、為替相場の影響をヘッジできます。

為替デリバティブは、為替相場の影響を受けずに仕入金額を一定化させるという趣旨からは、理にかなったものといえます。

❖為替レートと価格

図表1・5 為替レートと仕入価格の関係

	為替レート（円／米ドル）A	仕入価格（米ドル）X	仕入価格（日本円）Y=A×X
円高	80	1,000,000	80,000,000
↑	90	1,000,000	90,000,000
	100	1,000,000	100,000,000
↓	110	1,000,000	110,000,000
円安	120	1,000,000	120,000,000

図表1・6 為替レートと為替予約の関係

為替レート（円／米ドル）A	為替予約レート（円／米ドル）B	元本（米ドル）X	損益（日本円）Y=(A－B)×X
80	100	1,000,000	－20,000,000
90	100	1,000,000	－10,000,000
100	100	1,000,000	0
110	100	1,000,000	10,000,000
120	100	1,000,000	20,000,000

図表1・7 為替予約をした場合の仕入価格

為替レート（円／米ドル）A	為替予約レート（円／米ドル）B	仕入価格（米ドル）X	仕入価格（日本円）Y＝B×X
80	100	1,000,000	100,000,000
90	100	1,000,000	100,000,000
100	100	1,000,000	100,000,000
110	100	1,000,000	100,000,000
120	100	1,000,000	100,000,000

4 行き過ぎてしまった為替デリバティブの利用

為替デリバティブは、先ほども説明したように「為替リスクヘッジのための非常に強力なツール」として利用できるため、海外との取引がある会社は多かれ少なかれ必要なものといえます。

ただし、何事にも限度というものがあります。毎回100万米ドルの取引しかないにもかかわらず、200万米ドル（仕入代金の2倍）の為替予約を利用すると、余計に為替リスクが増えてしまいます。

図表1・8～10をご覧ください。これは、仕入価格の2倍の為替予約を行った場合の計算例です。

1米ドル＝100円の為替予約の場合、為替予約の元本が仕入価格の2倍なので、逆に為替リスクが増加してしまっています。これではヘッジの意味がありません。このような過剰なヘッジ取引をオーバーヘッジといいます。

このように、為替デリバティブは強力な為替リスクのヘッジのツールですが、使い方を間違えると逆にリスクが増加してしまいます。

為替デリバティブで大きな損失が発生しやすいのは、次のようなケースです。

- 必要のない為替デリバティブまで契約した。
- 本来必要な金額を超えて為替デリバティブを契約した。
- 資金運用の一環として為替デリバティブを契約した。

❖行き過ぎた為替デリバティブの利用

図表1・8 為替レートと仕入価格の関係

	為替レート（円／米ドル）A	仕入価格（米ドル）B	仕入価格（日本円）C=A×B
円高	80	1,000,000	80,000,000
↑	90	1,000,000	90,000,000
	100	1,000,000	100,000,000
↓	110	1,000,000	110,000,000
円安	120	1,000,000	120,000,000

図表1・9 為替レートと為替予約の関係

為替レート（円／米ドル）A	為替予約レート（円／米ドル）D	元本（米ドル）E	損益（日本円）F=(A−D)×E
80	100	2,000,000	−40,000,000
90	100	2,000,000	−20,000,000
100	100	2,000,000	0
110	100	2,000,000	20,000,000
120	100	2,000,000	40,000,000

図表1・10 為替予約をした場合の仕入価格

為替レート（円／米ドル）A	為替予約レート（円／米ドル）D	仕入価格（日本円）C−F
80	100	120,000,000
90	100	110,000,000
100	100	100,000,000
110	100	90,000,000
120	100	80,000,000

5 為替レートはどのように変動するか？

為替相場がどのような要因によって形成されているかを理解することは重要です。為替デリバティブを契約するなら、将来的にどのような為替相場の変化が起こり得るかを予測できる必要があるからです。ここでは、過去の代表的な経済環境の変化と日本円・米ドルの変動を比較し、どのような要因が為替相場に影響するかを説明します（図表1・11）。

1980年代に日本において発生した不動産バブルは、日本の株価や不動産価格を急激に上昇させたわけですが、同様に日本円の価値も高めました。日本円と米ドルの関係でいうと、日本円の価値が上がったのに対して、米ドルの価値は変わらなかったため、相対的に日本円の価値が高くなりました（円高）。

次に、米国で1990年代に発生したITバブルは米国の価値を高めることになり、特に変化のない日本と比較して相対的に米ドルの価値を高めました（円安）。

1990年代後半に発生したアジア通貨危機においては、東南アジア諸国は影響を受けた一方、日本はそれほどでもなかったため、結果として円高になりました。

2008年に発生したリーマンショックでは、欧米諸国の価値下落と比べて日本は被害が少なかったため、米ドルの価値下落よりも日本円の価値下落のほうが小さく、結果的に円高が発生しました。

日銀の量的・質的金融緩和（QQE）は、日本円の短期・長期金利をほぼゼロに抑えて円安に誘導しました（日本円の価値を下げた）。

図表1・12はあくまで為替相場に影響を与える要因の一部ですが、為替相場を理解するうえで、ヒントになるはずです。

❖為替レートの変動要因を理解しよう

図表1・11 為替レートの変動と主要な要因

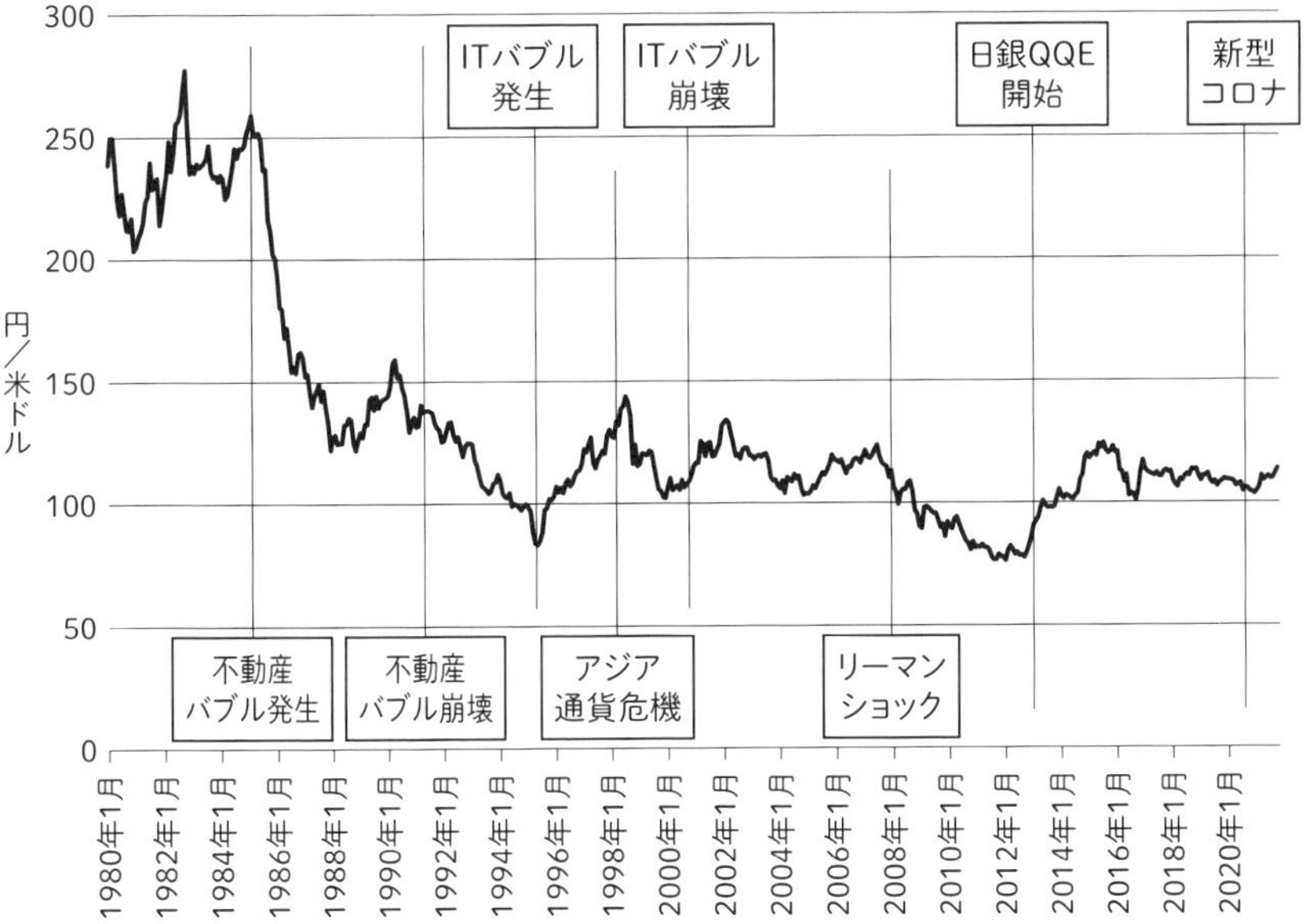

図表1・12 為替相場に影響を与える要因とその内容（例示）

要因	内容
景気の急激な上昇	一方の国の貨幣価値が上昇したことによる為替レートの変動 例：不動産バブル、IT バブル
経済危機の発生	被害の少ない国の通貨が上昇 例：アジア通貨危機、リーマンショック
金利政策による影響	金利を低く（高く）することでその国の通貨を安く（高く）する政策 例：日本銀行の量的・質的金融緩和

6 為替相場の需給関係はどのように形成されるか？

他の商品と同様に、為替相場は各通貨の需要と供給で決定されます。古典経済学の需要曲線で米ドル取引を説明すると、図表1・13のように米ドルの価値が下がれば需要（買い）が増えます（米ドルが安い時に買う）。供給曲線で説明すると、米ドルの価値が上がれば供給（売り）が増えます（米ドルが高い時に売る）。

すなわち、通常は一時的に円高・円安になったとしても、米ドルを買いたい人と売りたい人が均衡し、適正価格（この場合は100円／米ドル）が形成されます。

ただし、これは各通貨の人気が変わらない場合の話です。実際には、何らかのイベントが発生すると通貨の人気が変化します。たとえば、日本の周辺で戦争が勃発すると、日本経済に大きなダメージが生じることが予想されます。投資家は日本円を売却して、他の通貨に乗り換えようとするでしょう（日本円の人気が下がる）。そうすると、日本円を売却したいと考える投資家が増えて、米ドルの需要（買い）が高まり、米ドルの需要曲線が図表1・14の①から②のようにシフトします。一方、米ドルの供給曲線は以前と変わらないので、円安（100円／米ドルから200円／米ドルになる）が発生します。

このように、為替相場の形成過程は他の資産（たとえば、リンゴ）と同じで、対象通貨の人気によって形成されます。ただし、A国とB国両方とも人気が上がる（人気が下がる）ということもあり得るため、価格決定要因がマルチファクター（複数の要因に左右される）という点が他の資産の価格形成過程とは異なります。以降では、為替相場に影響を与えるイベントについて解説します。

❖為替相場を経済学で考えると

図表1・13 正常時の需要供給曲線

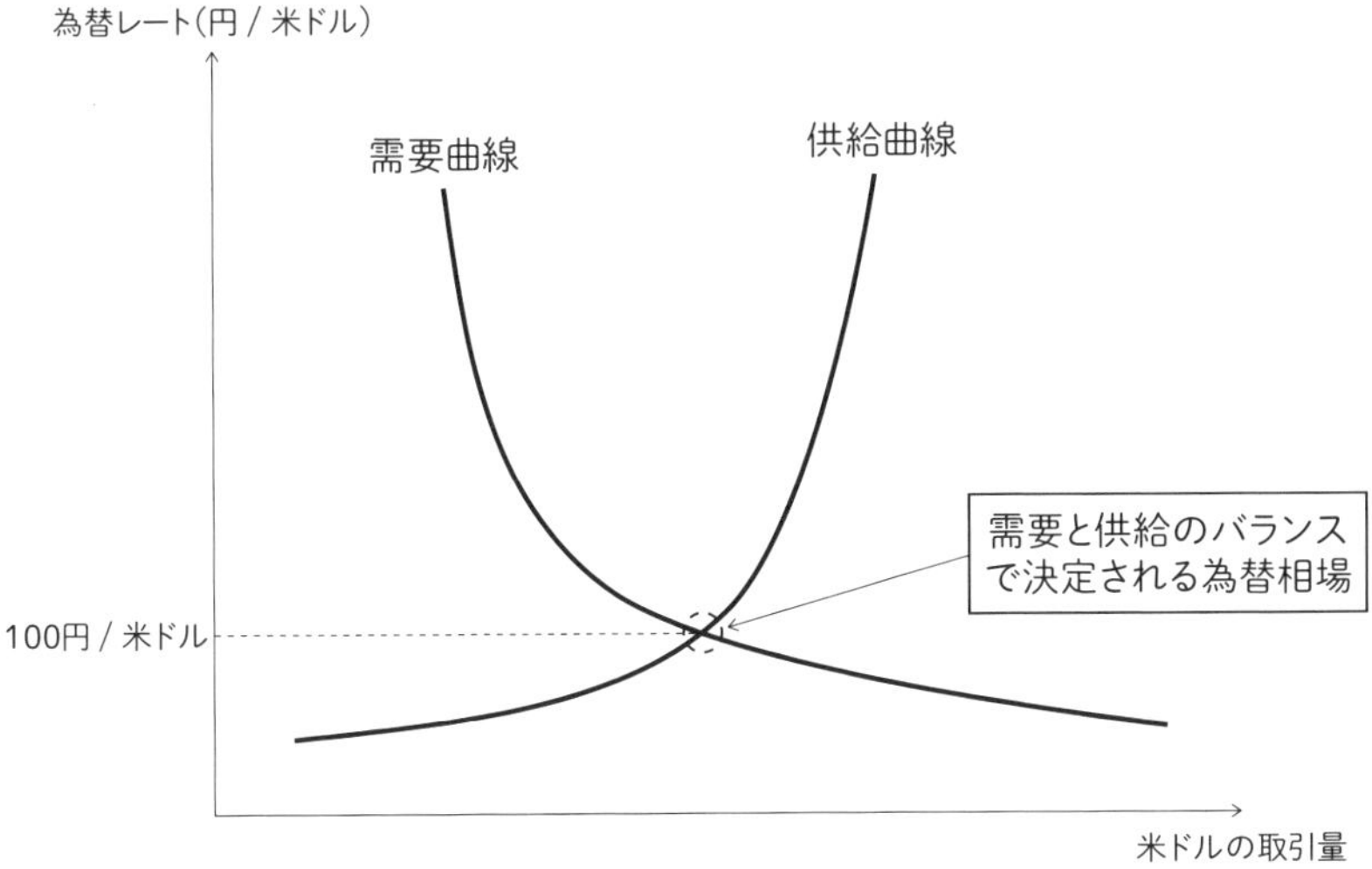

為替レート(円 / 米ドル)
需要曲線
供給曲線
需要と供給のバランスで決定される為替相場
100円 / 米ドル
米ドルの取引量

図表1・14 日本周辺で戦争が起こった場合の需要供給曲線

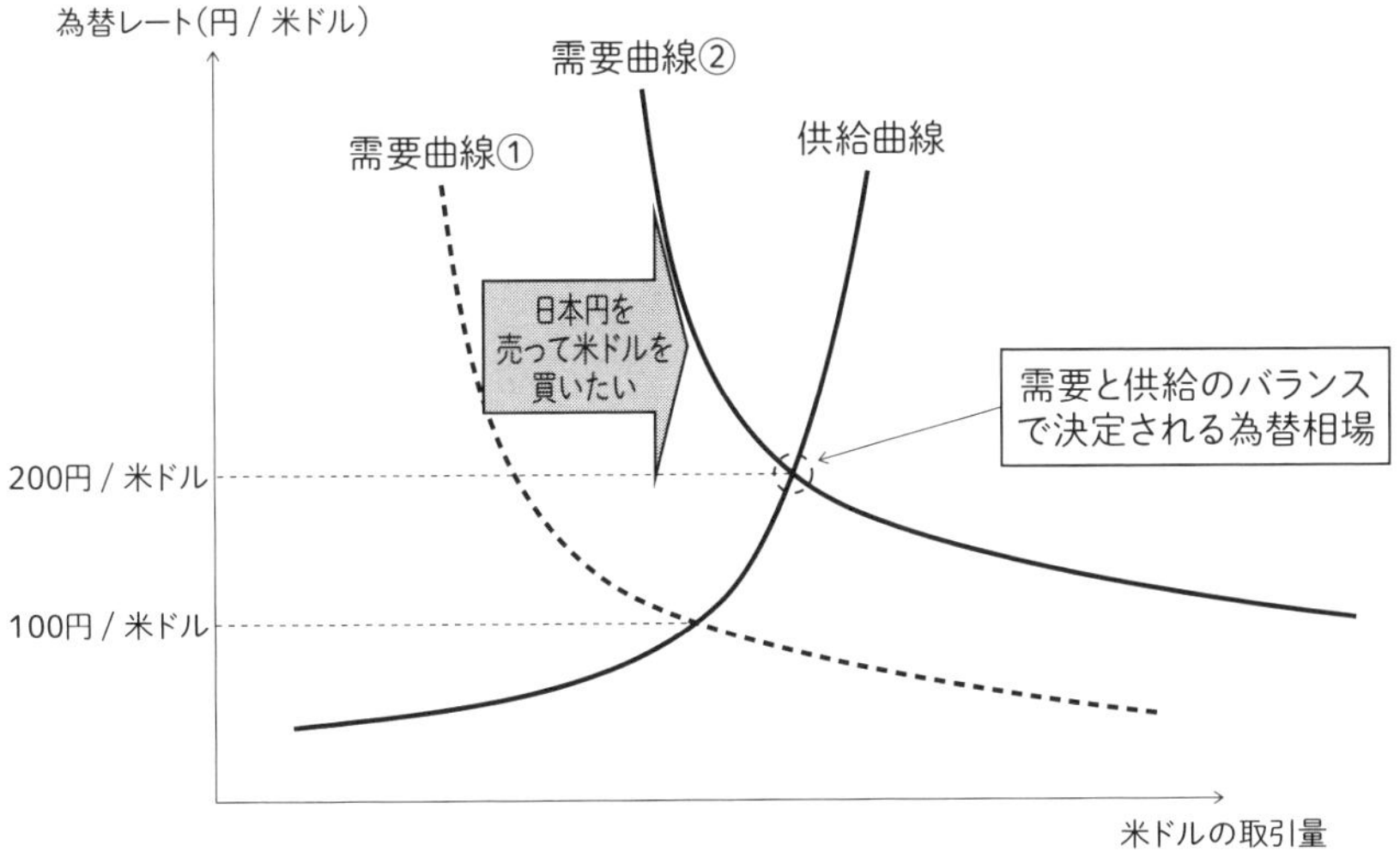

為替レート(円 / 米ドル)
需要曲線②
需要曲線①
供給曲線
日本円を売って米ドルを買いたい
需要と供給のバランスで決定される為替相場
200円 / 米ドル
100円 / 米ドル
米ドルの取引量

7 金利は為替相場にどのような影響を与えるか？

ここでは、金利がどのように為替相場に影響を与えるかという点について、例題をもとに解説します。

例題

A国とB国の金利は5％です。B国が金利を3％に引き下げた場合、為替レートは、どのように変化するでしょうか？

解答

A国通貨が高くなり、B国通貨が安くなる。

解説

A国の金利は変動していないので、B国の金利引下げ後は、A国の金利は5％、B国の金利は3％です。A国の金利のほうが高いので、投資家はB国に保有する資産（たとえば、預金や国債）を売却して、金利の高いA国の資産を購入するはずです（図表1・15）。

そうすると、A国通貨の需要（買い）は高まり（A国通貨が高くなる）、B国通貨の供給（売り）が高まります（B国通貨が安くなる）。

為替レートは2国間の相対的な人気を反映して決定されるため、一方が金利を下げる（人気が下がる）とその国の通貨が安くなり、もう一方の通貨が相対的に高くなるのです（図表1・16）。

A国通貨に人気が出たわけでなく、B国通貨の人気が下がったので、投資家は「A国のほうがB国通貨よりはマシ」と判断しA国通貨が高くなるのです。もしA国がそれを阻止したい場合は、B国と同じ金利（3％）に引き下げる必要があります。

❖金利と為替相場の関係

図表1・15 金利引下げによる為替相場の変動

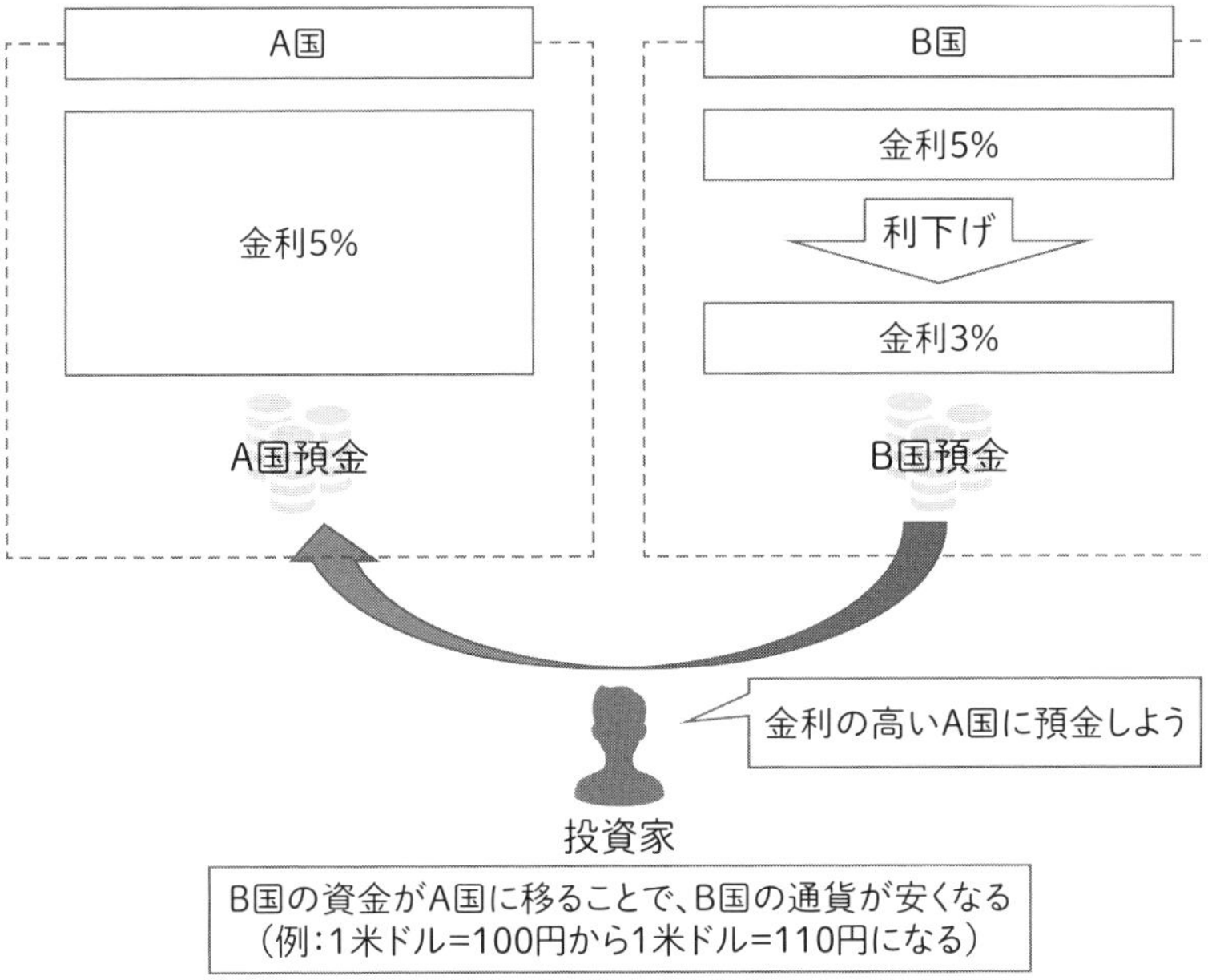

金利5%
A国預金

金利5%
利下げ
金利3%
B国預金
金利の高いA国に預金しよう
投資家
B国の資金がA国に移ることで、B国の通貨が安くなる
(例:1米ドル=100円から1米ドル=110円になる)

図表1・16 為替相場の変動のフロー

一方の国(B国)が金利を引き下げる

↓

もう一方の国(A国)のほうが金利が高いので、B国の預金をA国に移す

↓

B国通貨の人気がなくなり、価値が低くなる(A国通貨の価値が相対的に高くなる)

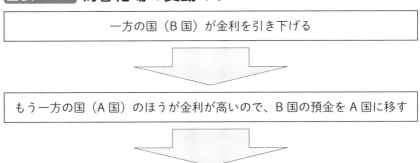

8 カントリーリスクは為替相場にどのような影響を与えるか？

為替相場は2国間の相対的な人気投票なので、カントリーリスク（対象国の政治・経済・社会環境のリスク）が大きな影響を与えます。

図表1・17のように、A国がカントリーリスクを抱えていることがわかった場合、さまざまな投資家（たとえば、グローバルマクロのヘッジファンド）がその通貨を空売りします。大量の空売りの結果、買い手がいなくなりA国通貨の価値が大幅に安くなります。

A国が通貨安を回避するためには、投資家（たとえばヘッジファンド）との戦いが必要になってくるので、財政的に健全な国でなければ防げません。

特定の国の通貨が売却されることによって通貨価値が暴落することを「通貨危機」といいますが、このような事態になると、周辺国や主要な貿易国は影響を受けます。

たとえば、1997年にアジア通貨危機が発生しましたが、ヘッジファンドの空売りが主な原因といわれています。アジア通貨危機においては、タイ、マレーシア、インドネシア、韓国などが大きな打撃を受けました。

自国通貨を発行している国家は、貨幣発行量（マネーサプライ）を増減することによって、ある程度の為替レートの維持は可能です。ただし、国家が相手にしているのは世界中の投資家（たとえば、銀行やファンド）なので、世界中の敵に立ち向かうだけの体力がなければ、自国の為替レートを維持することができないのです。

図表1・18のように、A国が攻防に勝利すればA国通貨は上昇して空売り前の水準に戻るのに対して、投資家が勝利すればA国通貨は暴落します。

❖カントリーリスクと通貨危機

図表1・17 カントリーリスクによる為替相場の変動

A 国の情勢が不安定になる（カントリーリスクの増加）

↓

投資家が A 国の通貨を大量に空売りする

↓

A 国通貨が大量に売却されて買い手がいなくなり、A 国通貨が安くなる

図表1・18 通貨をめぐる攻防（図表1・17の続き）

A 国通貨が大量に売却されて買い手がいなくなり、A 国通貨が安くなる

↓

A 国が A 国通貨を買う VS 投資家が A 国通貨を空売りする

↓ A 国の勝利

A 国通貨が上昇し、空売り前に戻る

↓ 投資家の勝利

A 国通貨が暴落する（通貨危機）

9 為替相場は誰が決定するのか？

有事でなければ、為替相場は売り手と買い手の需給で決定されます。また、国や中央銀行が金利を操作することによって、ある程度は通貨を高くしたり安くしたりすることも可能です。

また、為替レートは、自国の経済環境（内的要因）に左右され、さらに周辺国の状況（外的要因）にも左右されます。

図表1・19のように、さまざまな要因がそれぞれ影響を与え、それらを総合的に勘案しながら為替レートが決定されるため、単純に誰かが為替相場を決定しているような状況ではないのです。

すなわち、あるプレイヤーの行動が為替相場に影響を与えるものの、別のプレイヤーがその影響を阻止することもできるのです。

図表1・20は、為替市場と株式市場を簡単に比較したものです。市場取引なので、価格に影響を受ける要因は類似しています。どちらも金利による影響は受けますが、影響度は株式市場よりも為替市場のほうが大きいと思います。

また、為替市場は規模が株式市場よりも大きいため、投資家の売買によって株式市場ほど価格が動きません。

このように、為替相場は他の市場（たとえば株式市場）と類似する点はあるものの、価格に影響を与える要因が多く、それらが複雑に絡んでいる点が、他の投資手段と異なる点といえるでしょう。

❖為替レートは誰が決める？

図表1・19 為替レートの決定要因（例示）

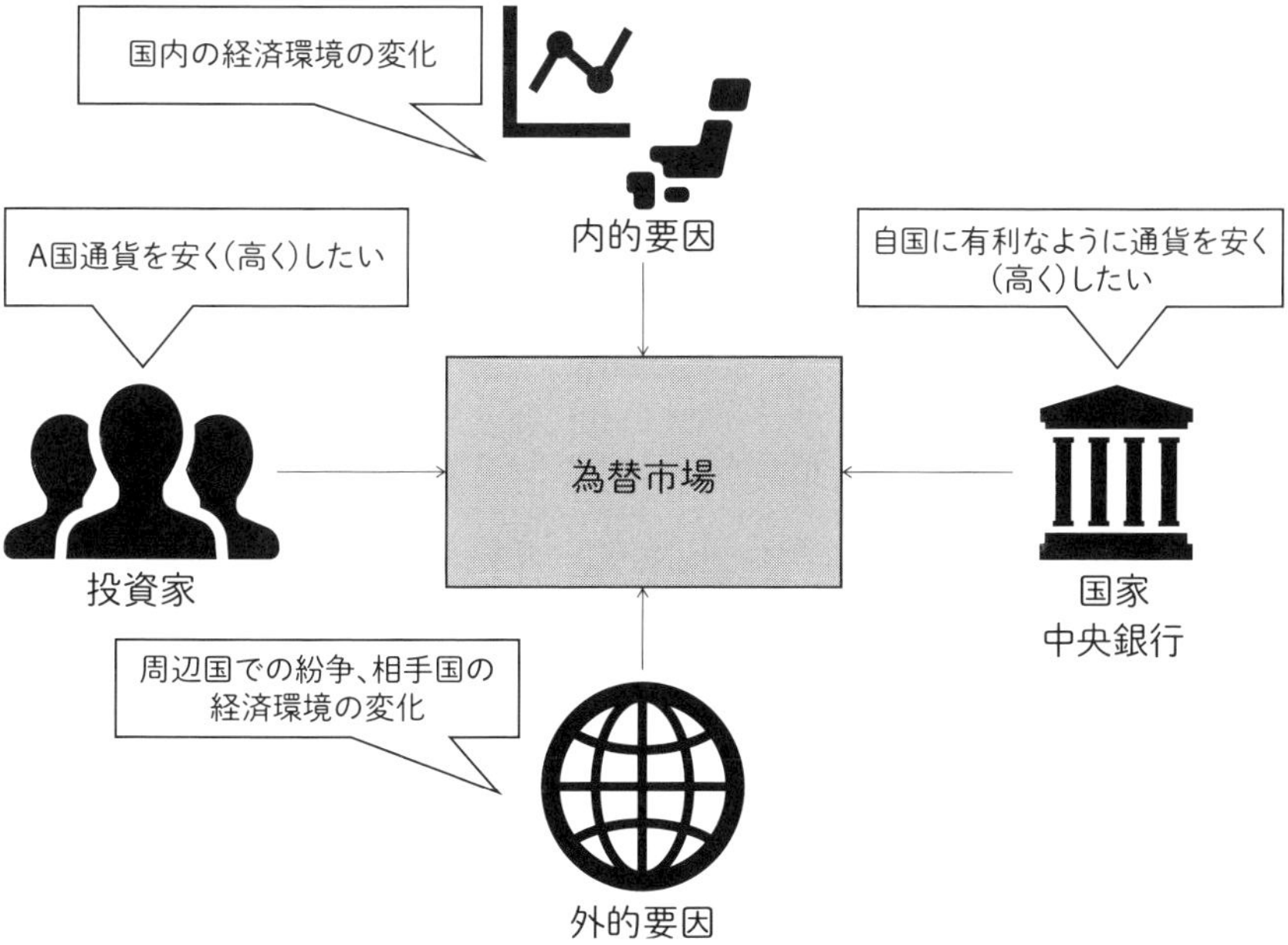

図表1・20 為替市場と株式市場の比較

要因	為替市場	株式市場
金利政策	影響を受ける	あまり影響を受けない
内的要因	影響を受ける	影響を受ける
外的要因	影響を受ける	影響を受ける
投資家の売買	あまり影響を受けない	影響を受ける

10 円高（円安）は誰にとって得なのか？

為替市場は日々変動します。円高（円安）になった場合、どのような影響があるのかを理解しておく必要があります。

まず、円高は日本円の価値が高くなり、相手国（たとえば米国）の通貨価値が相対的に低くなる場合で、1米ドル＝100円から1米ドル＝80円に為替レートが低下する（円が高くなるので、同じ日本円で多くの米ドルを買えるようになる）ケースです。

逆に、円安は日本円の価値が低くなり、相手国の通貨が相対的に高くなる場合で、1米ドル＝100円から1米ドル＝120円に為替レートが上昇する（円が安くなるので、米ドルを買うのに多くの日本円が必要になる）ケースです。

為替レートが変化すると、さまざまな会社に影響を与えます。図表1・21は、小売業と製造業を例にした円高・円安の影響を示したものです。

外国から商品・製品を輸入する業種（図表1・21の小売業と製造業（輸入型）。たとえば食品スーパー）の場合は、円高（為替レートが下がる場合）になると商品仕入金額や製品製造コストの円換算額が低下するため、利益が出やすくなります。

逆に、外国に商品・製品を輸出する業種（図表1・21の製造業（現地型、輸出型）。たとえば自動車メーカー）の場合は、円安（為替レートが上がる場合）になると外国での製品販売額の円換算額が上昇するため、利益が出やすくなります。

すなわち、どのような業態かによって、円高・円安による影響が違ってくるのです。

❖円高（円安）で得する会社と損する会社

図表1・21 業種による為替相場の影響

業種	円高の場合	円安の場合
小売業	＋ 輸入商品の円換算額が下がるため	－ 輸入商品の円換算額が上がるため
製造業 （現地型：海外で製造・海外で販売）	－ 海外の製造・販売による外貨建て利益が同じでも、円換算額が減るため	＋ 海外の製造・販売による外貨建て利益が同じでも、円換算額が増えるため
製造業 （輸出型：日本で製造・海外で販売）	－ 海外販売価格が同じでも円換算額が減るため	＋ 海外販売価格が同じでも円換算額が増えるため
製造業 （輸入型：海外で製造・日本で販売）	＋ 海外製造コストの円換算額が下がるため	－ 海外製造コストの円換算額が上がるため
製造業 （日本で製造・日本で販売）	影響なし	影響なし

11

日本の金利は世界最低水準

各国の金利政策が為替相場に影響を与えると前述しました。後ほど説明するように、デリバティブも金利が大きな価格決定要因になるため、ここでは代表的な日本の金利である日本国債金利について説明します。

日本国債の年度末（12月末）時点の金利が1986年からどのように推移したかを示したのが、図表1・22です。1年、5年、10年の新発国債の利回りの推移を見るとバブル崩壊後（1990年代）から急激に国債金利が低下し、2015～2016年からはほぼゼロ金利となっています。今後、日本の金利が上がる可能性は低く（理由は後で説明します）、しばらくの間は現状の金利水準に近い状態で推移していくと思います。

次に、日本と米国の10年国債利回り（毎年12月末時点）を比較したものが図表1・23です。米国国債利回りも日本と同様に徐々に低下しているものの、日本国債利回りほど低くはありません。

過去数十年間において、日本の金利は他の先進諸国の金利よりも低く、この傾向はしばらく続いていくと思われます。

日本と先進諸国の金利差は国債だけではなく、広く一般的に利用されている市場金利にも反映されています。日本の金利水準が他の先進諸国よりも低いことが、為替デリバティブの評価を考えるうえで、重要なポイントです。

日本国債がなぜこれほど低金利を維持しているのかについて、次項以降で解説していきます。

❖過去の国債利回り

図表1・22 日本国債の利回りの推移

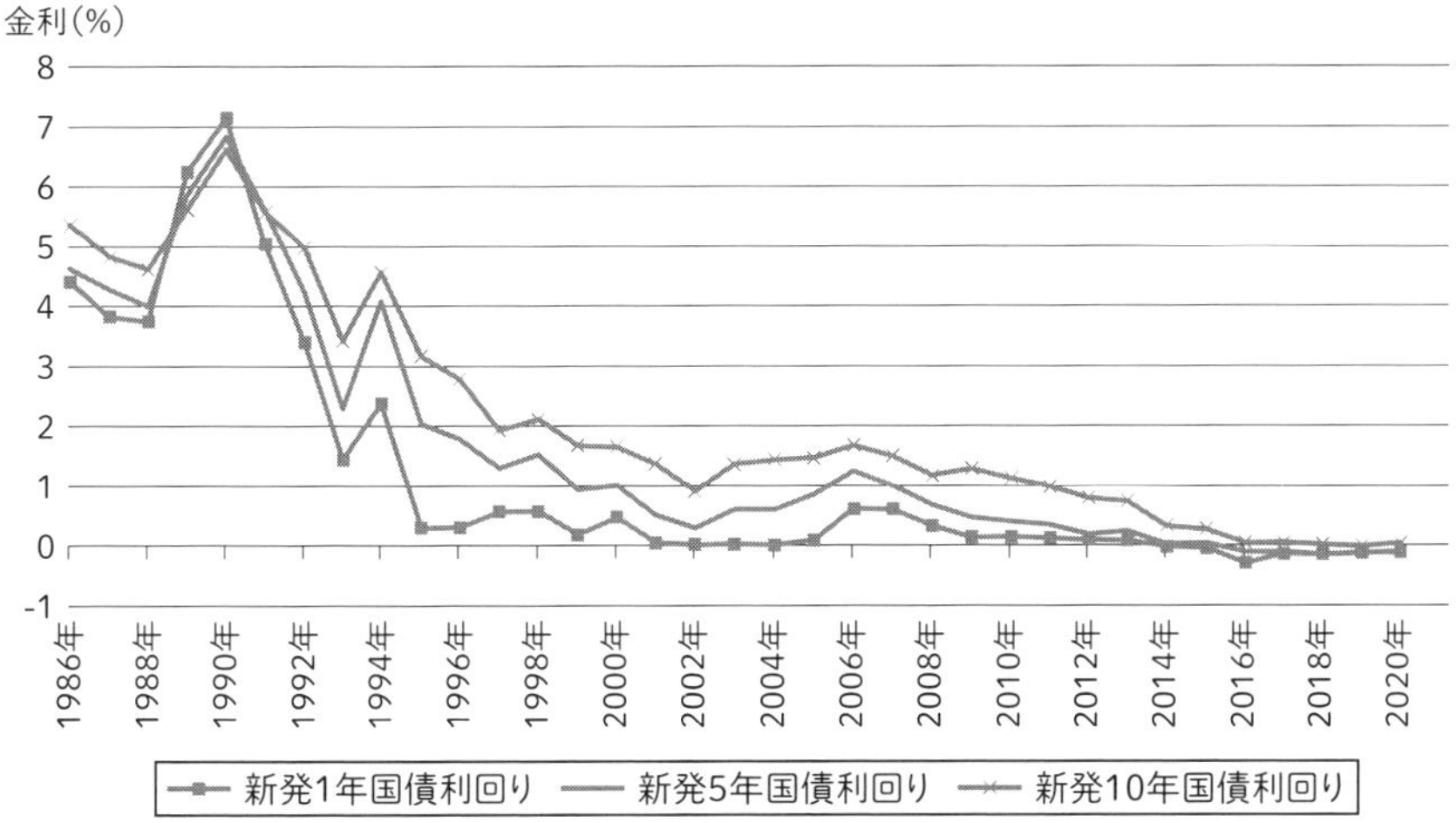

出所：財務省「国債金利情報」における年度末時点の利回り

図表1・23 日本・米国の10年国債利回りの推移

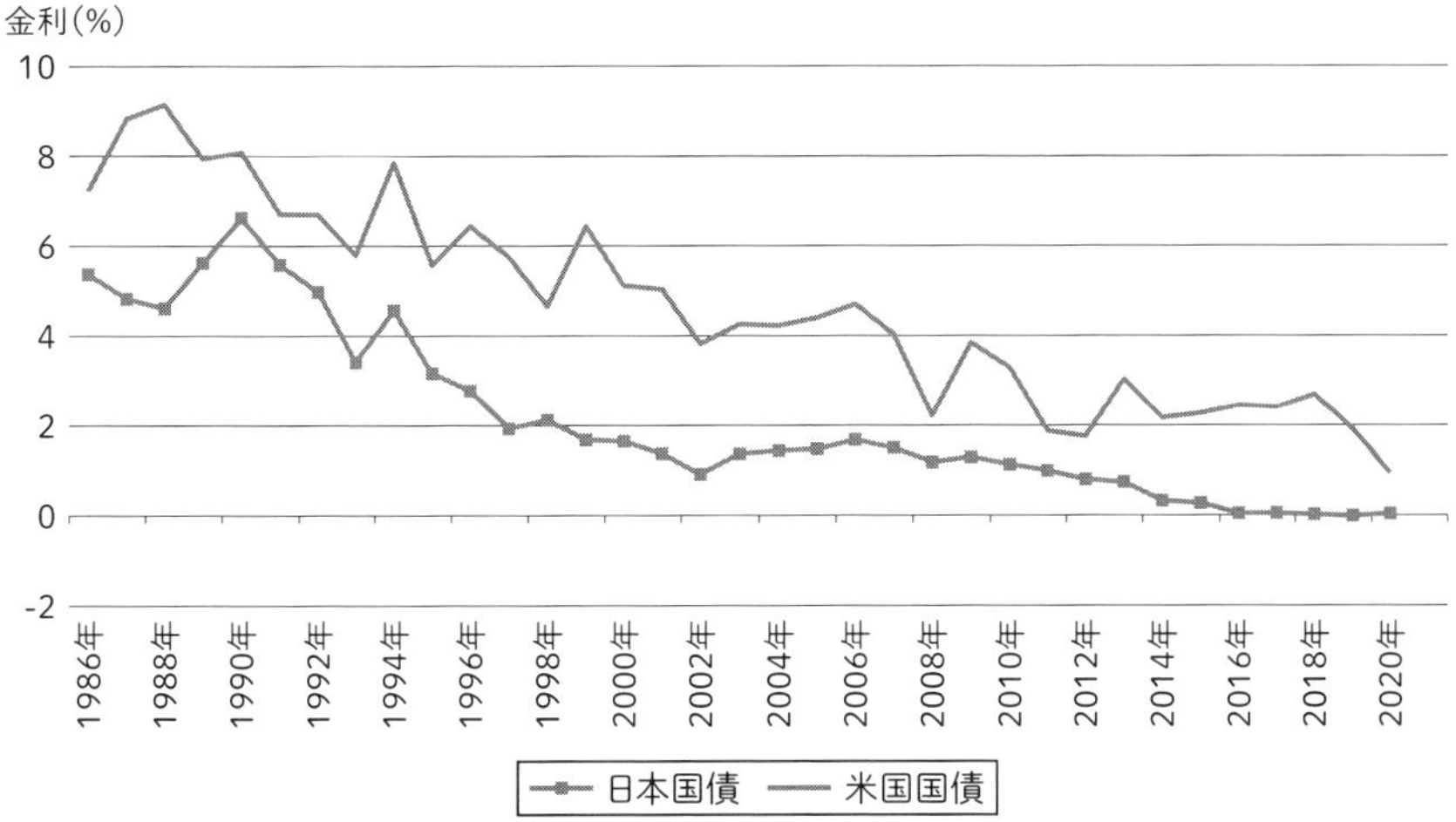

出所：日本、米国の財務省公表データの年度末時点の利回り

12 日本の国債残高は増え続ける

前項で日本の金利は先進諸国と比較して、歴史的に低いことを説明しました。ここでは、日本の国債残高はどのように推移してきたかについて、説明します。

まず、図表1・24が2000年3月から2021年9月までの国債発行残高（国債および短期政府証券の合計。借入金を除く）、日本銀行の国債保有残高、および国債発行残高に対する日本銀行が保有する比率を3カ月ごとに示したものです。

国債発行残高は、2000年3月の387兆円から年々増加し、2021年9月には1166兆円なので、およそ20年で約3倍に増加しています。日銀の国債保有残高は、2000年3月の74兆円から2021年9月には約7倍の528兆円に増加しており、日銀の保有比率は2000年3月の19％から2021年9月の45％に増加しています。

日銀の国債保有比率が急激に増加したのは、国債金利が低下して投資家が国債を買わなくなったのが原因です。図表1・25で示した国債金利の推移を2000年3月から2021年9月までの期間にしたものが図表1・25です。2008年に発生したリーマンショック以降、日本国債の金利は下がり続け、2016年からほぼゼロです。

日銀保有残高・比率と国債金利を比較しながら見ると、国債金利が下がるにつれて投資家が国債を購入しなくなり、日銀以外は国債を買わなくなったことがわかるでしょう。

❖日本の国債残高は増え続けている

図表1・24 国債発行残高、日銀保有額の推移

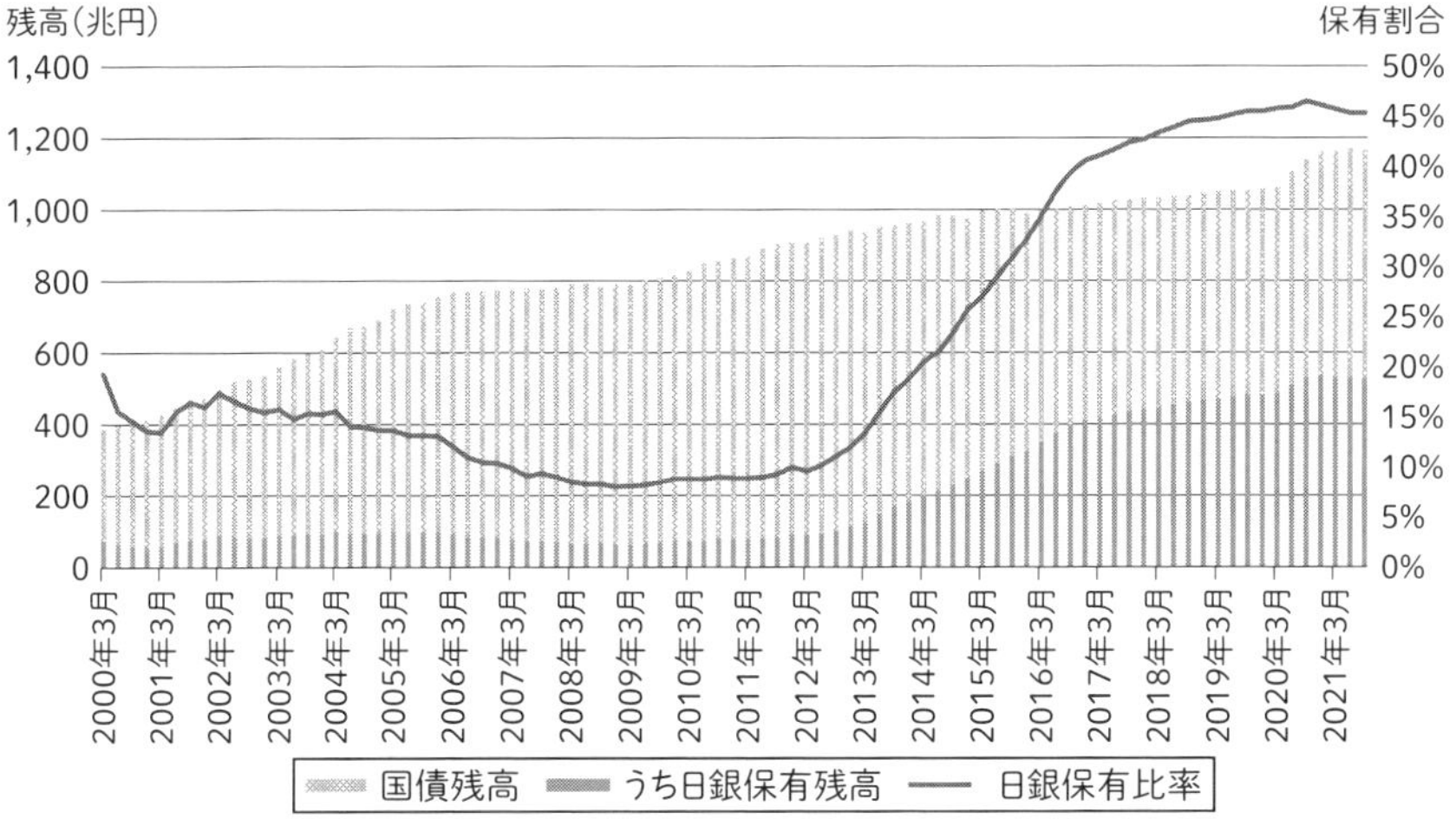

出所：財務省、日本銀行

図表1・25 国債金利の推移

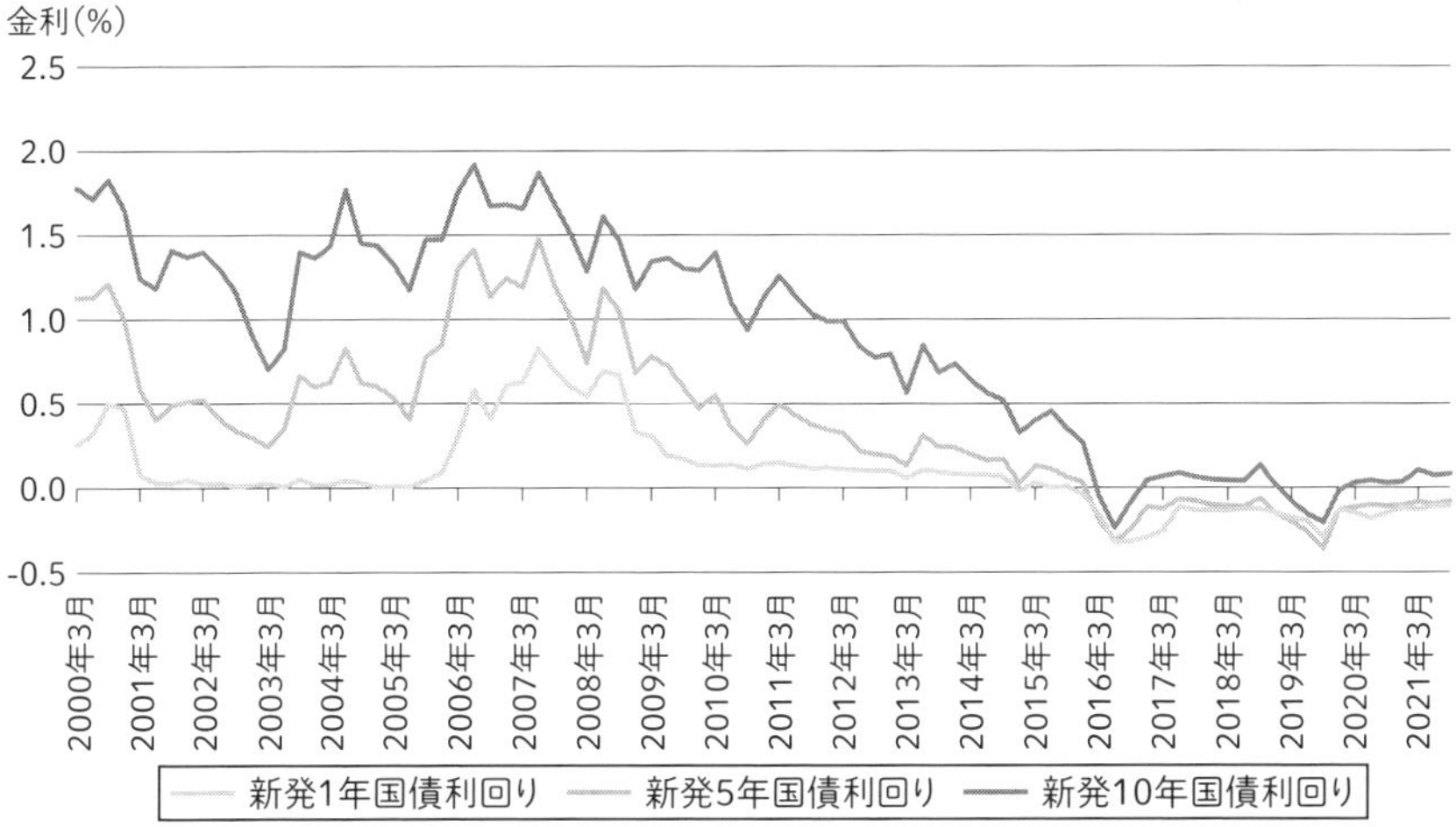

出所：財務省

13 日本の金利は上がるのか？

ここでは、日本の財政負担という観点から、日本の金利政策を解説します。日本国債の支払（元本、利息）をしているのは、日本政府です。日本の2018年度、2021年度（当初予算）における収入（歳入）と支出（歳出）を示したものが図表1・26です。日本は、約100兆円の歳出を賄うために、歳入の30～40％を国債発行で補っており、現状ではすべての支出を賄うだけの収入がありません。一般家計で言えば、借金で生活をしているようなものです。日本で最も大きな支出は社会保障費で、2021年度の国債費（利払い、償還）は23兆7600億円で2番目に大きな支出です。

2021年度の国債はネット（発行－償還）で28・4兆円増加しており、現在の財政収支が継続していけば、国債残高は減るということはありません（2018年度はネットで19・4兆円の増加）。

2000年から2021年までの歳出を示したものが、図表1・27です。新型コロナ関連費用の大きい2020年度を除けば、日本の一般会計歳出は80～100兆円程度で大きく増加しているわけではありません。

12で述べたように、国債残高は2000年（387兆円）から2021年（1166兆円）までに約3倍に増加しましたが、利払費は2000年（約10兆円）から2021年（約8・5兆円）と逆に減っています。国債残高を3倍に増加させても、国債金利が大幅に低下しているため、利払額が減少しているのです。

今後は社会保障費や防衛費が増加することが予想されているため、日本政府としては、国債費（利払い、償還）をできるだけ少なくしたいのが、本音だと思います。

この点から、日本の財政収支が安定するまで（または、安定の目途がつくまで）、金利引上げがされることはないでしょう。

❖日本の金利が上がらないのは国債が増えすぎたから

図表1・26 日本の一般会計歳入・歳出（当初予算ベース）

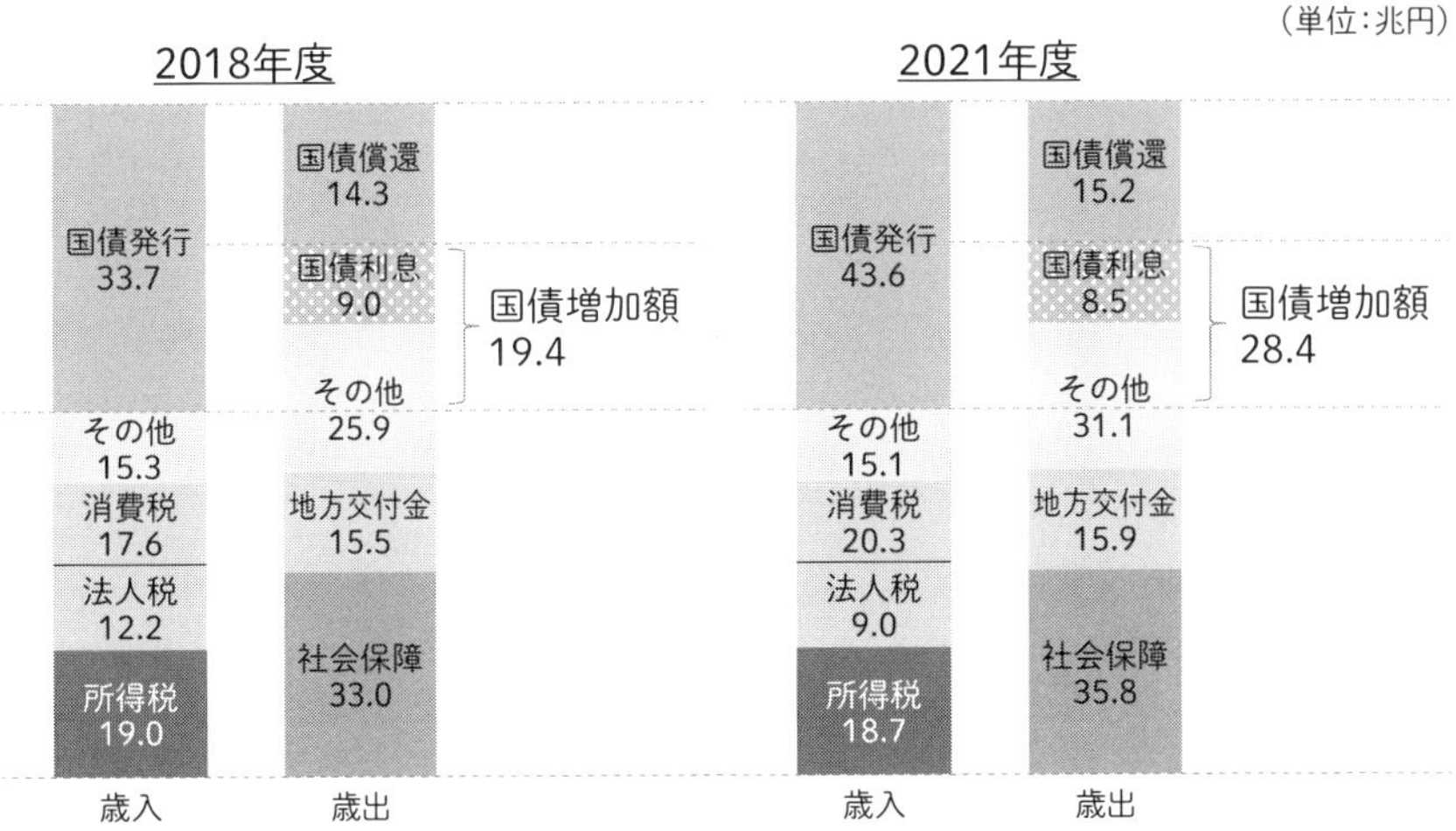

出所：財務省

図表1・27 日本の一般会計歳出の推移

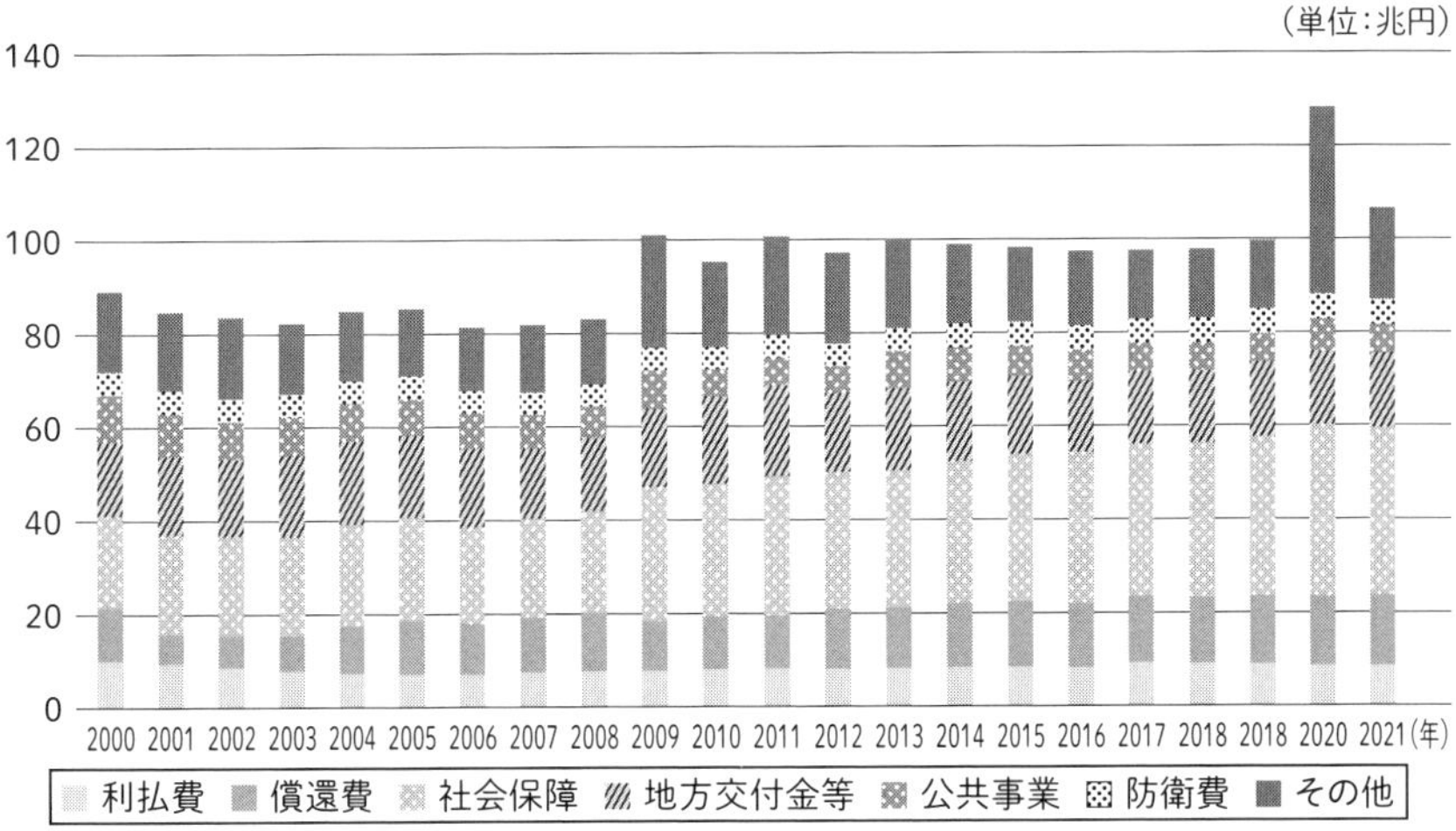

出所：財務省

14 為替デリバティブの取引コスト

デリバティブ取引を開始する場合には、会社と金融機関の間で契約が締結されます。

契約の名称は、「為替予約取引」「通貨オプション取引」などさまざまですが、契約締結時に取引費用は発生しません。契約書には、「ゼロコスト」と記載されています。すなわち、デリバティブ取引は原則として時価がゼロになるように条件を調整して取引されます。

たとえば、時価100円の商品を100円で購入する場合、これは同じ100円の価値を交換しあう、一般的な売買の取引です。逆に、100円を支払う義務（負債）を引き継ぐ場合、同時に100円を受け取ります。

デリバティブも同様に、時価がプラス100円のデリバティブ取引を契約するためには、100円を支払わないと取引できません。デリバティブ取引がゼロコストであるということは、時価がゼロであるということを暗に明示しているわけです。

ただし金融機関がデリバティブ取引を行うためには、カバー取引を行ったり、契約書を用意したり、その後の決済を行ったりしますので、いくらかの手数料を要求するのが通常です。

先ほど、デリバティブ取引は時価がゼロになるように条件を調整していると記載しましたが、正確にはこの表現は間違いで、金融機関としてはいくらかの手数料を上乗せして、条件を決定します。

たとえば、会社が銀行と毎月1万ドルの為替予約を5年間にわたって契約したとします。その際の時価評価額が図表1・28のようになったとすると、為替予約①と為替予約②は、契約書に「ゼロコスト」と書かれていても、それぞれ手数料を20百万円、10百万円を支払ったのと同じことになります。この金額（手数料）を高いと考えるか、安いと考えるかは、会社の自由です。

❖デリバティブにおけるコスト

図表1・28 デリバティブの評価額と手数料の関係

	時価評価額	意　味
為替予約①	△20百万円	手数料として金融機関に20百万円支払った
為替予約②	△10百万円	手数料として金融機関に10百万円支払った

↑

どちらの手数料が適正水準という
明確な基準はない

図表1・29 デリバティブ契約におけるゼロコスト

本来の意味：評価額はゼロ

⇕

実際：評価額はマイナス
（手数料が含まれている）

金融機関からすると利益のない取引をするわけにいかないから、表面上はゼロコスト（手数料無料）とされていても、いくらかの手数料が掛かるのは当然だね。
ただ、適正な手数料がいくらかを、判断するのは難しいと思うけど。

15 金融機関のカバー取引

多くの為替デリバティブは「ゼロコスト」と契約に書かれていても、契約時の時価評価額はマイナスです。目に見える形で手数料を受け取っているわけではないので、企業からはいくら手数料を払っているかはわかりません。

一方、金融機関では、目に見える手数料はありませんが、本来ゼロであるはずのデリバティブ取引がプラスに評価されることによって収益として計上できます。

銀行が企業と為替デリバティブを契約した場合、銀行は為替リスクをヘッジするために、「**カバー取引**」を行います。

たとえば、銀行が企業と1米ドル＝100円で購入する為替予約を契約している場合、円高（たとえば、1米ドル＝90円）になると損をするので、他の銀行と1米ドル＝100円で売却する為替予約を契約して為替リスクをヘッジします。これを**カバー取引**といいます。

左頁の図表を見ていただければ、取引全体をイメージできると思います。X銀行がA社と取引するデリバティブ取引は利益プラス20百万円が出るように契約しますが、カバー先（Y銀行）とは時価評価額がゼロになるように契約します。よってX銀行はプラス20百万円の利益を上げることができるわけです。

このときの20百万円という手数料を高いと考えるか、安いと考えるかは、契約者次第です。

金融機関では、カバー取引を行うことによって、為替リスクをヘッジし、為替相場に関係なく安定的に利益を確保しています。

❖デリバティブ契約とカバー取引

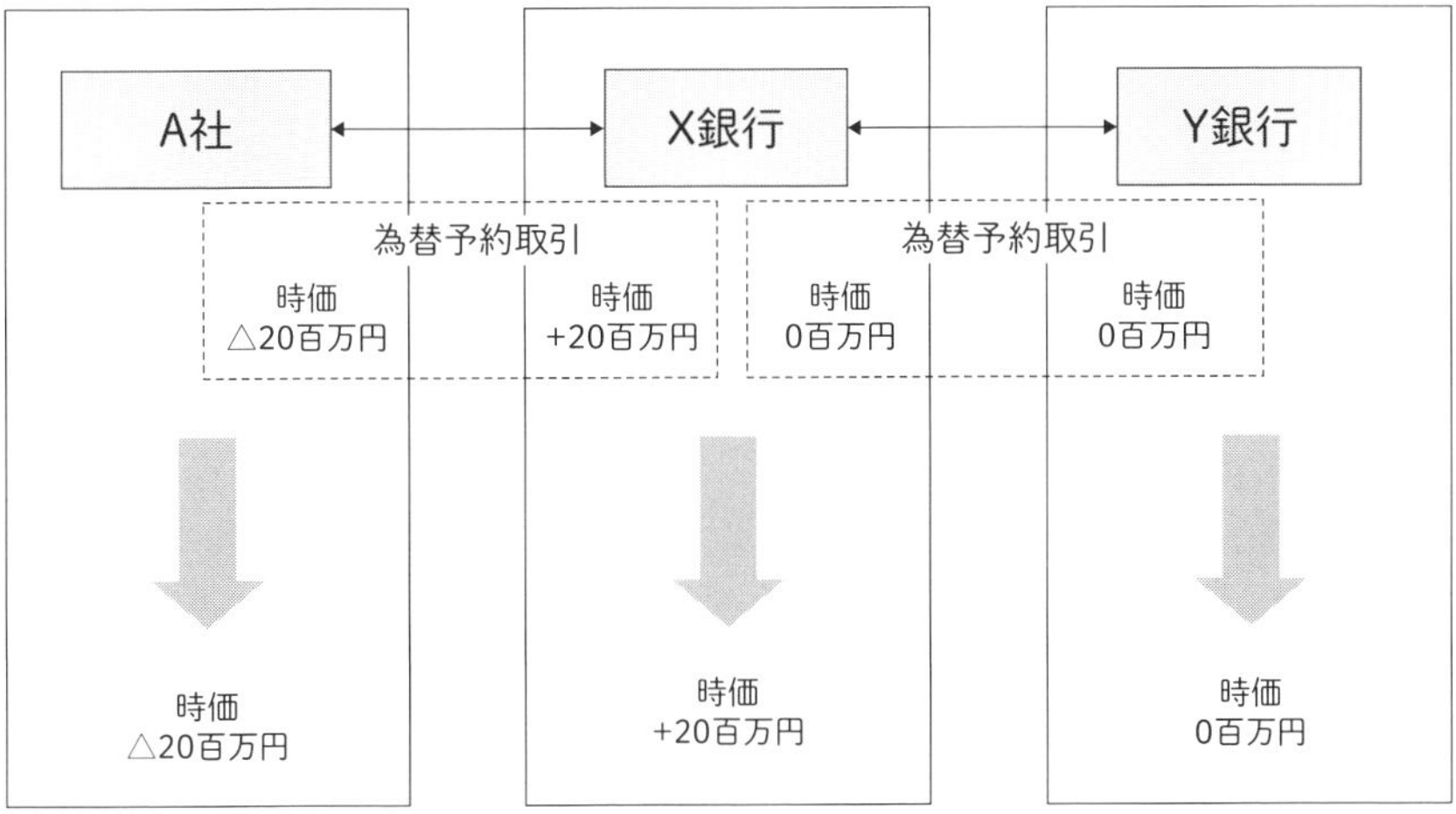

金融機関（銀行や証券会社）は、取引相手といつもデリバティブ契約をしているプロ同士だから、取引手数料がすごく安くて（ほぼゼロ）すむんだ。
会社は、普段からデリバティブ契約をしているわけではないから、取引コストが高くなる。
X銀行は、A社と契約した為替予約のリスクヘッジをするためにY銀行とカバー取引をしているけど、コストはほとんど発生しないから、取引時の時価（20百万円）がX銀行の利益になるんだ。

コラム

紛争解決の方法と論点

2008年に発生したリーマンショックによって、為替デリバティブを取引していた法人が大きな損失を計上し、問題になりました。当時は余剰資金運用を目的とした多くの法人が為替デリバティブを契約していて、急激な円高（為替レートが下がる）によって損失が発生したことが原因です。為替デリバティブによって損失を被った法人は、「取引開始時と話が違う！」と金融機関を訴えました。

紛争の方法として利用されたのが金融ADRとしての全国銀行協会（全銀協）または証券・金融商品あっせん相談センター（FINMAC）、裁判所です。特に2010年以降に申立てが急増したのですが、金融ADRのほうが紛争解決までの期間が短いことから、多く利用されていました。裁判所での訴訟は支払額も含めた返還請求をする場合に利用されましたが、訴訟期間が長引くことから利用されたケースは限定的といえます。

次に、紛争となった事項は主に、「適合性」と「説明義務違反」です。適合性は「為替デリバティブがそもそも必要だったのか？」ということが焦点となります。金融機関が企業に対してヘッジ目的でない取引（取引の必要がない為替デリバティブ）を勧めたのではないかという点が争われました。

説明義務違反は「契約時点でそんなことは聞いていない！」ということが焦点です。金融機関は為替デリバティブのプロなので、顧客である企業に対して取引の内容を説明する義務を負っています。契約時点において金融機関が企業に正しく為替デリバティブの内容（どのようなリスクがあるのか）を説明したかどうかが争われました。

リーマンショック後のような状況が再び発生するかは不明ですが、過去に起こった紛争の内容とその論点を理解しておくことは必要でしょう。

第2章

為替デリバティブを理解するための基礎知識

為替デリバティブはデリバティブ（金融派生商品）の一種です。為替デリバティブを理解するためには、デリバティブや金融商品全般に関する知識が必要となります。
ここでは、為替デリバティブを理解するうえで必要な基礎知識を解説します。

1 金融商品の価値を考える時の基本的なルール

金融商品とは、株式、債券、デリバティブなど金融取引における資産・負債の総称なので、とても幅広い意味を持っています。デリバティブは金融商品の一種なので、価値判断のルールは基本的に同じです。

まず、投資価値の判断において大前提となるのは「時間的価値」です。たとえば、AさんがBさんから100万円を1年間借りたとします。1年後に利息を含まず100万円を返済した場合、Aさんは金利を払うことなく1年間お金を借りられたので得します。Bさんは金利を払わずにお金を1年間貸していたので、機会損失（本来であれば得られた金利相当額）が発生します。1年間の金利1％とすると、Aさんは利息を払わずに1万円（100万円×1％）を儲けることができたのに対して、Bさんは本来得られるはずだった利息1万円をもらえません（図表2・1）。

投資理論の基本的なルールでは、Aさんのように無償で借入ができるという前提は存在しません。もしBさんが金利を要求せずにAさんがいくらでも借入できると、Aさんは借り入れた1兆円を1年間運用して100億円儲けることができます。このような、一方が必ず儲かる取引を裁定取引（アービトラージ）と呼び、投資理論上は裁定取引が成立しないというのが大前提です。

すなわち、図表2・2のように1％の金利を受払することによって、取引が成立するのです。

言い方を変えると、1年後の100万円と現時点の99・0099万円（100÷1・01）が同じ価値といえます。この1年間による金銭価値の変化が、時間的価値です。

❖金融取引では裁定取引は許されない

図表2・1 金利が発生しない金銭消費貸借取引

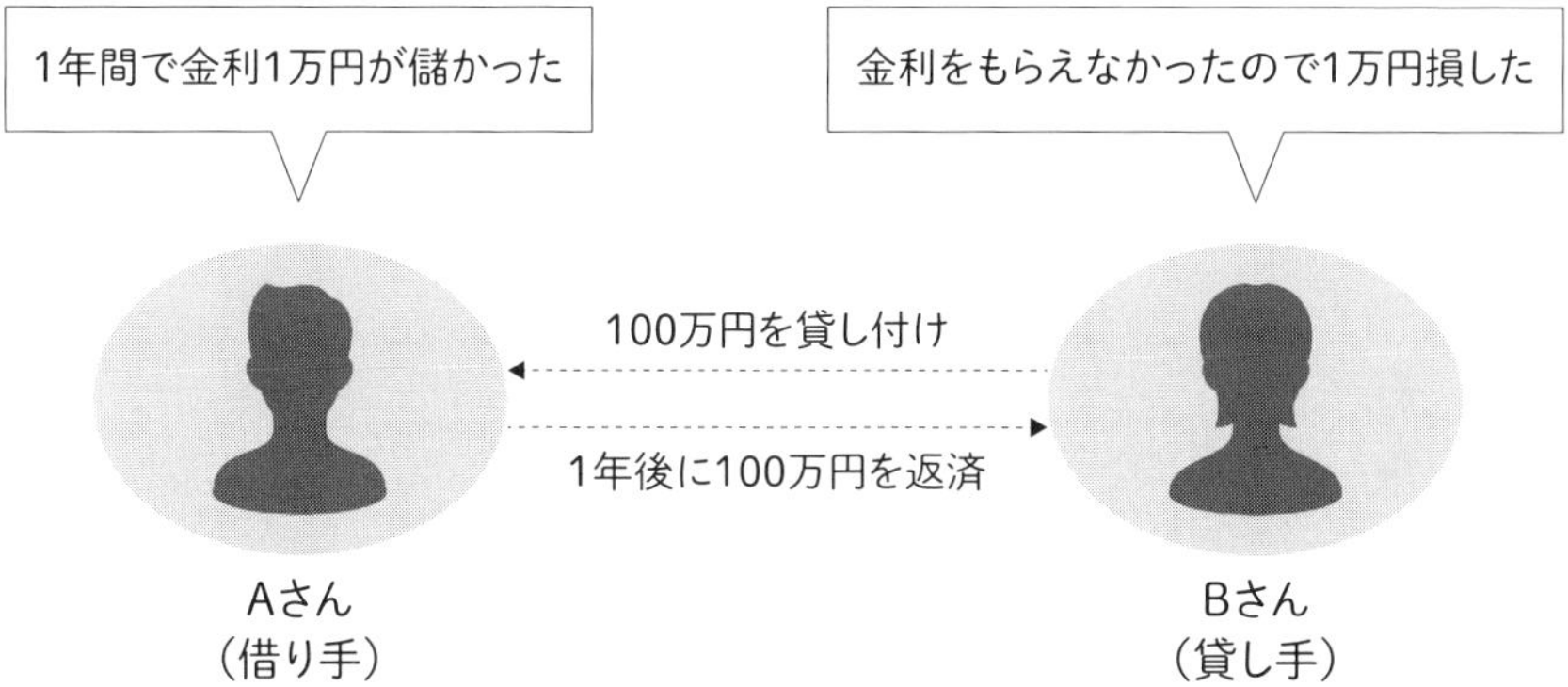
1年間で金利1万円が儲かった
金利をもらえなかったので1万円損した
100万円を貸し付け
1年後に100万円を返済
Aさん
（借り手）
Bさん
（貸し手）

図表2・2 通常の金銭消費貸借取引

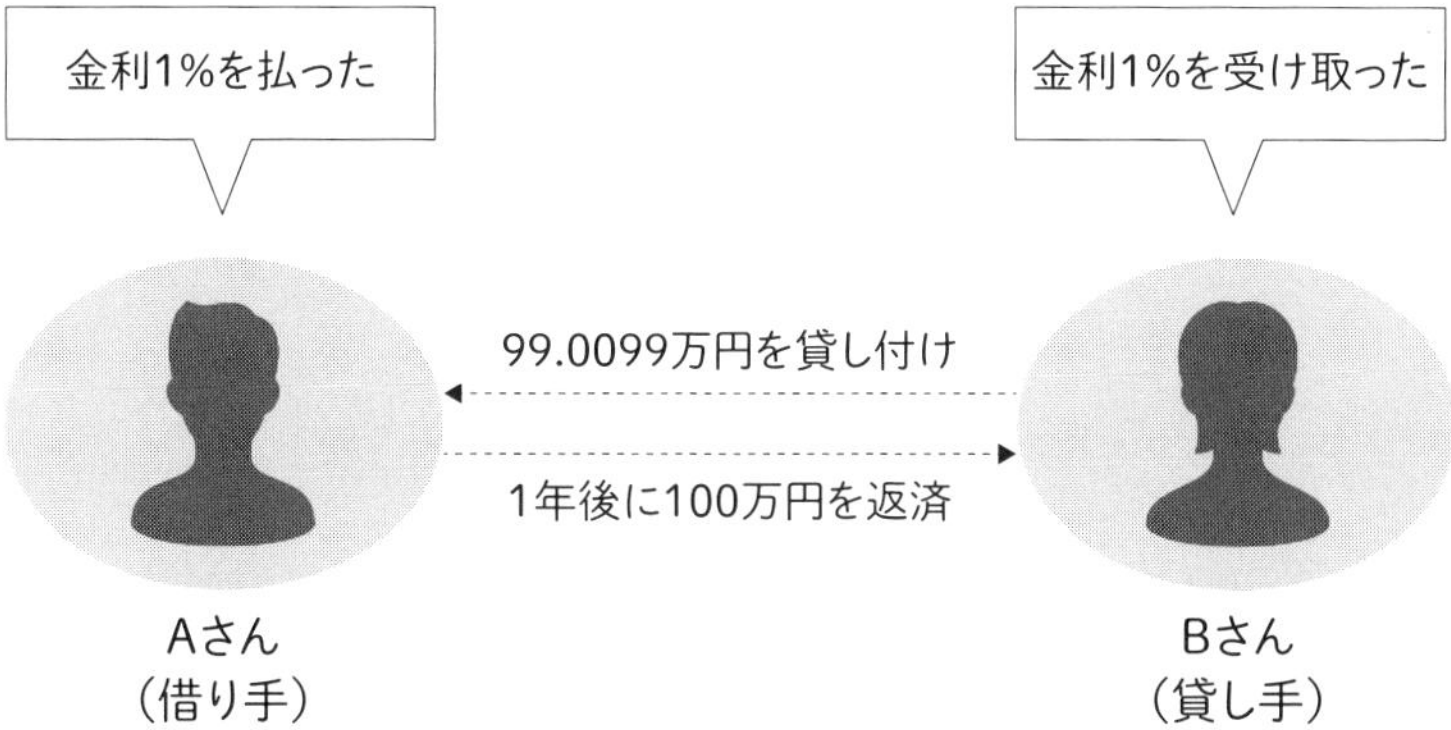
金利1%を払った
金利1%を受け取った
99.0099万円を貸し付け
1年後に100万円を返済
Aさん
（借り手）
Bさん
（貸し手）

2 外国通貨の価値を考える時の基本的なルール

時間的価値は外国通貨においても成立します。ただ、通貨によって金利が異なるため、少し慣れが必要です。

ここで、1年間の金利（年率）が日本円1％、米ドル3％として、日本円投資家Aさんが100万円、米ドル投資家Bさんが1万米ドルをそれぞれ1年間運用したとします。

1年後には、Aさんの100万円は101万円になり、Bさんの1万米ドルは1・03万米ドルになりました（図表2・3）。金利水準が違うので数字だけ見ると金利3％を受け取ったBさんのほうが得したような気がします。ただし、これは通貨（日本円と米ドル）によって金利（1％と3％）が異なるだけで、理論的にはAさんの利益とBさんの利益は同じなのです。

「通貨によって金利が異なる」ことが、為替デリバティブを理解するために重要なルールです。

日本円では現在の100万円と1年後の101万円が同じ価値、米ドルでは現在の1万米ドルと1年後の1・03万米ドルが同じ価値というだけです（図表2・4）。

為替取引においては、「異なる通貨においては金利が異なり、それぞれの通貨の時間的価値を加味して」投資価値を計算します。

金利の低い通貨で資金調達して、金利の高い通貨で運用するという投資手法（たとえば、円キャリー取引）もありますが、理論的にはこの投資から利益は発生しません。

100万円と1万米ドルが等しい場合、為替レートは100円／米ドル（100万円÷1万米ドル）です。1年後の101万円と1・03万米ドルが等しいのであれば、1年後の為替レートは98・06円／米ドル（101万円÷1・03万米ドル）となるのです（図表2・5）。

❖通貨によって時間的価値は異なる

図表2・3 日本円と米ドルの時間的価値

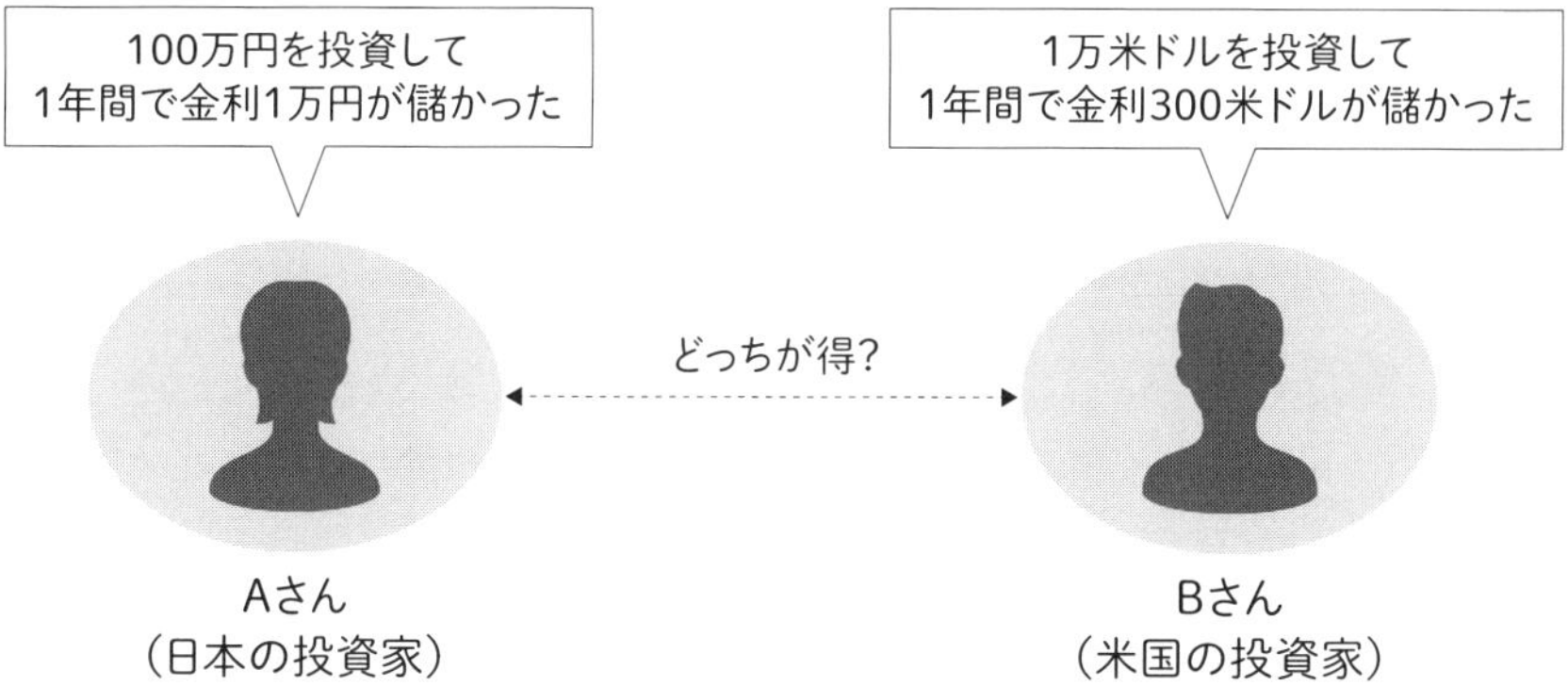
100万円を投資して
1年間で金利1万円が儲かった
1万米ドルを投資して
1年間で金利300米ドルが儲かった
どっちが得?
Aさん
（日本の投資家）
Bさん
（米国の投資家）

図表2・4 日本円と米ドルの現在価値

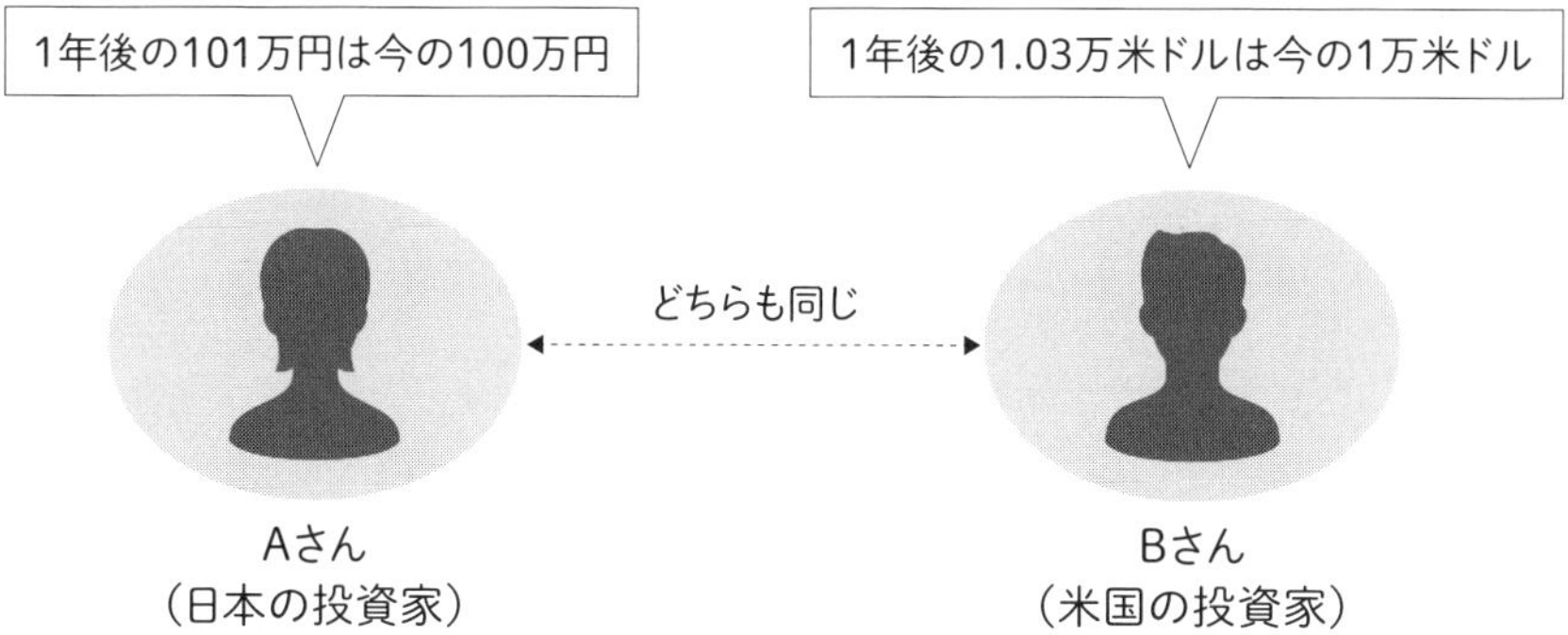
1年後の101万円は今の100万円
1年後の1.03万米ドルは今の1万米ドル
どちらも同じ
Aさん
（日本の投資家）
Bさん
（米国の投資家）

図表2・5 日本円と米ドルの現在価値が等しくなる為替レート

現 在 の 価 値

100万円 ＝ 1万米ドル × 100円 / 米ドル

1 年 後 の 価 値

101万円 ＝ 1.03万米ドル × 98.06円 / 米ドル

3 現在価値の計算方法を理解しよう

デリバティブに限らず、金融商品の価格は現在価値で評価します。

現在価値は、将来発生するキャッシュ・フロー（以降で「CF」と記載する場合があります）を、割引率で割り引いて計算します。キャッシュ・フローの割引計算を一般的にDCF法（Discounted Cash Flow 法）といいます。この計算方法はデリバティブだけでなく、株式、債券、不動産などほぼすべての資産評価に利用されています。

たとえば、市場金利（割引率）が1％の場合、1年後に発生する100万円の現在価値は99・0099万円です（図表2・6）。

割引率を利用して現在価値を計算する場合、ディスカウント・ファクター（現在価値係数。以降で「DF」と記載する場合があります）を利用する場合があります。たとえば、割引率1％で3年後のDFを計算すると0・9706です（図表2・7）。

DCF法による現在価値の算定方法をイメージするために、利付債券を例に説明します。元本100、期間5年、年率2％、年1回利払（後払い）の利付債券について、割引率1％を用いて現在価値を計算します。

計算過程は、図表2・8のように、1～5年後に発生するCFを計算し、その時点のDFを掛けて割引現在価値（DCF）を計算します。すべての期間のDCFを合計した104・85がこの債券の現在価値です。

デリバティブの計算は確率分布などを加味する場合があるので、もう少し複雑ですが、CFを割り引いて現在価値を計算するという基本的な計算方法は同じです。

❖DCF法による現在価値の計算方法

図表2・6 現在価値の計算

1年後に発生するCFの現在価値 $= \frac{100万円}{(1+1\%)}$ =99.0099万円

図表2・7 ディスカウント・ファクターの計算

3年後のDF= $\frac{1}{(1+1\%)^3}$ =0.9706（表示単位未満を四捨五入）

図表2・8 利付債券の現在価値の計算

年数	DFの計算式	DF	返済前元本 A	元本入金 B	利息入金 C=A×2%	CF合計 D=B+C	DCF D×DF
1	$\frac{1}{(1+1\%)^1}$	0.9901	100		2	2	1.98
2	$\frac{1}{(1+1\%)^2}$	0.9803	100		2	2	1.96
3	$\frac{1}{(1+1\%)^3}$	0.9706	100		2	2	1.94
4	$\frac{1}{(1+1\%)^4}$	0.9610	100		2	2	1.92
5	$\frac{1}{(1+1\%)^5}$	0.9515	100	100	2	102	97.05
			合計	100	10	110	104.85

※上記は表示単位未満を四捨五入して表示

4 デリバティブとは

そもそも、デリバティブとは何でしょう。

デリバティブは、日本語で「金融派生商品」といいます。文字通り、ある金融商品から〝生まれた〟別の商品を指します。デリバティブには、「先渡」「オプション」「スワップ」と大きく3つの種類の取引があります。

為替デリバティブとは、デリバティブのうち日本円とは別の通貨を対象とした取引をいいます。それぞれ違った特徴を持っており、具体的には左頁の図表のように区分されます。

先渡とスワップは、契約したときに取引内容を確定してしまいますので、相場が読み通りにいかない場合も**キャンセルすることができず、損失が発生**します。正確には、損失額を支払って解約することができますが、損失が発生することには違いありません。

これに対して、オプションは、**都合が悪くなればキャンセルできる**ため、損失額は限定されます。

デリバティブは、相場が読み通りに動いたときには巨額の利益を得ることができますが、読みと反対方向に動いたときの損失額も非常に大きな額となり、場合によっては会社が破綻するほどになってしまいます。

デリバティブの特徴をよく知っておかなければ大怪我をすることになります。

では、その特徴を見ていきましょう。

❖デリバティブの比較

	取引の特徴	読みが外れた場合
先渡取引※	**将来の売買を現時点で決定する取引** ㊓１年後に米ドルを１ドル＝100円で購入する	基本的には、**キャンセルできない**ため、損失が発生する
オプション取引	権利の売買 ㊓１年後に米ドルを１ドル＝100円で購入する**権利を**購入する	権利を放棄すれば、**損失を負う必要はない**（ロングの場合）
スワップ取引	何かと何かを**交換する** ㊓今後３年間、日本円と米ドルを１ドル＝100円で交換する	基本的には、**キャンセルできない**ため、損失が発生する

※「先物取引」という言い方もあるが，先物は市場取引を指すため，ここでは先渡取引という表現にしている。

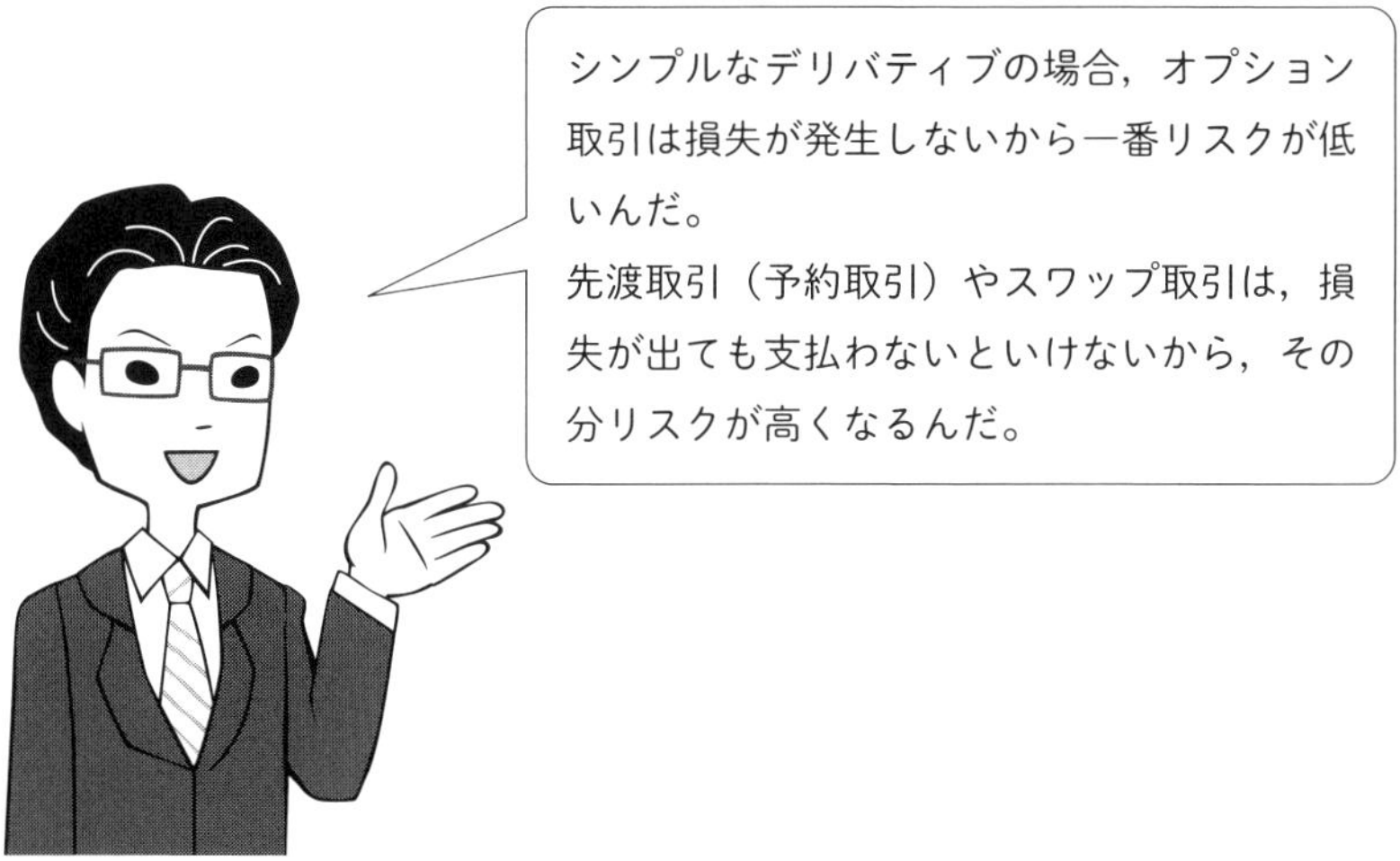

シンプルなデリバティブの場合，オプション取引は損失が発生しないから一番リスクが低いんだ。
先渡取引（予約取引）やスワップ取引は，損失が出ても支払わないといけないから，その分リスクが高くなるんだ。

5 デリバティブの目的

デリバティブを利用する目的は大きく次の2つです。

- ヘッジ目的：何かから守る
- **投機目的：利益を追求する**

たとえば、将来の円安による利益を狙って為替予約（先渡取引）を行う場合は、投機目的といえます。

ヘッジ目的でデリバティブ取引を行う場合は、企業の業績が為替リスクに左右されないように行うものであり、経営を安定させるという前向きな理由があります。

投機目的でデリバティブ取引を行う場合は完全に博打で、為替リスクを抱えて利益を追求しているため、失敗したときの損失は非常に大きな金額になります。

リーマンショック後の急激な円高の際に多くの会社が

デリバティブ損失のリリースを出しましたが、この中には投機目的でデリバティブ取引を行っていたものも多く含まれていました。

会社の経営者は、本業に集中して事業を行うのが当然なのですが、取引関係や個人的な興味もあって、投機目的のデリバティブを契約しているケースがあります。

それでは、これから「先渡」「オプション」「スワップ」について個別に見ていきましょう。

❖デリバティブの目的

目　　的	読みが当たった場合	読みが外れた場合
ヘッジ	特に儲けは無し	特に損失は無し
投　　機	利益が得られる	損失が発生する

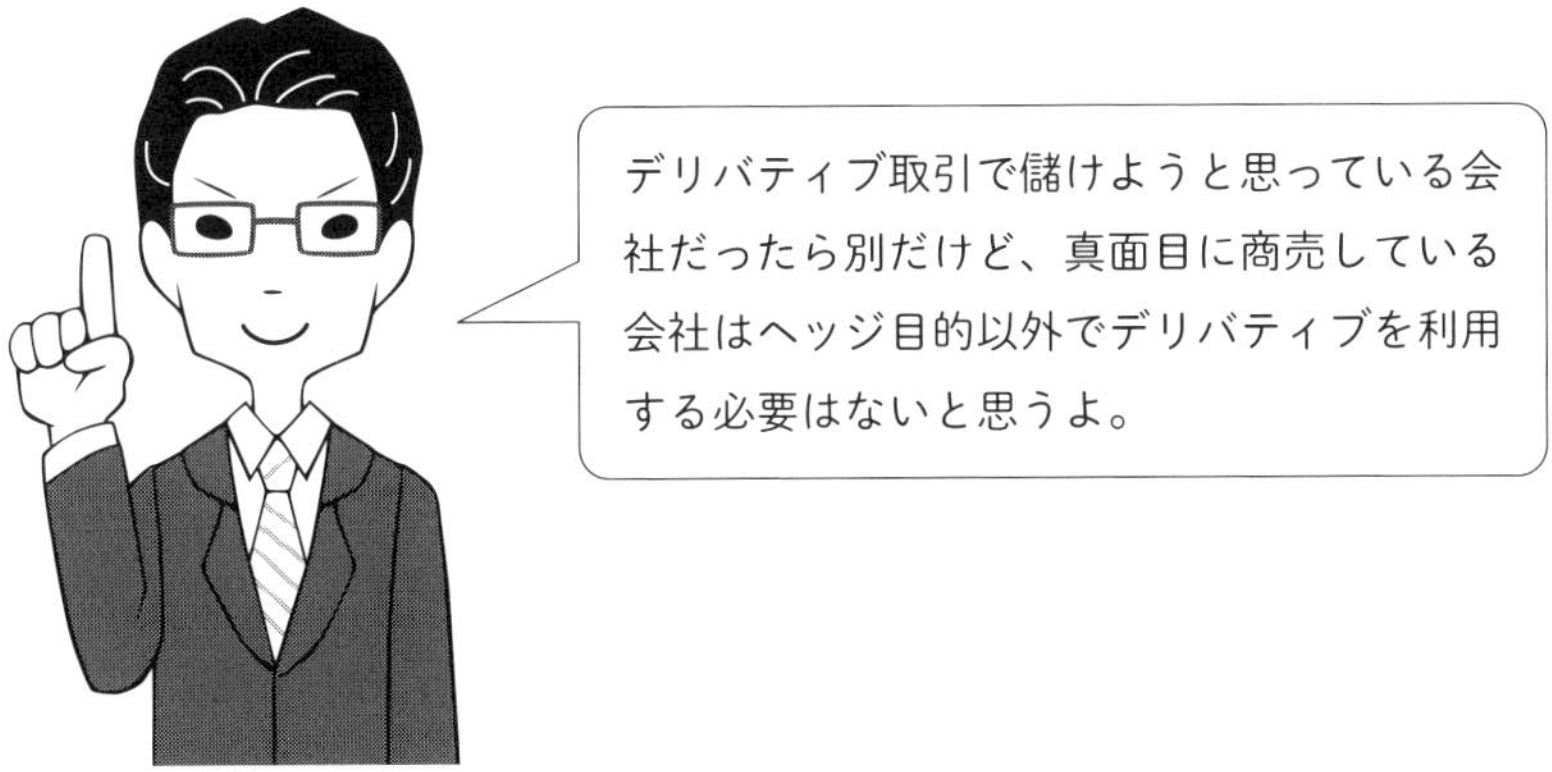
デリバティブ取引で儲けようと思っている会社だったら別だけど、真面目に商売している会社はヘッジ目的以外でデリバティブを利用する必要はないと思うよ。

6 為替予約とは

為替予約（先渡取引）は、将来のある時点における取引条件を、あらかじめ決定しておく取引です。売買の予約だと思えば理解しやすいでしょう。

たとえば、Aさんは1年後にアメリカ旅行に行こうと思っています。いまの為替レートが1米ドル＝100円ですが、Aさんは1年後には円安になり、1米ドル＝120円になると予想しています。

このときAさんが行うべき先渡取引は、1年後に1ドル＝100円で円と米ドルを交換できる為替予約を行うことです。Aさんは、1年後に必ず米ドルを購入しなければいけませんが、1米ドル＝100円の水準で購入できるので、予想通り1米ドル＝120円になった場合はかなり得をします。

このような取引を**為替予約**といいます。

このAさんのケースでは、1年後の為替レートを決定（予約）しています。すでに予約しているのでキャンセルはできません。

仮に、1年後に1米ドル＝80円になって、20円損しても、1米ドル＝100円で米ドルを購入しなければいけません。

為替予約は、通常は図表2・9のように通貨の売買回数は1回です。通貨の売買回数が複数回になる為替予約を「包括為替予約契約」といいます。連続して売買を行うため、受渡日を複数回に設定する図表2・10のような契約になります。

❖為替予約とは

図表2・9 為替予約取引

米ドルの買い手	A 社
米ドルの売り手	X 銀行
受渡日	6カ月後※
元　本	1百万米ドル
為替予約レート	90円 / 米ドル

※取引は1回だけ。

図表2・10 包括為替予約取引

米ドルの買い手	A 社
米ドルの売り手	X 銀行
受渡日	6カ月ごと※
期　間	3年間
元　本	1百万米ドル
為替予約レート	90円 / 米ドル

※複数回の売買を予約する。

為替予約というと、教科書では1回で終わるものが説明されているけど、実際には複数回取引する包括為替予約もあるよ。

7 通貨オプションとは

オプション取引は、為替予約とは少し違います。何が違うかというと、為替予約は必ず決められた条件で取引をしなくてはいけませんが、**オプションは決められた条件で取引をしなくても問題ありません。**

通貨オプションとは、ある通貨を売買する際の価格をあらかじめ決め、「決めた価格で売買する権利」を売買するのです。

たとえば、1米ドル＝100円で米ドルを購入できる権利を持っているとき、1米ドル＝110円になれば10円儲かります。しかし、1米ドル＝90円の場合は10円損するので、オプション（権利）を行使しません。行使しなければ、損失はゼロです。

為替予約は必ず決済しなければなりませんが、オプション取引は権利の売買ですので、無理に購入する必要はありません。そういう意味で、オプションはある程度損失が限定されているといえます。

ただし、通貨オプションも単独で考えるとリスクは低いのですが、実際には複数のオプションを組み合わせた「クロス取引」が多くあります。

クロス取引は、同じオプションの買い（コール）と売り（プット）を同時に組み合わせるもので、2つを合わせることで為替予約と同じ効果になります。

たとえば、図表2・11がシンプルな通貨オプション契約の例です。A社は為替レートが1米ドル＝90円の場合は、行使しなくてもかまいません。

一方、図表2・12はA社が買う権利、X銀行が売る権利を持っています。1米ドル＝90円の場合は、A社がコール・オプションを行使しなくても、X銀行がプット・オプションを行使するため、A社に10円分の損失が発生します。

❖通貨オプションの例

図表2・11　通貨オプション取引

オプションの買い手	A社
オプションの売り手	X銀行
種　類	コール（買う権利）
受渡日	6カ月後
元　本	1百万米ドル
行使価格	100円/米ドル

図表2・12　通貨オプションのクロス取引

オプションの買い手	A社
オプションの売り手	X銀行
種　類	コール（買う権利）
受渡日	6カ月後
元　本	1百万米ドル
行使価格	100円/米ドル

オプションの買い手	X銀行
オプションの売り手	A社
種　類	プット（売る権利）
受渡日	6カ月後
元　本	1百万米ドル
行使価格	100円/米ドル

8 通貨スワップとは

スワップは、「交換」という意味です。

通貨スワップとは、他通貨の金利交換取引、または、通貨の交換取引を指します。

種類としては、次の2種類があります。

① ベーシス・スワップ

② **通貨交換取引**

①**ベーシス・スワップ**は、通貨間の金利交換で、たとえば日本円の金利と米ドルの金利を交換する取引です。

②**通貨交換取引**は、通貨を交換する取引で、日本円と米ドルを交換する取引です。

一般的には、通貨スワップというと、①ベーシス・スワップを指すことが多いと思います。

①ベーシス・スワップは、外貨建資産の時価評価額の変動リスクをヘッジするために利用されます。

ただし、一般企業には外貨建資産の時価変動のヘッジ取引を行うニーズはあまりないため、ベーシス・スワップを利用する企業は限られます。

一般企業が行う通貨スワップは、日本円と米ドルを交換する②通貨交換取引のタイプが多いと思います。

通貨スワップは、3カ月、6カ月などの決められたタイミングで金利か通貨を交換します。②通貨交換取引の通貨スワップの経済効果は、包括為替予約で米ドルを購入するのと同じです。

❖通貨スワップの例

①ベーシス・スワップの契約

当事者1	A社
当事者2	X銀行
交換サイクル	3カ月ごと
期　間	5年間
想定元本（米ドル）	100,000米ドル
想定元本（日本円）	10,000,000円
当事者1の受取額	米ドル3カ月　金利×元本（米ドル）×日数÷365日
当事者1の支払額	日本円3カ月　金利×元本（日本円）×日数÷365日

②通貨交換取引の契約

当事者1	A社
当事者2	X銀行
交換サイクル	3カ月ごと
期　間	5年間
当事者1の受取額	100,000米ドル
当事者1の支払額	10,000,000円（1米ドル＝100円）

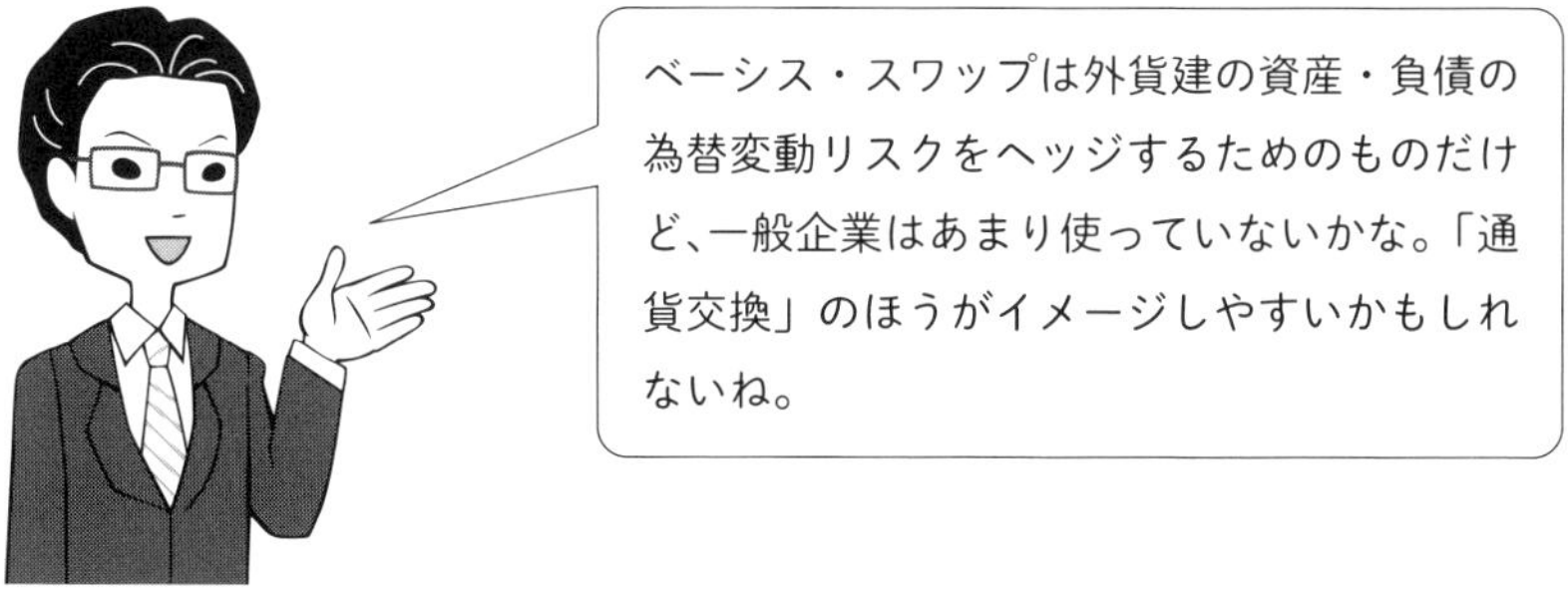
ベーシス・スワップは外貨建の資産・負債の為替変動リスクをヘッジするためのものだけど、一般企業はあまり使っていないかな。「通貨交換」のほうがイメージしやすいかもしれないね。

9 為替予約、通貨オプション、通貨スワップの違い

為替予約、通貨オプション、通貨スワップのそれぞれの特徴を説明してきました。

最もシンプルな取引の場合では、為替予約は1回のみの通貨売買、通貨オプションは1回のみの権利売買、通貨スワップは複数回の通貨交換というように、それぞれの取引回数や売買が決定しているかに違いがあります。

為替予約については、「包括的為替予約」という複数回の取引があると説明しましたが、これは通貨スワップと全く同じです。通貨オプションにも「**クロス取引**」というコールのロングとプットのショートを組み合わせたものがありますが、**複数回連続して契約すれば、通貨スワップと同じになります**。

図表2・13〜15に、それぞれのタイプの契約例を示していますが、すべて同じ内容の契約です。

原則的な為替予約や通貨オプションは、1回のみの取引であるため、仮に相場の読みが外れたとしてもあまり大きな損失にはなりません。

ただし、通貨スワップは、複数回の取引なので、読みが外れた場合は損失が何度も発生してしまいます。当然に、損失が発生したときには回数の多い通貨スワップのほうが金額が大きくなります。

為替デリバティブの多くが、為替予約や通貨オプションという契約名称を使用しているため紛らわしいのですが、大半が通貨スワップと同じ契約であるということに注意してください。

❖為替予約、通貨オプション、通貨スワップ

図表2・13 包括的為替予約契約

米ドルの買い手	A社
米ドルの売り手	X銀行
受渡日	6カ月ごと（合計4回）
期　間	2年間
元　本	1百万米ドル
為替予約レート	100円/米ドル

図表2・14 オプションのクロス取引

■コール（買う権利）のロング（購入）

日　付	権利者	種　類	元　本	行使価格
6カ月後	A社	コール	1百万米ドル	100円/米ドル
1年後	A社	コール	1百万米ドル	100円/米ドル
1.5年後	A社	コール	1百万米ドル	100円/米ドル
2年後	A社	コール	1百万米ドル	100円/米ドル

■プット（売る権利）のショート（売却）

日　付	権利者	種　類	元　本	行使価格
6カ月後	X銀行	プット	1百万米ドル	100円/米ドル
1年後	X銀行	プット	1百万米ドル	100円/米ドル
1.5年後	X銀行	プット	1百万米ドル	100円/米ドル
2年後	X銀行	プット	1百万米ドル	100円/米ドル

図表2・15 通貨スワップ

当事者1	A社
当事者2	X銀行
交換サイクル	6カ月ごと（合計4回）
期　間	2年間
当事者1の受取額	1百万米ドル
当事者1の支払額	100百万円（1米ドル＝100円）

10 コール・オプションとプット・オプション

オプションには、買う権利か売る権利かという点で、コール・オプションとプット・オプションの2種類があります。

コール・オプションは、買う権利です。たとえば1米ドル＝100円で米ドルを購入する権利です。

逆にプット・オプションは、売る権利です。1米ドル＝100円で米ドルを売却する権利です。

為替相場の読みによってどちら(コールまたはプット)を購入すべきかを考える必要があります。

円高になる（為替レートが下がる）と思った場合、プット・オプション（売る権利）を購入（ロング）しておけば、為替レートが下がったときでも契約日に決めた（売却するときよりも高い）為替レートで売却できるため、利益が出ます。

海外に輸出している企業のように、外貨建の売上がある場合、為替レートが下がる（円高になる）と利益が小さくなるため、プット・オプション（売る権利）を購入（ロング）して外貨建売上が減少するのを回避（ヘッジ）します。

逆に、外貨建の借入金や買掛金がある場合、支払う円貨が多くなることは避けたいので、コール・オプション（買う権利）を購入（ロング）して外貨建の支払額が増加するのを回避（ヘッジ）します。

このように、企業の外貨建の資産・負債に応じて、コール・オプションとプット・オプションを利用して、為替リスクをヘッジします。

❖為替レートとコール・オプション、プット・オプションの損益の比較

●コール（買う権利）・オプションのロング（購入）

購入通貨	米ドル
行使日	1年後
行使価格	100円/米ドル

●プット（売る権利）・オプションのロング（購入）

売却通貨	米ドル
行使日	1年後
行使価格	100円/米ドル

●コール・オプションとプット・オプションの損益

（単位：円/米ドル）

為替レート	コール・オプション	プット・オプション
80	0	20
90	0	10
100	0	0
110	10	0
120	20	0

※権利の購入（ロング）を前提とした損益を表示している。

11 ロングとショート

デリバティブには、″ロング″と″ショート″という用語があります。

ロングは購入することで、ショートは売却することです。先ほどのコール・プットとは異なる概念です。

コール・プットは、購入する・売却する「権利」なので、コール・オプションを購入する場合、「コール・オプションのロング」といいます。すなわち、コール・プットとロング・ショートの組合せは、図表2・16のように4種類あります。

会社に外貨建売掛金があり、円高になるリスクをヘッジする場合、プット・オプション（売る権利）をロング（購入）します。

オプションを利用する場合は、基本的にロングです。

為替リスクをヘッジしたい会社は、オプションを購入（ロング）します。権利を売ってしまったら（ショート）、リスクをヘッジすることはできません。

たとえば、1米ドル＝100円で購入できる権利（コール・オプション）を売却（ショート）する場合、1米ドル＝110円になると10円を支払う必要があります。

ロングは権利を持っているので、決済額はプラスかゼロです。ショートは権利を売っているので、決済額はマイナスかゼロです（図表2・17参照）。

この点から、**ショートのほうがリスクが高い**といえます。

為替リスクをヘッジしたい会社がオプションをショートするということは、理屈のうえでは矛盾していることになります。

❖ロングとショートの比較

図表2・16 オプションの種類

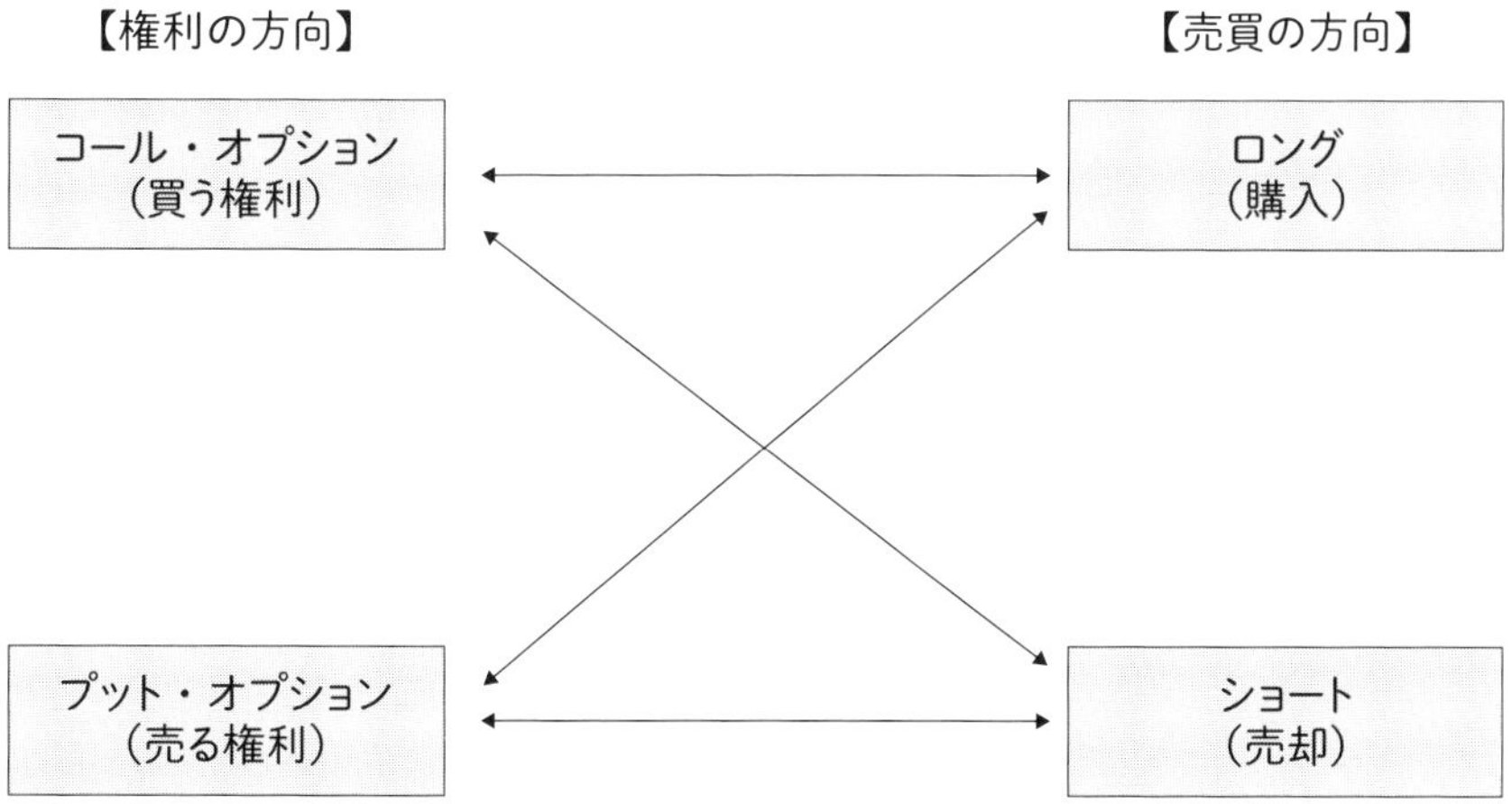

【権利の方向】
【売買の方向】
コール・オプション（買う権利）
ロング（購入）
プット・オプション（売る権利）
ショート（売却）

図表2・17 ロングとショートの決済額の比較

（単位：円 / 米ドル）

為替レート	ロング		ショート	
	コール・オプション	プット・オプション	コール・オプション	プット・オプション
80	0	20	0	−20
90	0	10	0	−10
100	0	0	0	0
110	10	0	−10	0
120	20	0	−20	0

※行使価格を100円 / 米ドルとして決済額を表示している。

12 ペイオフの形を理解しておこう

銀行が倒産した際に、預金者が元本1千万円まで預金保険で保証されることをペイオフ（Pay off）といいますが、ここでのペイオフは別の意味です。

デリバティブにおいて、ペイオフという場合、決済時（清算時）の損益（決済金）を指します。ペイオフは主にオプション取引において利用される用語で、為替デリバティブを理解するときには非常に有用です。以降の説明で頻繁に出現するので、ここで説明します。

まず、100円／米ドルで米ドルを保有している場合、想定されるペイオフは図表2・18のとおりです。為替レート（時価）が100円／米ドルを上回る場合（たとえば120円／米ドル）は、利益が発生します。為替レートが100円／米ドルを下回る場合（たとえば80円／米ドル）は、損失が発生します（実際のオプションでは権利を行使しないため、損失は発生しません）。為替レートが100円／米ドルの場合は、行使価格と同じなので、利益も損失も発生しません。

なお、それぞれのケース（為替予約レートを時価が上回る場合、同じ場合、下回る場合）を、イン・ザ・マネー（ITM）、アット・ザ・マネー（ATM）、アウト・オブ・ザ・マネー（OTM）と呼びます。これらの呼び方はオプション取引において利用される用語なので、為替予約やスワップにおいてはあまり利用されませんが、デリバティブの状態を表す言葉としてイメージできると思います。

次項では、オプション取引のペイオフを利用して、他のデリバティブを説明します。

❖オプションのペイオフと呼び方

図表2・18 為替レートによるペイオフ

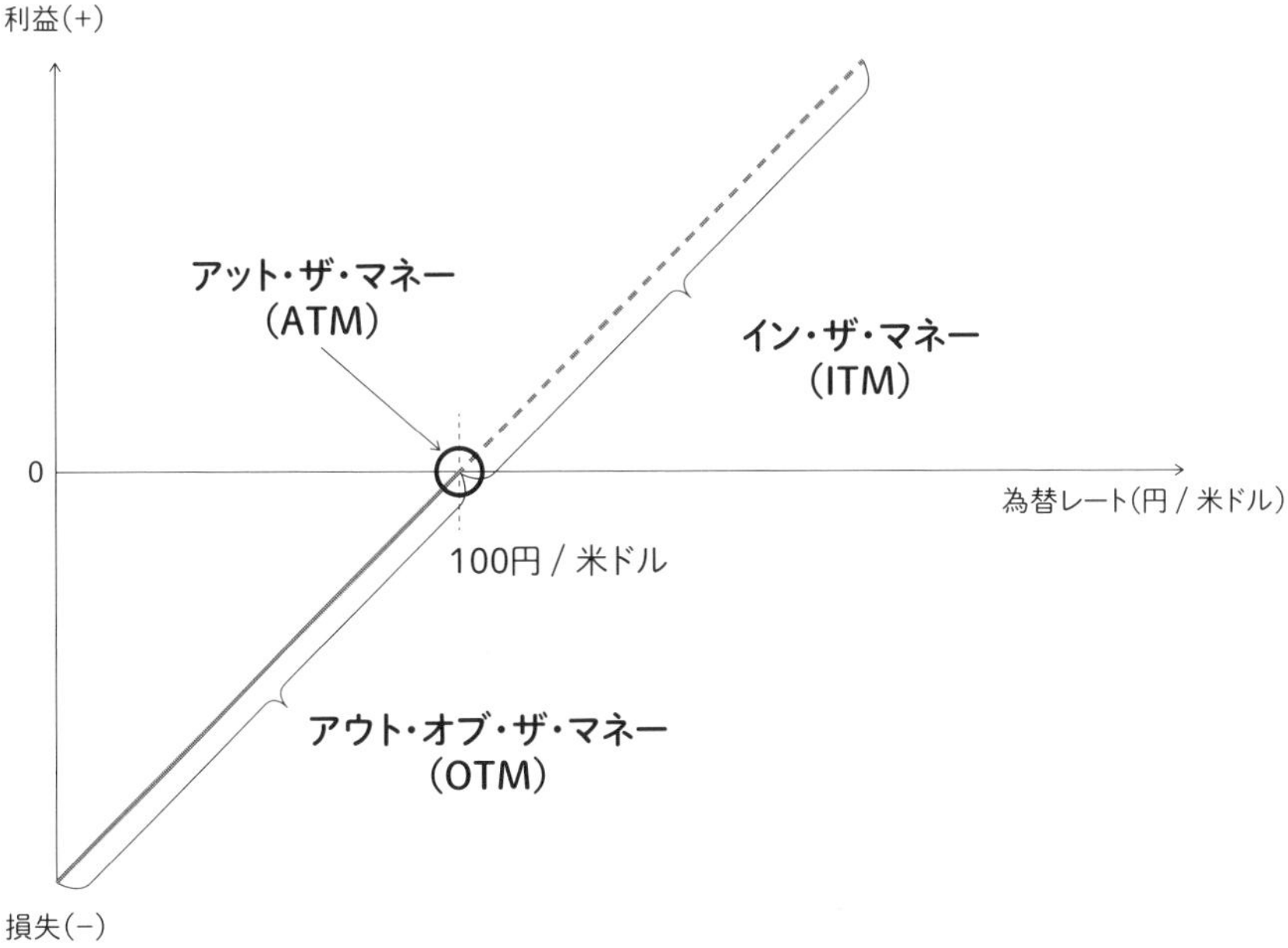

図表2・19 オプションの状態による呼び方

用語	内容
イン・ザ・マネー(ITM)	オプションの原資産価格が行使価格よりも高く、オプション行使によって利益が発生する場合
アット・ザ・マネー(ATM)	オプションの原資産価格が行使価格と同じで、オプション行使によって利益も損失も発生しない場合
アウト・オブ・ザ・マネー(OTM)	オプションの原資産価格が行使価格よりも低く、オプション行使によって損失が発生する場合(実際には権利行使しないため、損失は発生しない)

13 オプションから為替デリバティブのペイオフを作る

ここではオプションのペイオフを利用して為替デリバティブのペイオフを作る方法を説明します。

まず、通貨オプション（行使価格100円／米ドル）のコール・オプション（買う権利）、プット・オプション（売る権利）について、ロングのペイオフは図表2・20〜21のようになります。オプションのロング（権利を買っている場合）では、損失が発生する場合には権利行使しなくてよいので、利益だけが発生します。

本章9で「為替予約レート100円／米ドルの為替予約取引」は、「行使価格100円／米ドルのコール・オプションのロング（買う権利の購入）」と「行使価格100円／米ドルのプット・オプションのショート（売る権利の売却）」と等しくなると説明しました。

このうち「行使価格100円／米ドルのプット・オプションのショート」は、ショート（売却）なので、ペイオフは図表2・21とは損益が逆向きに発生します。

「為替予約レート100円／米ドルの為替予約取引」のペイオフは、図表2・18です。オプションで同じペイオフを作成する場合、「図表2・20（行使価格100円／米ドルのコール・オプションのロング）」と「図表2・21（行使価格100円／米ドルのプット・オプションのロング）の損益を逆向きにしたもの」を合算して、図表2・22のように作成します（損益がゼロの部分は影響しないので無視できます）。

ペイオフの合成はさまざまな為替デリバティブに利用できるので、後で複雑な為替デリバティブを説明する際に登場します。

❖オプションのペイオフを使って為替デリバティブのペイオフを作る

図表2・20 コール・オプションのペイオフ

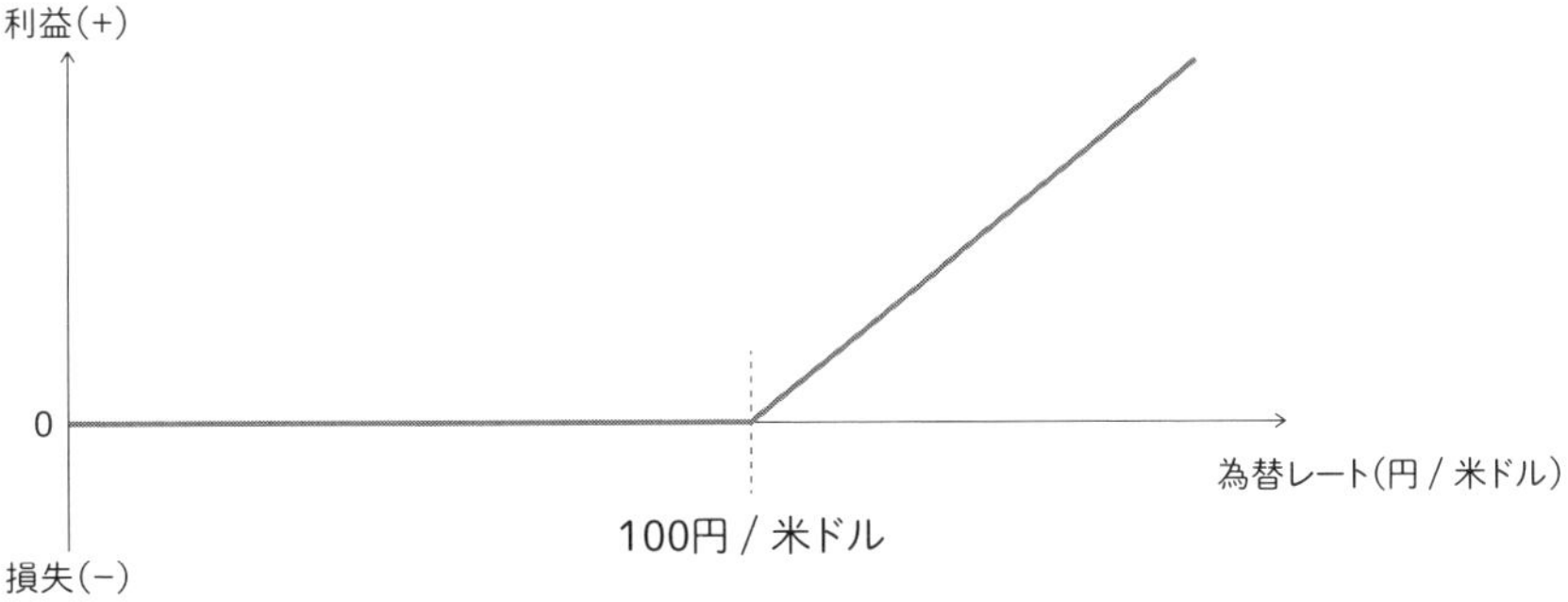

図表2・21 プット・オプションのペイオフ

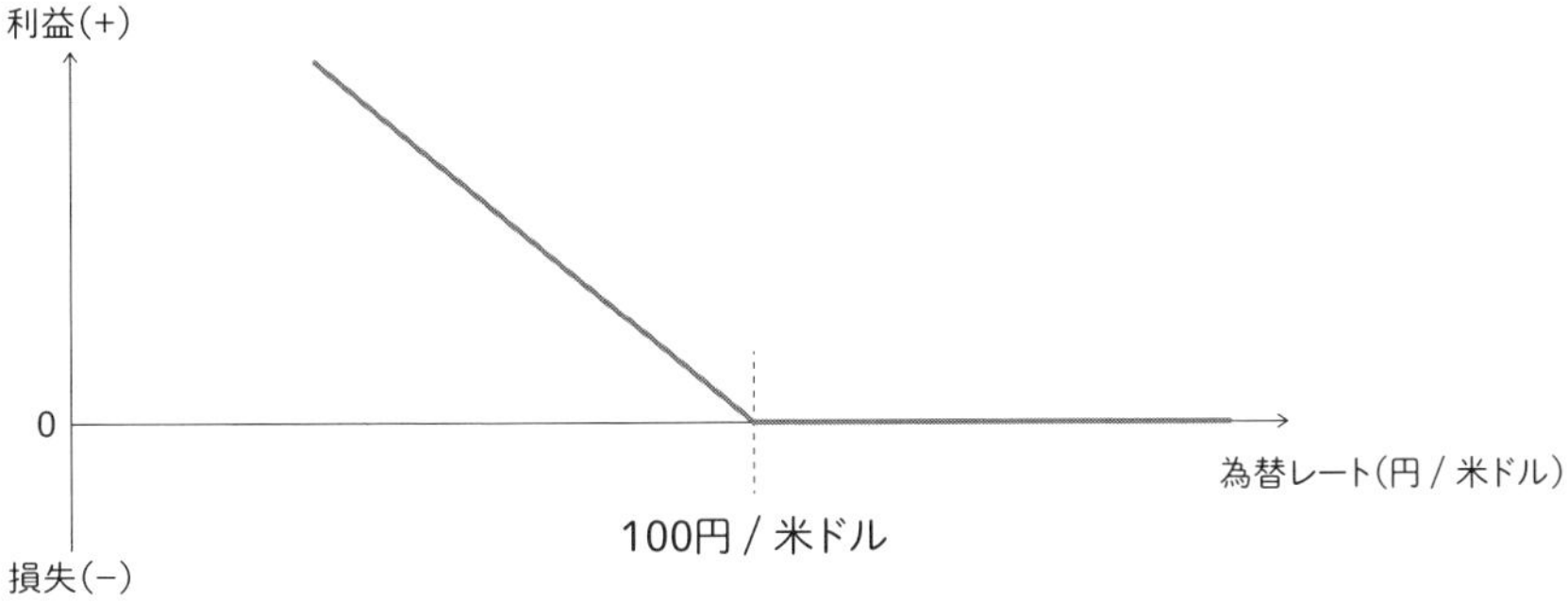

図表2・22 2つのオプションを合成した場合のペイオフ

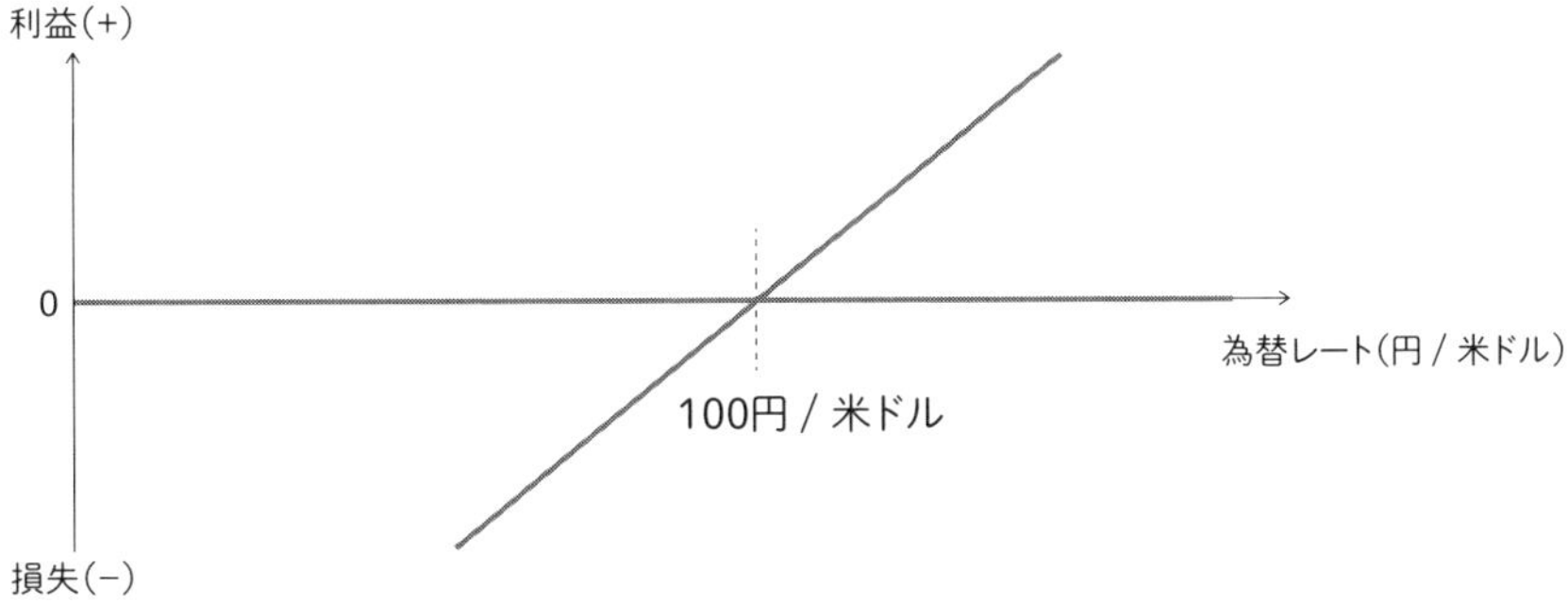

14 為替デリバティブの時価を計算してみよう

為替デリバティブの時価とは、先ほど説明した現在価値のことです。将来発生するキャッシュ・フロー（CF）の現在価値を合計して時価（現在価値）を求めます。ここでは事例を使って、実際の計算方法のイメージをつかみましょう。

ここでは、為替レート（スポット）が100円／米ドル、日本円金利1%、米ドル金利3%とします。対象とする為替予約取引は、図表2・23の5年後に米ドルを95円／米ドルで購入する為替予約です。

契約において発生するCFは、5年後の為替レート（フォワード・レート：FR）と為替予約レート（95円／米ドル）の差です。5年後に発生するCFを現在価値に割り戻すのは、日本円の割引率（金利）から計算したディスカウント・ファクター（DF）です。

FRは、図表2・24のように計算します。これはすでに説明しているので問題ないでしょう。5年後のFR（90・7円／米ドル）は為替予約レート（95円／米ドル）よりも低いため、5年後に発生するCFはマイナス4・3円／米ドル（90.7－95）です。

デリバティブの時価はCFの現在価値なので、5年後に発生したCF（マイナス4・3円／米ドル）を日本円のDFで現在価値に割り戻します。米ドルのDFを利用しないのは、すでに日本円に換算して5年後のCFを計算しているためです。

計算の結果、この為替予約取引の時価は、マイナス4・1円／米ドルと計算されました（図表2・25）。DFやFRの計算はあるものの、DCF法で説明した一般的な計算方法とあまり変わりがないことがイメージできるのではないでしょうか。

❖為替予約取引の時価評価

図表2・23 為替予約取引の契約内容

契約内容	米ドル買い、日本円売り
為替予約レート	95円 / 米ドル
決済日	契約日から５年後

図表2・24 ５年後の為替レートの計算

$$5年後のFR = スポット・レート \times \frac{米ドルのDF}{日本円のDF} = 100 \times \frac{0.8626}{0.9515}$$

$$= 90.7円 / 米ドル$$

$$米ドルのDF = \frac{1}{(1+3\%)^5} = 0.8626$$

$$日本円のDF = \frac{1}{(1+1\%)^5} = 0.9515$$

図表2・25 為替予約取引の現在価値の計算

為替予約の現在価値

＝（５年後の FR － 為替予約レート）× ５年後の DF

＝(90.7 － 95) × 0.9515 ＝ －4.3 × 0.9515 ＝ －4.1円 / 米ドル

※上記はすべて表示単位未満を四捨五入して表示。

15 決済額と時価評価額の違い

14で、為替デリバティブの時価評価について簡単に説明しました。フォワード・レート（ＦＲ）は、経過年数が長くなるほど円高になるように評価します。

たまに、「毎月５００万円入ってくるのに、時価評価がマイナス2億円になっている。どうして？」というような質問を受けることがあります。結論から言うと決済額と時価評価額は、何の関連もありません。

たとえば、図表2・26のように、為替予約レートが95円で、スポット・レートが１００円の場合、決済額はプラス5百万円です。

ただし、契約年数が10年なので、時価評価する際のフォワード・レートは年数が経つに従って円高となっていき、マイナスの評価額が増加します。

日本円の10年金利が１％、米ドルの10年金利が３％の場合、図表2・27のようにキャッシュ・フロー（ＣＦ）の現在価値の合計はマイナス46・8百万円となります。

現在の決済額がいくらプラスだったとしても、10年間のフォワード・レートの下落を加味すると、時価評価はマイナスになり、大きな損失を抱えることになります。

為替デリバティブが怖いのは、このように算定される評価損が決済額と連動しない点です。

毎回入金があると儲かっているように錯覚してしまうのですが、実際には時価評価額がマイナスになっていることもあるのです。

損しているという意識がないのが、為替デリバティブの危険な点です。

❖通貨スワップの決済額と時価評価額

図表2・26 通貨スワップのサンプル

当事者1	A社
当事者2	X銀行
交換サイクル	毎年6月（年1回）
期　間	10年間
受取額	1百万米ドル
支払額	95百万円（1米ドル＝95円）

図表2・27 通貨スワップの評価

年数	FR（円/米ドル）	交換レート（円/米ドル）	元本（百万米ドル）	CFの現在価値（百万円）
1	98.1	95	1	3.0
2	96.2	95	1	1.1
3	94.3	95	1	−0.7
4	92.5	95	1	−2.4
5	90.7	95	1	−4.1
6	88.9	95	1	−5.7
7	87.2	95	1	−7.3
8	85.5	95	1	−8.8
9	83.8	95	1	−10.2
10	82.2	95	1	−11.6
			合計	−46.8

16 契約時は時価評価額＝ゼロが原則

1個100円のアイスクリームを買うときに200円を払う人はいません。

デリバティブも同じで、100円の価値のあるオプションは100円で購入します。

通貨オプション（ロング）を単体で考えると、時価がプラスになるため、プレミアムを支払って購入することになりますが、為替予約や通貨スワップは将来の通貨の購入や将来の通貨交換であるため、契約時に金銭の支払は発生しません。

すなわち、**為替予約や通貨スワップの契約は、時価＝ゼロになるようにデリバティブ契約の条件を決定する**わけです。

たとえば、契約時の為替レートが1ドル＝100円、日本円の1年間の金利が1％、米ドルの1年間の金利が3％の場合、1年後の為替予約レートは98・06円／米ドルとなり、契約内容は図表2・28のようになるはずです。

また、1年ごとに3年間米ドルと日本円を交換する通貨スワップの場合は、交換する為替レートが96・18円／米ドルの場合、時価がゼロになります（図表2・29〜30）。

金融機関からすると、時価＝ゼロの条件で会社と為替デリバティブを契約しても儲からないので、時価がマイナスになるように条件を設定します。ただし、これは1個100円のアイスクリームを200円で買っているのと同じことです。

デリバティブ取引は、契約時には時価＝ゼロが原則ですが、実際にはそのようになっていないことを認識したうえで、契約をすべきです。

❖時価＝ゼロの為替デリバティブ

図表2・28 時価がゼロの為替予約

米ドルの買い手	A社
米ドルの売り手	X銀行
受渡日	1年後に1回のみ
期　間	1年間
元　本	1百万米ドル
為替予約レート	**98.06円/米ドル**

図表2・29 時価がゼロの通貨スワップ

当事者1	A社
当事者2	X銀行
交換サイクル	年1回
期　間	3年間
受取額	1百万米ドル
支払額	96.18百万円（1米ドル＝96.18円）

図表2・30 時価ゼロの通貨スワップの評価

年数	DF（日本円）	DF（米ドル）	FR（円/米ドル）	交換レート（円/米ドル）	元本（百万米ドル）	CFの現在価値（百万円）
1	0.990	0.971	98.06	96.18	1	1.86
2	0.980	0.943	96.15	96.18	1	−0.02
3	0.971	0.915	94.29	96.18	1	−1.84
					合計	0.00

17 直物為替（スポット）レートと為替予約（フォワード）レートの違い

「スポット・レート」はその時点（スポット）の為替レートです。たとえば今日の時点で日本円を米ドルに交換するときに使用する為替レートです。日本語では直物為替といいます。

「フォワード・レート」は、将来（フォワード）の時点で日本円から米ドルに交換するときに使用する為替レートです。日本語では先物為替といいます。

本章14で説明したように米ドルの為替予約をするときは、米ドル金利と日本円金利が同じ価値になるフォワード・レートを使用します。

ここ数十年間の米ドル金利と日本円金利を比較すると、米ドル金利のほうが高くなっています。

すなわち、フォワード・レートは下記の計算式を用いるため、年数が経過すると必ず円高になるように計算されます。

スポット・レート100円／米ドル、日本円金利1％、米ドル金利3％としてフォワード・レートを計算したものが、左頁の図表です。為替デリバティブは、常に円高を前提に計算するということを、そもそも理解しておかなければなりません。

計算式

$$\text{フォワード・レート} = \text{スポット・レート} \times \frac{\text{米ドルの現在価値}}{\text{日本円の現在価値}}$$

❖経過年数に応じたフォワード・レート

●フォワード・レートの形状

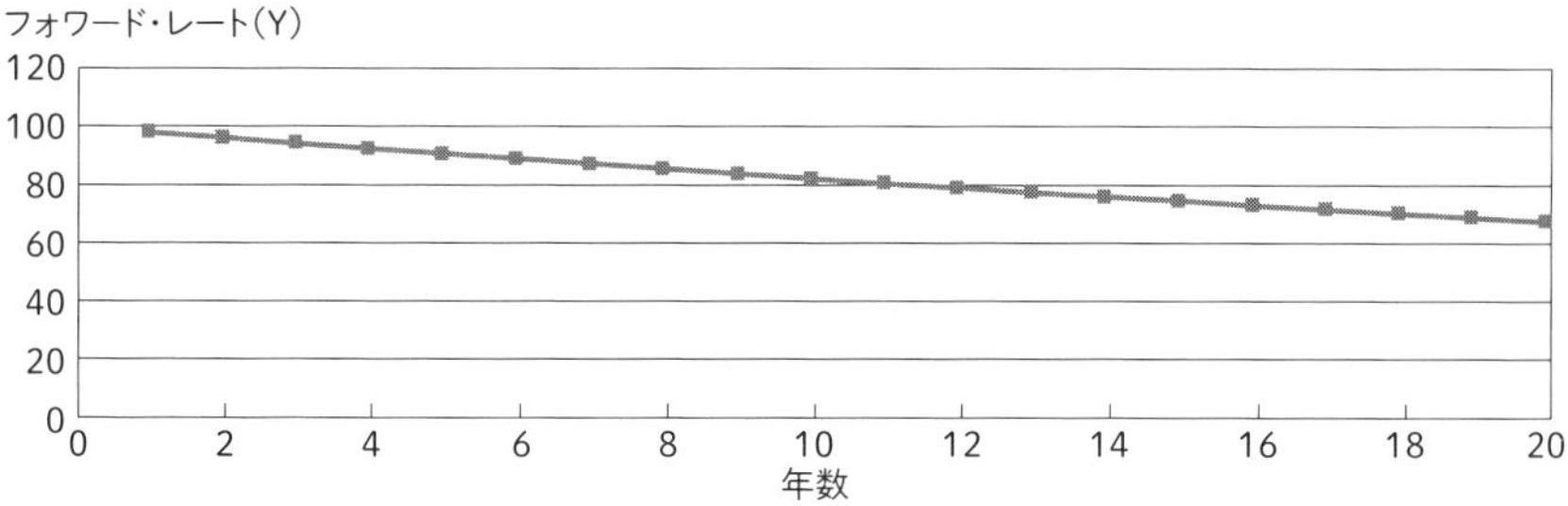

●フォワード・レートの計算方法

年数	DF（日本円） A	DF（米ドル） B	フォワード・レート Y=X×B÷A
1	0.990	0.971	98.06
2	0.980	0.943	96.15
3	0.971	0.915	94.29
4	0.961	0.888	92.46
5	0.951	0.863	90.66
6	0.942	0.837	88.90
7	0.933	0.813	87.17
8	0.923	0.789	85.48
9	0.914	0.766	83.82
10	0.905	0.744	82.19
11	0.896	0.722	80.60
12	0.887	0.701	79.03
13	0.879	0.681	77.50
14	0.870	0.661	75.99
15	0.861	0.642	74.52
16	0.853	0.623	73.07
17	0.844	0.605	71.65
18	0.836	0.587	70.26
19	0.828	0.570	68.90
20	0.820	0.554	67.56

スポット・レート（X）：100円 / 米ドル

18 ボラティリティとは

ここまでの説明では触れてきませんでしたが、為替デリバティブの時価は「ボラティリティ」に大きく影響を受けます。

為替デリバティブにおける「ボラティリティ」とは、**為替レートの変動率の標準偏差**です。

具体的には、どれだけ値動きが激しいかという指標です。値動きが激しい（ボラティリティが大きい）通貨ほど、将来的に大きく円高に動いたり、円安に動いたりするはずです。

1米ドル＝100円のとき、将来において行使価格1米ドル＝150円で米ドルを買える権利（コール）を購入したとします。ある人は、「ここ数年の為替レートの動きは、80円〜130円だから150円まで円安になるはずはない」と思うかもしれませんし、別の人は「ひょっとして200円まで円安になるかもしれない」と思うかもしれません。

デリバティブの時価を考えるうえでは、実際に150円になってもならなくても全く関係なく、150円になる可能性がどれだけあるかが価格に影響します。

ボラティリティが大きい（値動きが激しい）ということは、150円になる可能性が高まるので、行使価格1米ドル＝150円のオプション価値は高くなるのです。

逆に、ボラティリティが小さい（値動きが小さい）場合は、1米ドル＝150円になる可能性は低いため、オプション価値は低くなります。

❖ボラティリティの大きさにより予想される為替レートの幅

●ボラティリティが大きい場合

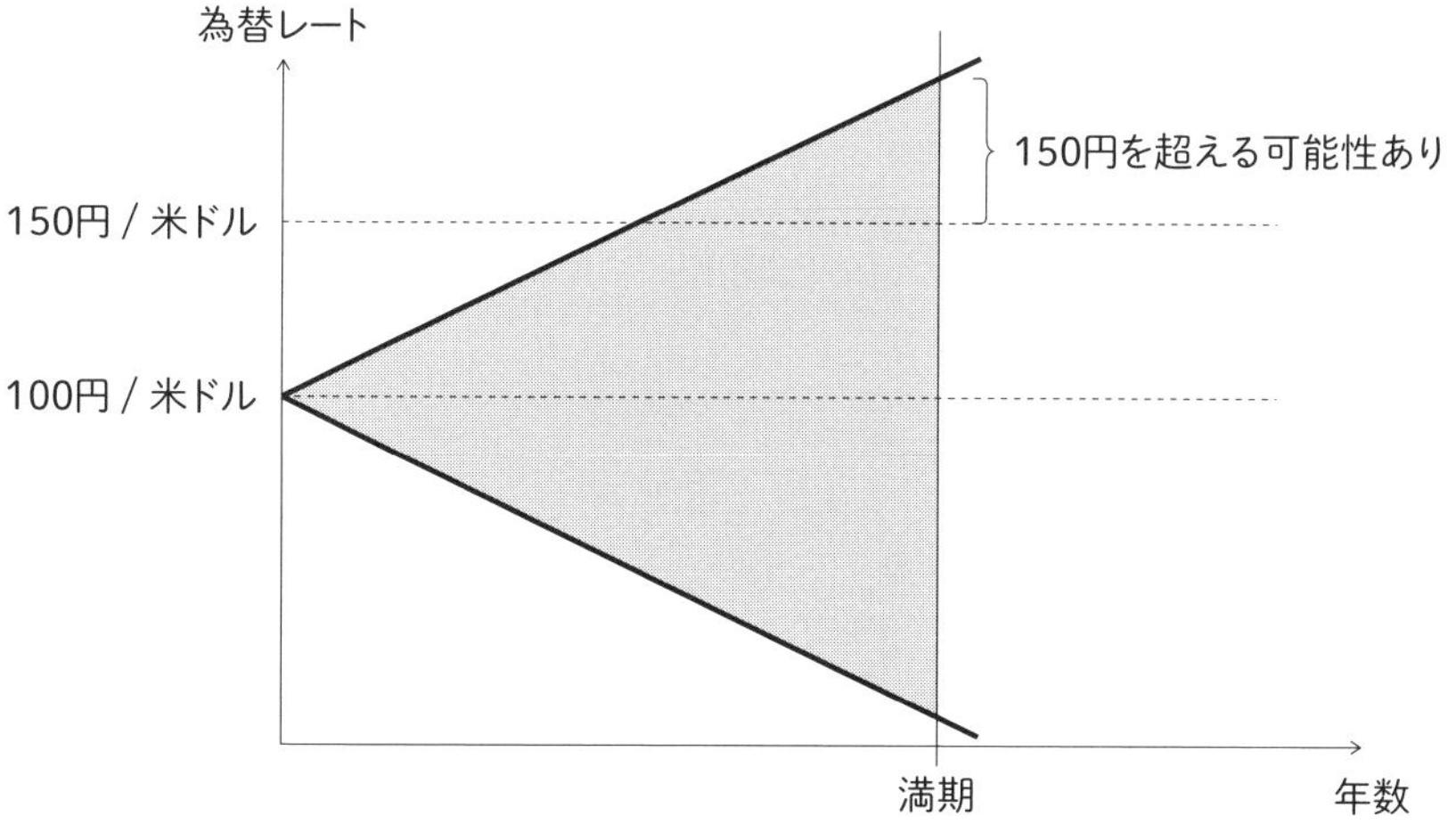
為替レート
150円を超える可能性あり
150円 / 米ドル
100円 / 米ドル
満期
年数

●ボラティリティが小さい場合

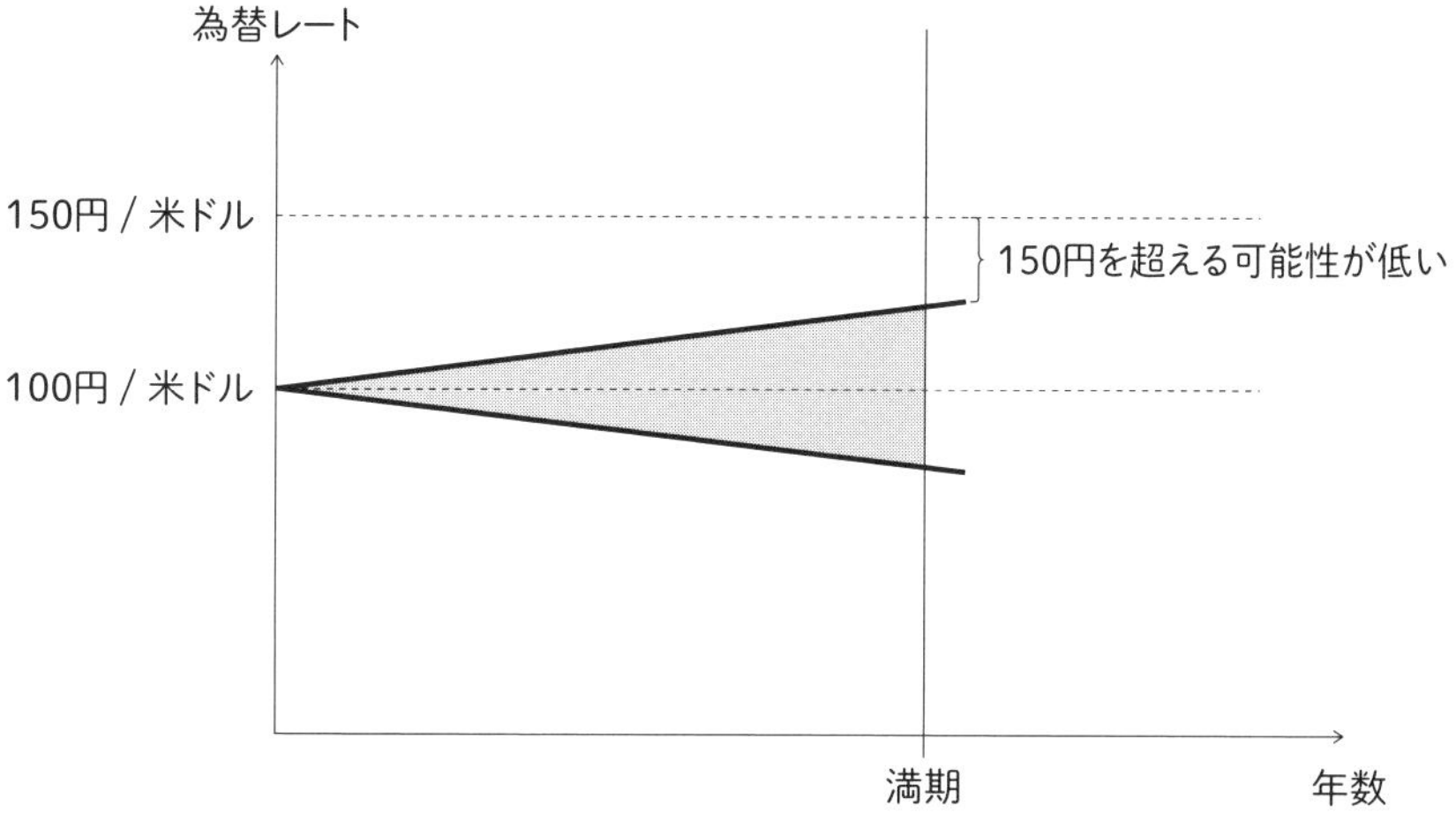
為替レート
150円 / 米ドル
150円を超える可能性が低い
100円 / 米ドル
満期
年数

19 ヘッジ取引としての利用

ヘッジ取引は、リスクを回避（ヘッジ）するために行われるものです。

為替レートが変動することによって発生する損益をヘッジするために、為替デリバティブを利用します。

為替レートが、1米ドル＝100円のときに米ドルの買掛金（ヘッジ対象）があり、為替レートが上がる（円安）と為替の損失が発生します。

逆に為替レートが下がる（円高）と為替の利益が発生しますが、企業活動においては、為替レートによる影響（リスク）は極力排除したいと思うはずです。この場合は、米ドル建の買掛金の為替リスクを、為替デリバティブ（ヘッジ手段。たとえば為替予約）を利用してヘッジします（図表2・31〜33）。

このように、**為替リスクを回避（ヘッジ）するために行われる取引**を「ヘッジ取引」といいます。

たとえば、以下の図表2・31〜33のような資産・負債（ヘッジ対象）を有している場合には、企業は為替リスクを抱えているため、ヘッジ取引を利用するニーズがあります。

① 外貨建の売掛金
② 外貨建の買掛金
③ 外貨建貸付金・借入金

為替デリバティブ（ヘッジ手段）は、為替リスクをヘッジするための有効な手段であり、為替デリバティブ自体が悪いというものではありません。

その有効な手段を適切に活用していくことが、企業や金融機関には求められています。

❖ヘッジ取引としての為替デリバティブの利用例

図表2・31 ヘッジ対象：外貨建の買掛金（A）

	為替レート（円／米ドル）A	仕入価格（米ドル）X	仕入価格（日本円）Y＝A×X
円高	80	1,000,000	80,000,000
↑	90	1,000,000	90,000,000
	100	1,000,000	100,000,000
↓	110	1,000,000	110,000,000
円安	120	1,000,000	120,000,000

図表2・32 ヘッジ手段：為替デリバティブ（B）

為替レート（円／米ドル）A	為替予約レート（円／米ドル）B	元本（米ドル）X	損益（日本円）Y=(A－B)×X
80	100	1,000,000	－20,000,000
90	100	1,000,000	－10,000,000
100	100	1,000,000	0
110	100	1,000,000	10,000,000
120	100	1,000,000	20,000,000

図表2・33 取引全体（A－B）

為替レート（円／米ドル）A	為替予約レート（円／米ドル）B	仕入価格（米ドル）X	仕入価格（日本円）Y＝B×X
80	100	1,000,000	100,000,000
90	100	1,000,000	100,000,000
100	100	1,000,000	100,000,000
110	100	1,000,000	100,000,000
120	100	1,000,000	100,000,000

20 ヘッジ取引と会計（ヘッジ会計）の関係

ヘッジ会計そのものは、大半の中小企業や金融機関では関係ない場合もありますが、デリバティブを知るうえでは重要な概念です。

19でヘッジ取引について説明しましたが、ヘッジ会計はヘッジ取引とはあまり関係ありません。言葉が似ているので誤解している方も少なくないため、ここではそもそもの考え方を簡単に説明しましょう。

ヘッジ会計は、ヘッジ取引を行っているもののうち、**ヘッジ対象（資産、負債）が時価評価されず、ヘッジ手段であるデリバティブのみが時価評価される場合にその損益調整をする手段**です。

会計上は、決算時にデリバティブを時価評価しますが、ヘッジ対象は時価評価しない場合があります。

たとえば、円建借入金の変動金利をヘッジする場合、金利スワップを契約します。決算時に円建借入金は時価評価しないため、デリバティブ（金利スワップ）の時価評価損益のみが決算書に反映されます。

リスクを回避するためにデリバティブを取引しているのに、ヘッジ対象とヘッジ手段の損益計上のタイミングがずれてしまうと、正しく決算書を作成できません。

このため、会社はヘッジ会計を適用して、損益調整（多くは繰り延べ）をするのです。

❖ヘッジ取引とヘッジ会計の違い

●ヘッジ取引とヘッジ会計

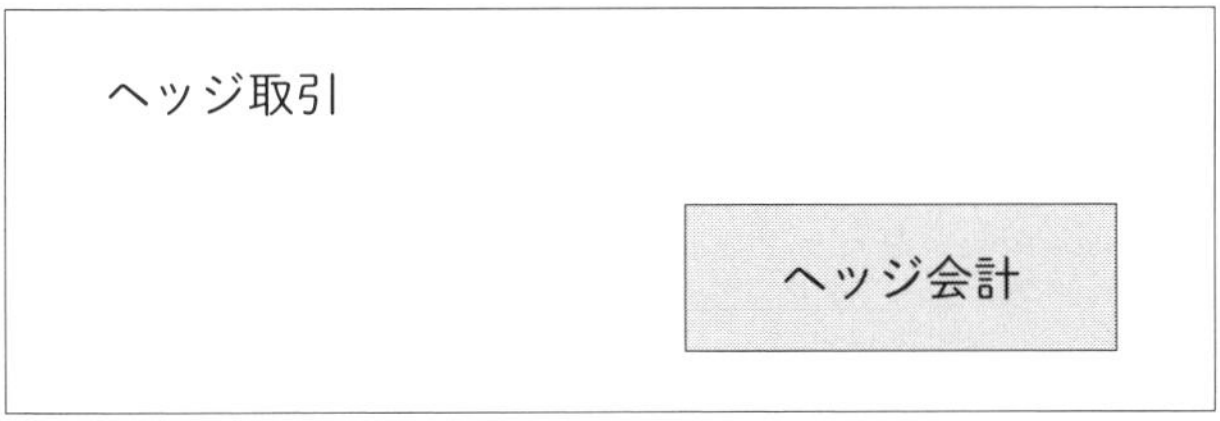

ヘッジ会計は、ヘッジ取引を行っている一部が対象となる

●ヘッジ会計が必要な場合と必要ない場合

ヘッジ対象（資産・負債など）	ヘッジ手段（デリバティブ）	ヘッジ会計の要否
時価評価する	時価評価する	ヘッジ会計は不要
時価評価しない	時価評価する	ヘッジ会計が必要

●ヘッジ会計を利用しない場合

ヘッジ対象の損益	ヘッジ手段の損益	全体の損益
0	+20	+20

ヘッジ手段の損益が計上されてしまう

●ヘッジ会計を利用した場合

ヘッジ対象の損益	ヘッジ手段の損益	全体の損益
0	0	0

損益調整（ヘッジ会計）

21 ヘッジ取引の有効性（適合性）

為替リスクを低減するために為替デリバティブを利用する場合、ヘッジ取引として利用した為替デリバティブが有効なのかを検討する必要があります。

海外に輸出している会社は、米ドルの売掛金の為替リスクをヘッジするために、為替予約などを利用して米ドルを売却します。

為替予約で米ドルを購入するとヘッジにはなりません。売却の方向が逆向きだからです。

また、期間が3カ月の売掛金の為替リスクをヘッジするのに6カ月の為替予約を利用しても、期間がマッチしておらず、ヘッジは有効に機能しません。為替レートは3カ月も差があると大きく動いてしまいます。

さらに、売掛金が1万ドルしかないのに、2万ドルの為替予約を行うと、為替リスクをヘッジしていることにはなりません。この状態をオーバーヘッジ（過剰なヘッジ）といいます。

また、決済のタイミングが月1回なのに対して、3カ月に1回の為替予約でヘッジしようとすると、為替リスクはヘッジできません。

これらの観点から、ヘッジの有効性（適合性）を判断するのです。

❖ヘッジの有効性

項　目	有効な場合
売買の方向	•外貨建資産を保有している場合は，外貨の売却 •外貨建負債を保有している場合は，外貨の購入
対象となる期間	契約期間とほぼ一致
契約金額	ヘッジ対象の外貨建資産・負債と同額か小さい金額 ※為替デリバティブのほうが大きいとオーバーヘッジになる
決済サイクル	外貨建資産・負債（ヘッジ対象）の決済のタイミングと為替デリバティブ（ヘッジ手段）の決済のタイミングが概ね一致

為替デリバティブは、ヘッジするために契約しているはずだから、ヘッジしたい外貨建資産・負債（ヘッジ対象）と決済のタイミングなどが同じじゃないと、意味がないよね。

コラム

為替デリバティブは代替投資の手段

投資運用業では、上場株式と債券（国債や社債）を伝統的資産と呼んでおり、資産運用会社が運用する資産の大半は伝統的資産です。最近は、機関投資家の投資対象が拡大していて、不動産、証券化商品、プライベートエクイティなども投資対象となっています。外国通貨は、伝統的資産とは言われていなくても、古くから機関投資家の投資対象となってきました。

債券投資と不動産投資は似ていて、基本的には安定的なインカムゲインを得ることを目的に投資を行います。高度成長期でもないので、不動産投資においてキャピタルゲインを目的とする投資家は日本にはそれほど多く存在しません（正確にはレバレッジを掛けることによって、借入返済額がキャピタルゲインとなりますが、ここでは論点がぶれるため無視します）。

外国通貨に投資するということは、その国に対して投資しているのと同じです。金利が日本よりも高い国に投資すると、日本で債券投資を行うよりも高い利回りが得られます。その国に経済成長が予想される場合、経済成長を加味したキャピタルゲインを期待することが可能です。

日本で投資を検討する場合は、日本円をベースにして考えますが、本来は外国の状況を判断しながら、日本円以外の通貨も含めて投資を検討しなければいけません。その意味では、下記のように為替デリバティブを含めた為替取引は伝統的資産に代わる、代替的な投資手段となるのです。

	株式	国内債券	不動産	外国通貨
キャピタルゲイン	有	無	有	有
インカムゲイン	無（有）	有	有	有
デフォルトリスク	有	無（有）	有	無
景気変動の影響	有	無	有	有

第 3 章

為替デリバティブの種類

金融機関と企業の間で契約される為替デリバティブには，さまざまな種類があります。ここでは為替デリバティブについて，どのような契約の種類があるか，どのような特徴を有しているかを解説していきます。

1 為替デリバティブの種類とその特徴

為替デリバティブにはシンプルなものもあれば、複雑なものもあります。ここでは代表的な為替デリバティブの契約形態とその特徴について説明します。

まず、シンプルな為替デリバティブは、単純な為替予約、通貨オプション、通貨スワップの3つです。契約内容も理解しやすく、時価評価額もイメージしやすいのがこれらです。

次に、為替デリバティブの契約に条件を付けることによって、さまざまな形態に変化させることができます。代表的なものは以下のとおりです。

① 元本変動型（レバレッジ型、レシオ型）
② 割増条件付（ギャップ型）
③ ノックアウト（ノックイン）型
④ 時系列変動型

条件付為替デリバティブはシンプルな為替デリバティブと比較すると、行使価格などが低く設定されているものの、評価損が発生しやすいしくみになっています。

一般企業と金融機関が為替デリバティブを契約する場合、金融機関は手数料相当額として時価評価額を調整（企業側にマイナス）します。デリバティブは条件が付くほどしくみが複雑になり、そのマイナス幅が広がります。

シンプルな為替デリバティブは手数料が少ないのに対して、複雑な為替デリバティブは手数料が高いので、金融機関には手数料の大きいほうを販売したいというインセンティブが働くのでしょう。

❖為替デリバティブの種類と手数料

手数料：安い

シンプルな為替デリバティブ
（為替予約、通貨オプション、通貨スワップ）

↕

手数料：高い

条件付為替デリバティブ

① 元本変動型
② 割増条件付
③ ノックアウト（ノックイン）型
④ 時系列変動型

複雑な為替デリバティブほど評価損が大きくなりやすいから、問題になりやすいんだ。シンプルな為替デリバティブは、実需（ヘッジ目的）だから、あまり問題になることはないね。

2 シンプルな包括為替予約

包括為替予約取引は、為替予約を複数回連続して行うタイプの為替デリバティブです。

為替レート（スポット）が100円／米ドル、日本円金利1％、米ドル金利3％とします。対象の為替予約取引は、元本1百万米ドル、為替予約レート95円／米ドル、契約日の6カ月後から5年後まで6カ月ごとに米ドルを購入するものとします。

為替予約取引を評価するためには、日本円・米ドルそれぞれの金利から計算した為替フォワード・レート（FR）を利用し、為替予約レートを差し引いて、各決済時点で発生するCF（キャッシュ・フロー）を計算します。すでに説明したFRの計算方法を利用して、FRと為替予約レートを比較した表示したのが図表3・1です。FRは当初は為替予約レートを上回っているものの、年数が経過するに従って円高方向になるため、3年後から為替予約レートを下回ります。

次に、各決済時点のCFを受取額と支払額の差額で計算し、日本円のDF（ディスカウント・ファクター）を掛けて、割引現在価値（DCF）を算定します。計算した結果は図表3・2となり、為替予約取引の時価評価額はDCFの合計額であるマイナス1・7百万円と算定されました。

シンプルな包括為替予約の評価額は、FRからCFを計算し、その割引現在価値を計算するという、一般的な評価方法（DCF法など）と同じなので、比較的理解しやすいのではないでしょうか。

❖包括為替予約の決済額と割引現在価値

図表3・1 為替予約取引の受取額・支払額

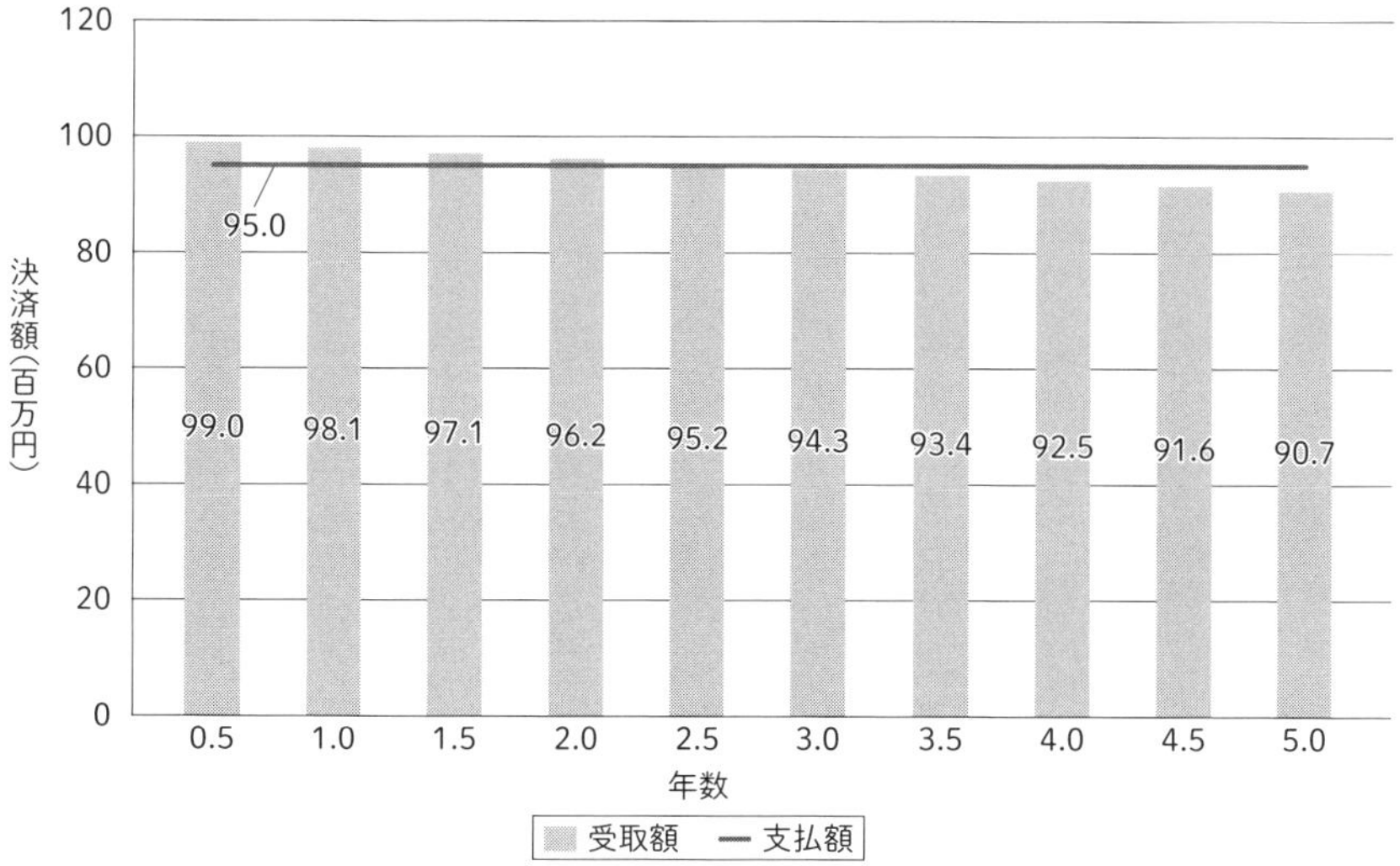

図表3・2 CFと割引現在価値（DCF）

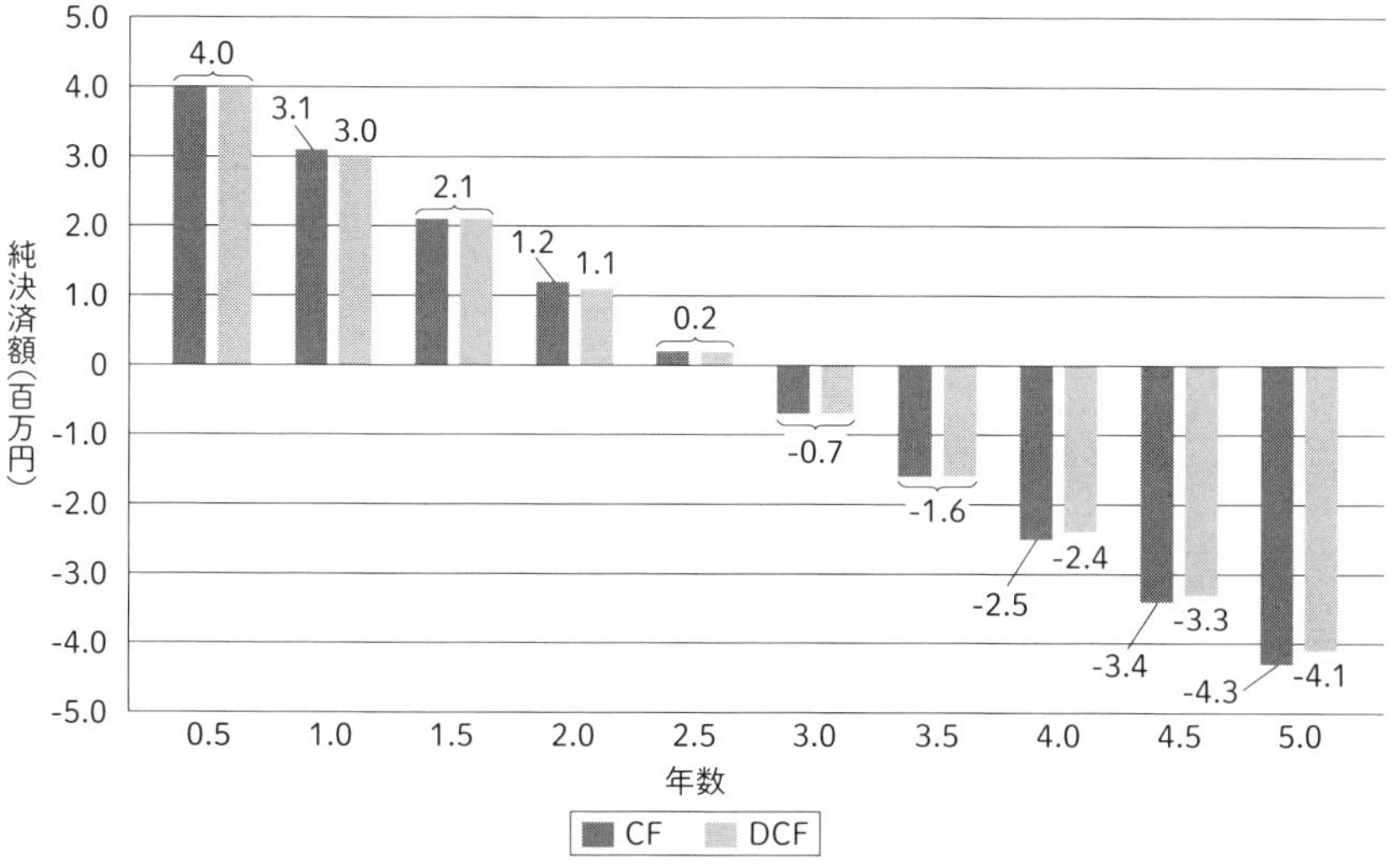

3 シンプルな通貨スワップ

ここでは、通貨スワップ（日本円と米ドルの交換取引）について説明します。

為替レート（スポット）が100円／米ドル、日本円金利1％、米ドル金利3％とします。対象とする通貨スワップは、1百万米ドルを受け取り、95百万円（交換レート95円／米ドル）を支払う交換取引を、契約日の6カ月後から5年後まで6カ月ごとに行います。

まず、日本円・米ドルの金利から計算した為替フォワード・レート（FR）を利用して受取額を計算し、支払額（95百万円）を差し引いて、各決済時点で発生するCF（キャッシュ・フロー）を計算します。計算したFRと交換レートを比較した表示したのが図表3・3です。FRは当初は交換レートを上回っているものの、年数が経過するに従って円高方向になるため、3年後から交換レートを下回ります。

次に、各決済時点のCFを受取額と支払額の差額で計算し、日本円のDF（ディスカウント・ファクター）を掛けて、割引現在価値（DCF）を算定します。計算した結果は図表3・4となり、通貨スワップの時価評価額はDCFの合計額である△1・7百万円と算定されました。

すでにお気づきのことと思いますが、この通貨スワップは先ほど説明した包括為替予約取引と同じ内容です。シンプルな通貨スワップも、包括為替予約と同様に比較的理解しやすいのではないでしょうか。

❖通貨スワップの決済額と割引現在価値

図表3・3 通貨スワップの受取額・支払額

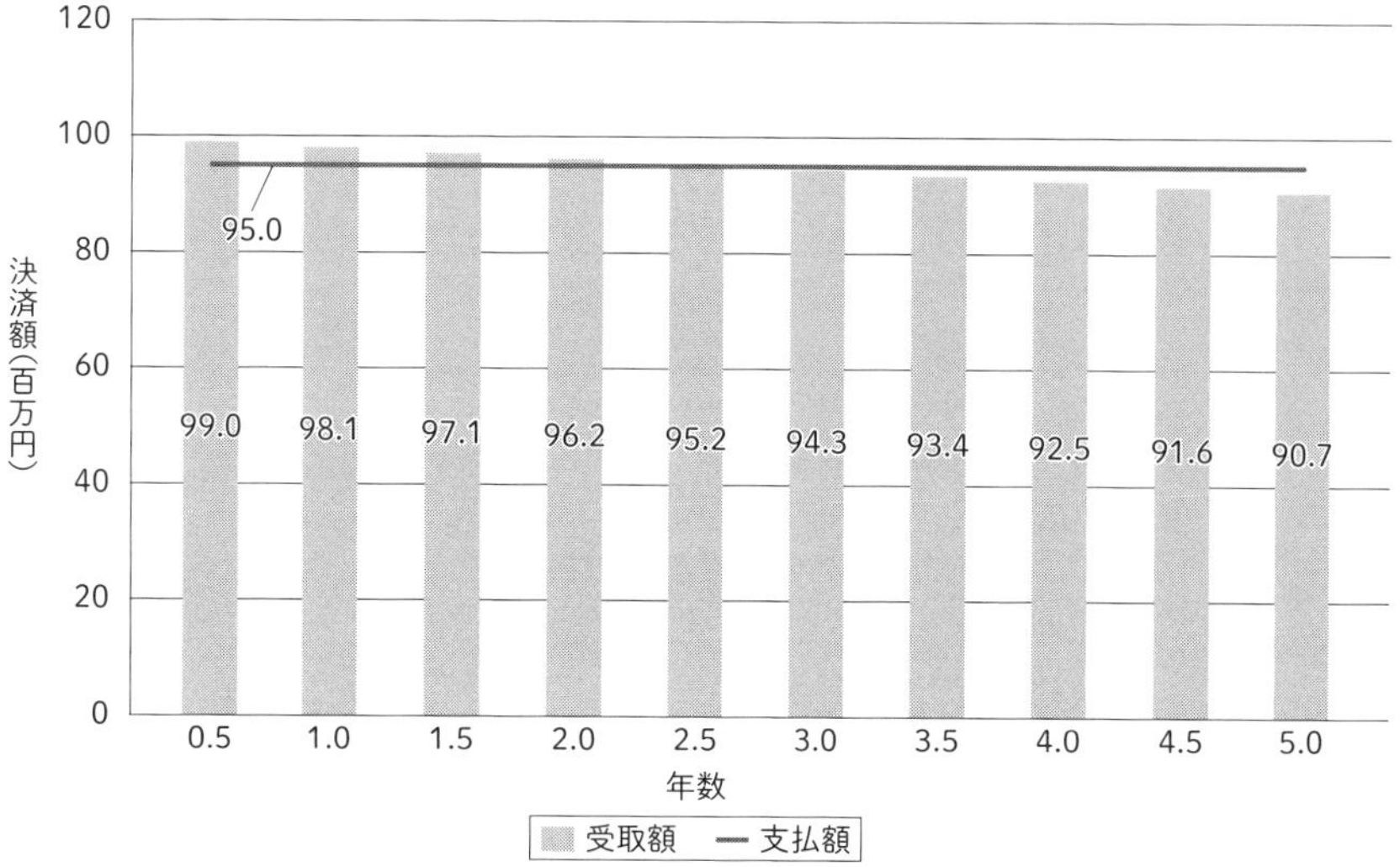

図表3・4 CFと割引現在価値（DCF）

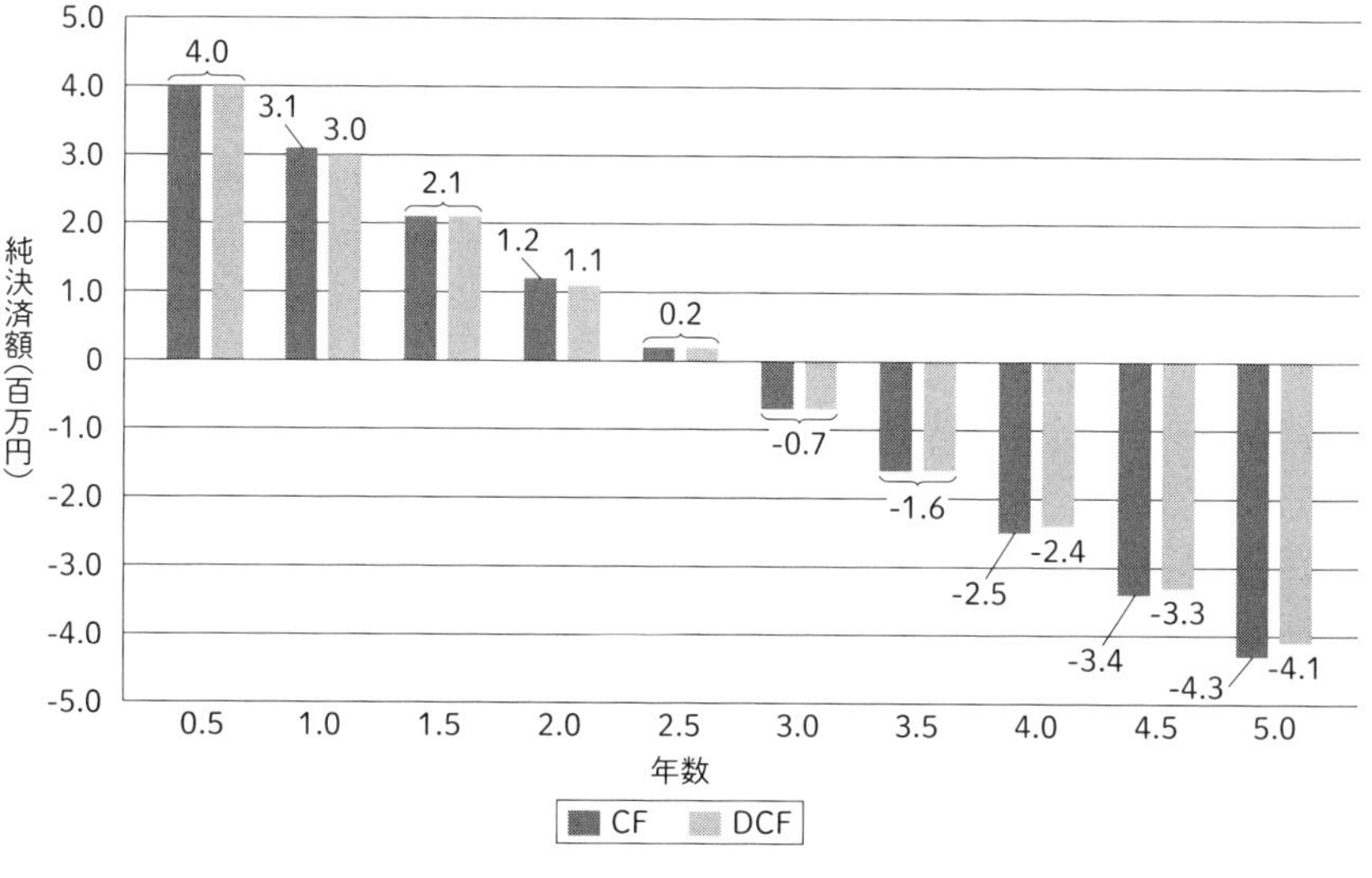

4 シンプルな通貨オプション

ここでは、通貨オプションの時価評価方法について説明を行います。為替レート（スポット）が１００円／米ドル、日本円金利１％、米ドル金利３％とします。対象の通貨オプションは、包括為替予約取引や通貨スワップで解説したのと同じペイオフを合成するオプションのクロス取引です。

すなわち、「想定元本1百万米ドルを行使価格95百万円（95円／米ドル）で買う権利」の購入（コール・オプションのロング）と、「想定元本1百万米ドルを行使価格95百万円（95円／米ドル）で売る権利」の売却（プット・オプションのショート）を契約日から5年後まで、6カ月ごとに満期が到来する契約をします（コール・ロングとプット・ショートを各10個契約）。

まず、満期を6カ月ごとに設定した10個のコール・ロングの通貨オプション（A）をブラック＝ショールズ・モデルで計算したのが、図表3・5です。

※ブラック＝ショールズ・モデルについては、第4章で解説しています。

次に、満期を6カ月ごとに設定した10個のプット・ショートの通貨オプション（B）を計算したのが、図表3・6です。

コール・ロングとプット・ショートの通貨オプションを合算したのが図表3・7です。包括為替予約取引とは複利の計算方法が異なるためＤＣＦの金額に少し差が出ますが、同じ取引を通貨オプションとして評価しているので、ほぼ同じ値になることはわかると思います。

❖通貨オプションのクロス取引の評価

図表3・5 コール・ロングのオプション価値（A）

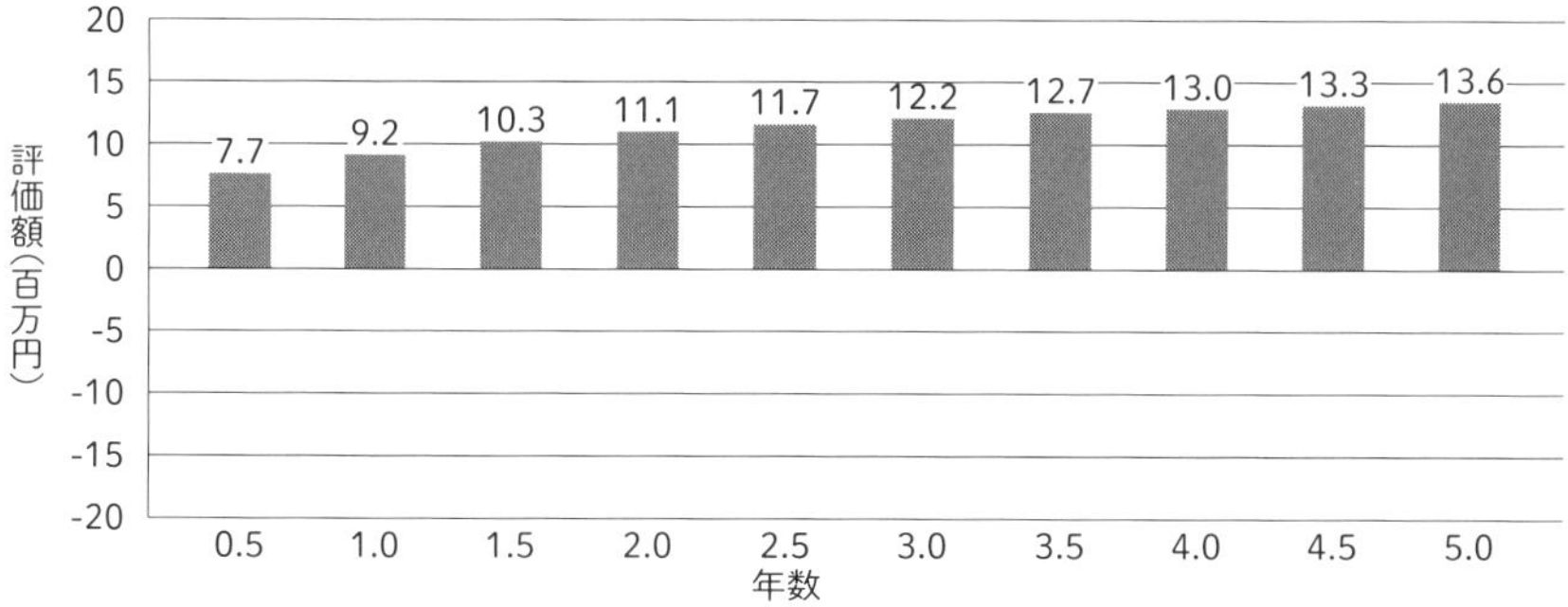

図表3・6 プット・ショートのオプション価値（B）

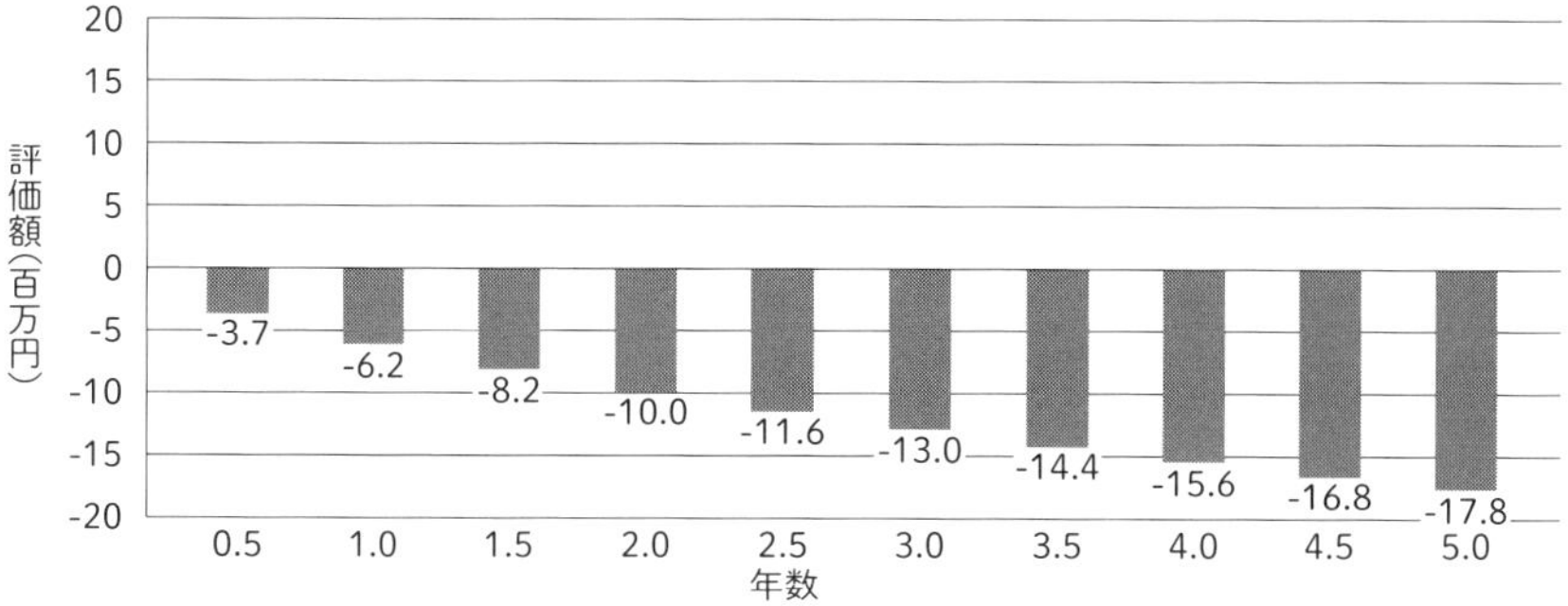

図表3・7 クロス取引のオプション価値（A＋B）

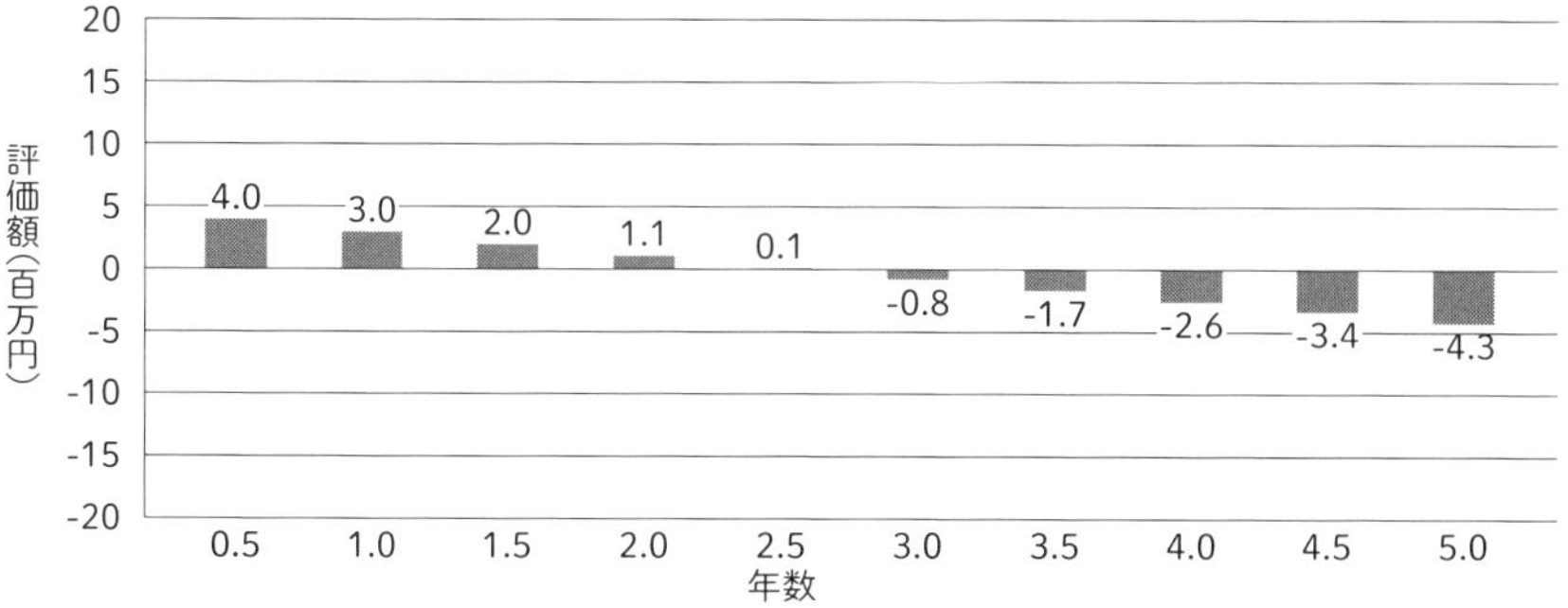

5 元本変動型為替デリバティブ

元本変動型（レバレッジ型、レシオ付）為替デリバティブは、**ある為替レートよりも円高になった場合、元本が2倍や3倍に増加するタイプの為替デリバティブ取引**をいいます。

〝レシオ〟という表現は、外資系金融機関の契約書ではあまり見かけません。日本の金融機関（特に銀行）特有の用語だと思います。

元本変動型の為替デリバティブは左頁の図表3・8のような契約です。

この契約では、為替レートが90円／米ドルを下回ると、交換する（スワップ）金額が2倍に増加します（図表3・9）。

為替デリバティブ契約時の為替レート（スポット・レート）が1米ドル＝100円だった場合、為替レートが1米ドル＝90円まで下がるはずがないと大半の会社は考えるでしょう。

ただし、日本円と外国通貨の金利差から、フォワード・レートは常に円高方向で（為替レートが下がる方向で）計算するので、時価評価では時の経過に従って90円／米ドルを下回る確率が高くなります。

すなわち、為替レートが実際に90円／米ドルを下回るかどうかは、時価評価額には全く関係がありません。

計算上、90円／米ドルを下回ると2倍の支払が必要になるため、時価評価額にマイナスの影響を与えるのです。

❖元本変動型為替デリバティブ

図表3・8 元本変動型通貨スワップの契約内容

当事者1	B 商事
当事者2	A 銀行
当事者1の支払額	90円 / 米ドル超の場合：　9,000,000円 90円 / 米ドル以下の場合：18,000,000円
当事者2の支払額	90円 / 米ドル超の場合：100,000米ドル 90円 / 米ドル以下の場合：200,000米ドル
交換サイクル	毎月末
契約期間	5年間

図表3・9 元本変動型デリバティブの元本変動

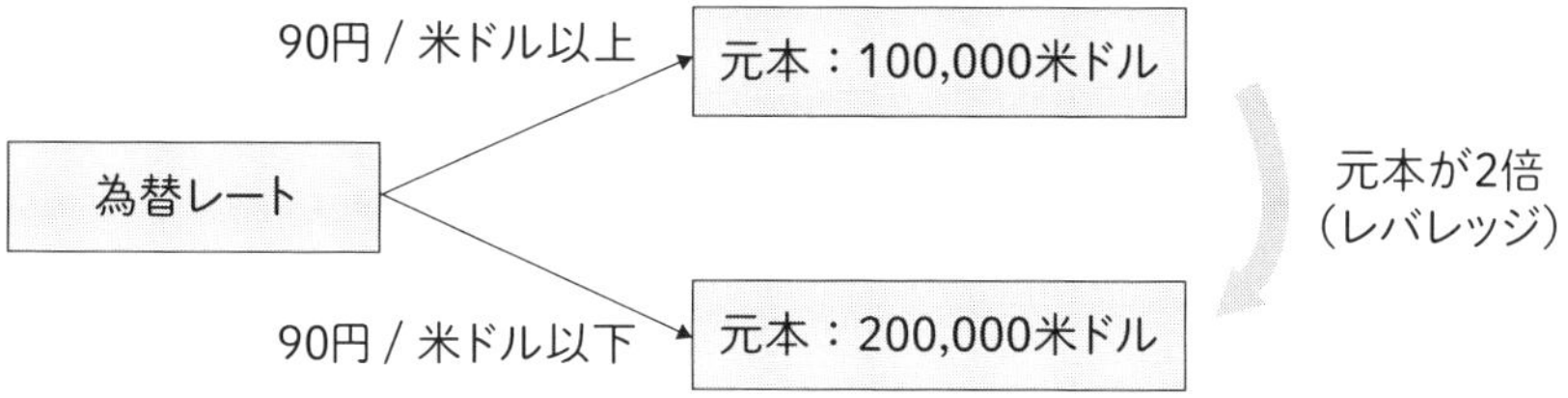
為替レート
90円 / 米ドル以上
元本：100,000米ドル
90円 / 米ドル以下
元本：200,000米ドル
元本が2倍
（レバレッジ）

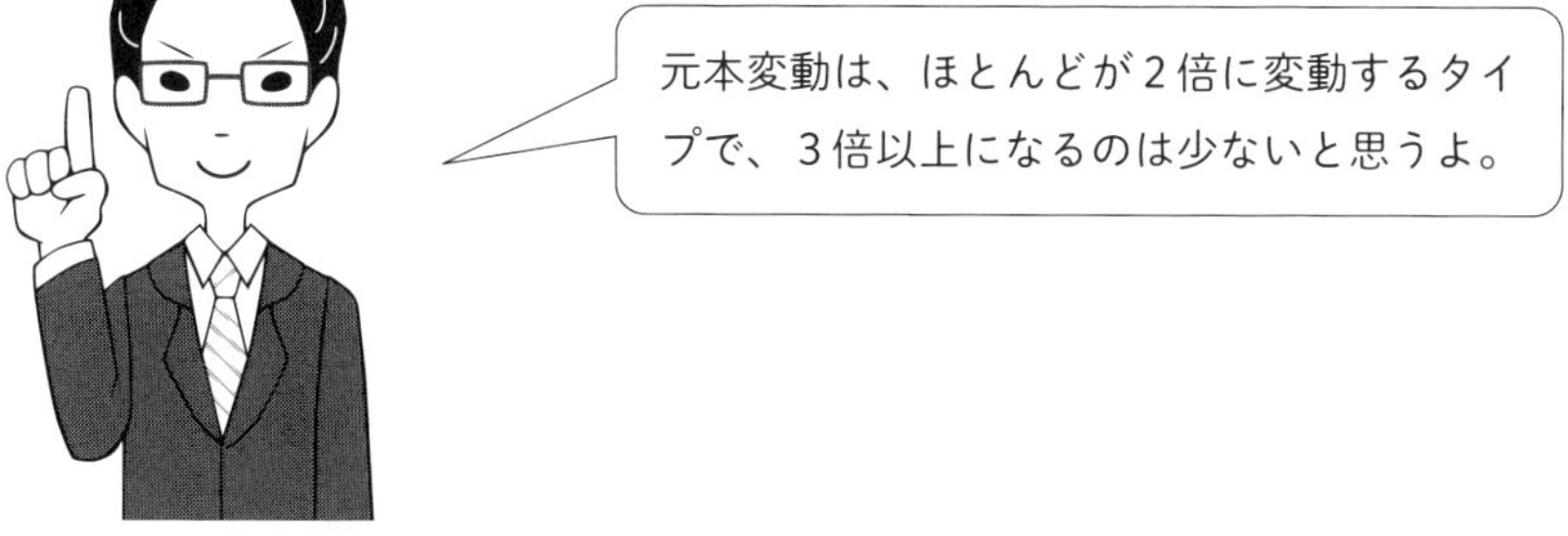
元本変動は、ほとんどが2倍に変動するタイプで、3倍以上になるのは少ないと思うよ。

6 割増条件付為替デリバティブ

為替デリバティブの条件の一つに、「割増条件」というものがあります。契約書に、「ギャップトリガー：○円」や「ギャップ割増条件：○円」というような表現がある場合が該当します。

割増条件は、「90円以下の円高になると行使価格（交換レート）が90円から100円に変更される」というように、ある一定の条件を満たした場合に、受取り／支払が増加する契約条件です（図表3・10）。

普通の為替デリバティブの場合、行使価格は90円で一定ですが、割増条件が付くと、左頁の図表3・11のように90円以下になった場合、10円を追加で支払うことになります。

このようなタイプのオプション（90円以下になると10円支払う）を「デジタル・オプション」といいます。なお、決済金額（キャッシュ）を受渡しするので、「キャッシュ・デジタル・オプション」が正確な名称です。FX取引の「バイナリー・オプション」と同じオプションです。

バイナリー・オプションを取引したことがある人はわかると思いますが、「1米ドル＝90円を下回ったら、10円もらえる」とか「1米ドル＝100円を上回ったら、10円支払う」などの権利を売買します。

割増条件付為替デリバティブは、このデジタル・オプションが為替デリバティブに加わったものです。

❖割増条件付為替デリバティブ

図表3・10 割増条件付通貨スワップの契約内容

当事者1	B商事
当事者2	A銀行
ギャップ割増条件	90円/米ドル
当事者1の支払額	90円/米ドル超の場合： 9,000,000円（ 90円/米ドル） 90円/米ドル以下の場合：10,000,000円（100円/米ドル）
当事者2の支払額	90円/米ドル超の場合：100,000米ドル 90円/米ドル以下の場合：100,000米ドル
交換サイクル	毎月末
契約期間	5年間

図表3・11 割増条件付為替デリバティブの行使価格

為替デリバティブ

＋

デジタル・オプション
（バイナリー・オプション）

90円/米ドル以下の場合は、
10円/米ドル支払額が増加する

⇒ 割増条件付為替デリバティブ

90円/米ドル以下の場合は、
100円/米ドルの支払が発生する

日系の金融機関は「ギャップ」という呼び方をしているね。円高になったときに、支払が増えるタイプだから、損失が大きくなりやすいんだ。

7 ノックアウト型為替デリバティブ

デリバティブ取引は、さまざまな条件を付けることによって、カスタマイズすることが可能です。

その一つが、**ノックアウト条項（自動消滅条項）**といわれるものです。

似たような条件として、コール条項（プット条項：契約消滅権）というものがありますが、こちらは契約を終了させる権利があるだけで、自動的に消滅するわけではありません。

ノックアウト条項が付されているデリバティブは、**ある一定の条件（ノックアウト・トリガー）に該当する場合、契約が自動的に終了します。**

契約内容は図表3・12のように、ノックアウト条項（自動消滅条項）として、「120円／米ドル以上の円安となった場合、当契約は自動的に終了する」という条件が入っています。

ノックアウトは、デリバティブをショート（売却）している場合のリスクヘッジに利用されます。

たとえば、1米ドル＝120円以上になると過大な損失になる可能性があるので、ノックアウト条項によって大幅な損失を被る前にデリバティブを消滅させることができます。

なお、本書では「ノックアウト」という用語を使用していますが、金融機関では「バリア」という用語を使用するほうが一般的です。用語の使い方が違うだけで同じ内容なので、もし金融機関の人が「バリア」という用語を使っても「ノックアウト」か次に説明する「ノックイン」のことを言っていると理解してください。

❖ノックアウト型為替デリバティブ

図表3・12 ノックアウト型通貨スワップの契約内容

当事者1	A 商事
当事者2	B 銀行
当事者1の支払額	10,000,000円（100円 / 米ドル）
当事者2の支払額	100,000米ドル
交換サイクル	毎月末
契約期間	5年間
ノックアウト条項（自動消滅条項）	120円 / 米ドル以上の円安となった場合、当契約は自動的に終了する

図表3・13 オプションにおけるノックアウトの利用

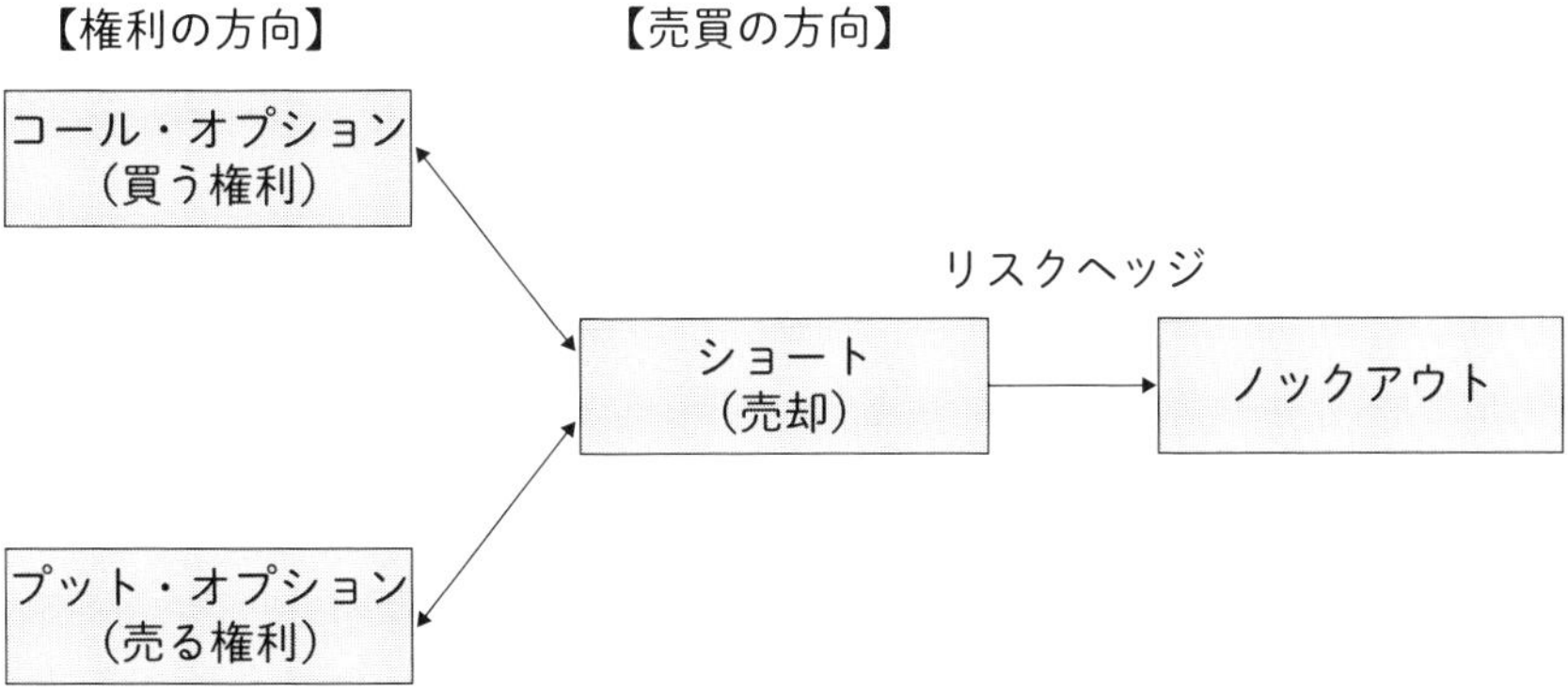

8 ノックイン型為替デリバティブ

ノックイン型の為替デリバティブとは、先ほど説明したノックアウトとは逆で、**一定の条件に達すると、権利行使が可能になるもの**です。これも「バリア・オプション」です。

たとえば、図表3・14のように1米ドル＝100円を下回る円高になる場合、通貨スワップが開始します。ノックアウトは権利が消滅するタイプでしたが、ノックインは権利が発生します（図表3・15）。

為替デリバティブには、為替予約、通貨オプション、通貨スワップといった3種類がありますが、それぞれが一定の条件になったときに発生します。

ノックイン型は、為替デリバティブの中では利用頻度は低いです。

たとえば、1ドル＝100円を下回った場合に、1ドル＝100円の通貨スワップが開始（ノックイン）するような場合、円高のリスクを回避しようとしているわけなので、普通に通貨オプションを契約すれば、同じ効果が得られるのです。

オプションの価格が高い・低いというのはありますが、極論すると、わざわざノックインにする意味はありません。

ノックアウトは、一定額以上の支払を避けるために、為替デリバティブとして利用する意味はあるでしょうが、ノックインは、特に意味があるような条件ではありません。

❖ノックイン型為替デリバティブ

図表3・14 ノックイン型通貨スワップの契約内容

当事者1	A 商事
当事者2	B 銀行
当事者1の支払額	10,000,000円（100円 / 米ドル）
当事者2の支払額	100,000米ドル
交換サイクル	毎月末
契約期間	5年間
ノックイン条項（契約発生条項）	100円 / 米ドル以下の円高となった場合に当契約は有効となる

図表3・15 ノックアウト型とノックイン型の比較

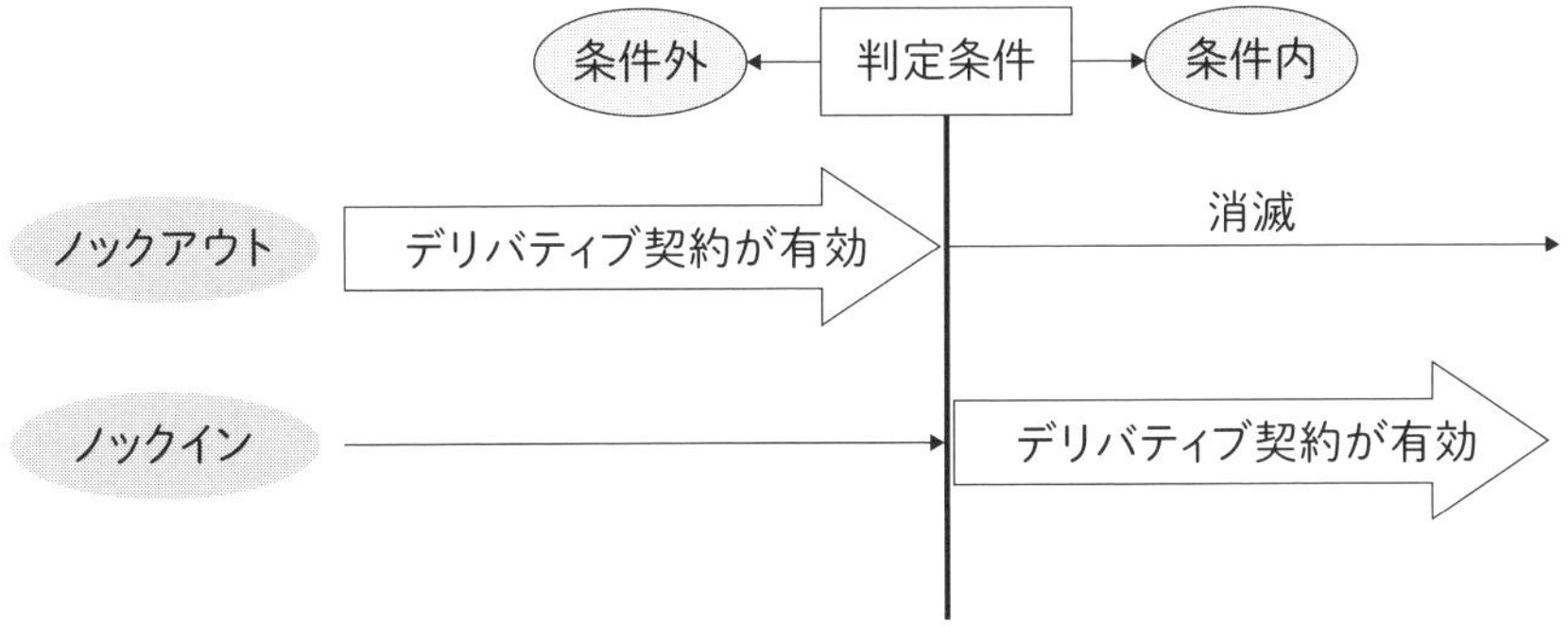
条件外
判定条件
条件内
ノックアウト
デリバティブ契約が有効
消滅
ノックイン
デリバティブ契約が有効

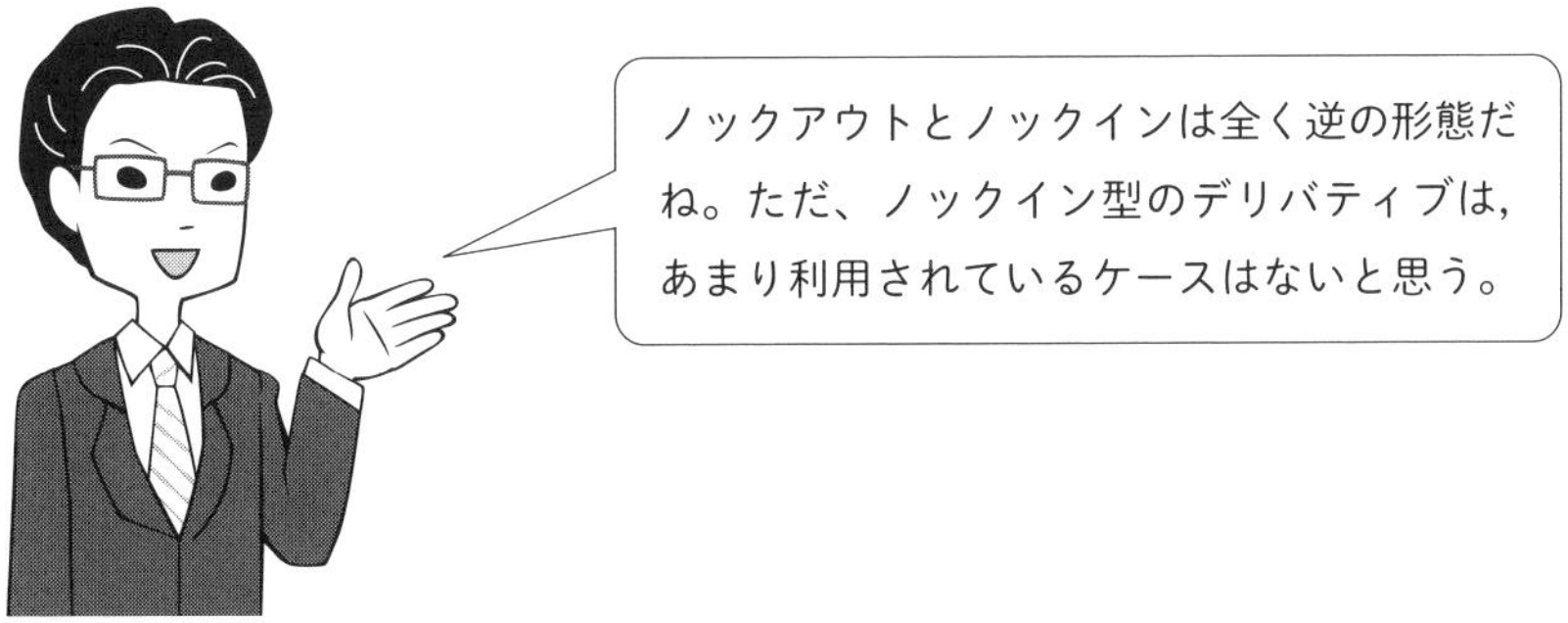
ノックアウトとノックインは全く逆の形態だね。ただ、ノックイン型のデリバティブは，あまり利用されているケースはないと思う。

9 時系列変動型為替デリバティブ

為替デリバティブの中には、契約から期間が経過するに従って、元本が変動するタイプのものがあります。為替レートによって変動する元本変動型為替デリバティブとは異なり、時間の経過に伴って元本が自動的に変動するものです。

ヘッジ取引として時系列変動型デリバティブを利用するということは想定しづらいため、このタイプのニーズはほとんどありません。

為替レート（スポット）が１００円／米ドル、日本円金利１％、米ドル金利３％とします。対象とする時系列変動型通貨スワップは、交換レート95円／米ドルとし、契約日の６カ月後から５年後まで６カ月ごとに連続して行います。元本は1百万米ドルから1年ごとに1百万米ドル増加していき、最終的に5百万米ドルになります。

シンプルな通貨スワップと同様に、日本円・米ドルの金利を利用して受取額、支払額を計算します。図表3・16から明らかですが、1年ごとに元本が増加しているので受取額・支払額がシンプルな通貨スワップよりも大きくなっています。

次に、各決済時点のＣＦを計算し、日本円のＤＦを掛けて、割引現在価値（ＤＣＦ）を算定します。計算した結果は図表3・17となり、通貨スワップの時価評価額はＤＣＦの合計額である△41・2百万円と算定されました。

想定元本が時系列で変動するだけなので、シンプルな通貨スワップの元本を変動させるだけで評価は可能です。元本変動型為替デリバティブや割増条件付為替デリバティブと比べると簡単です。

❖時系列変動型為替デリバティブの決済額と現在価値

図表3・16 通貨スワップの受取額・支払額

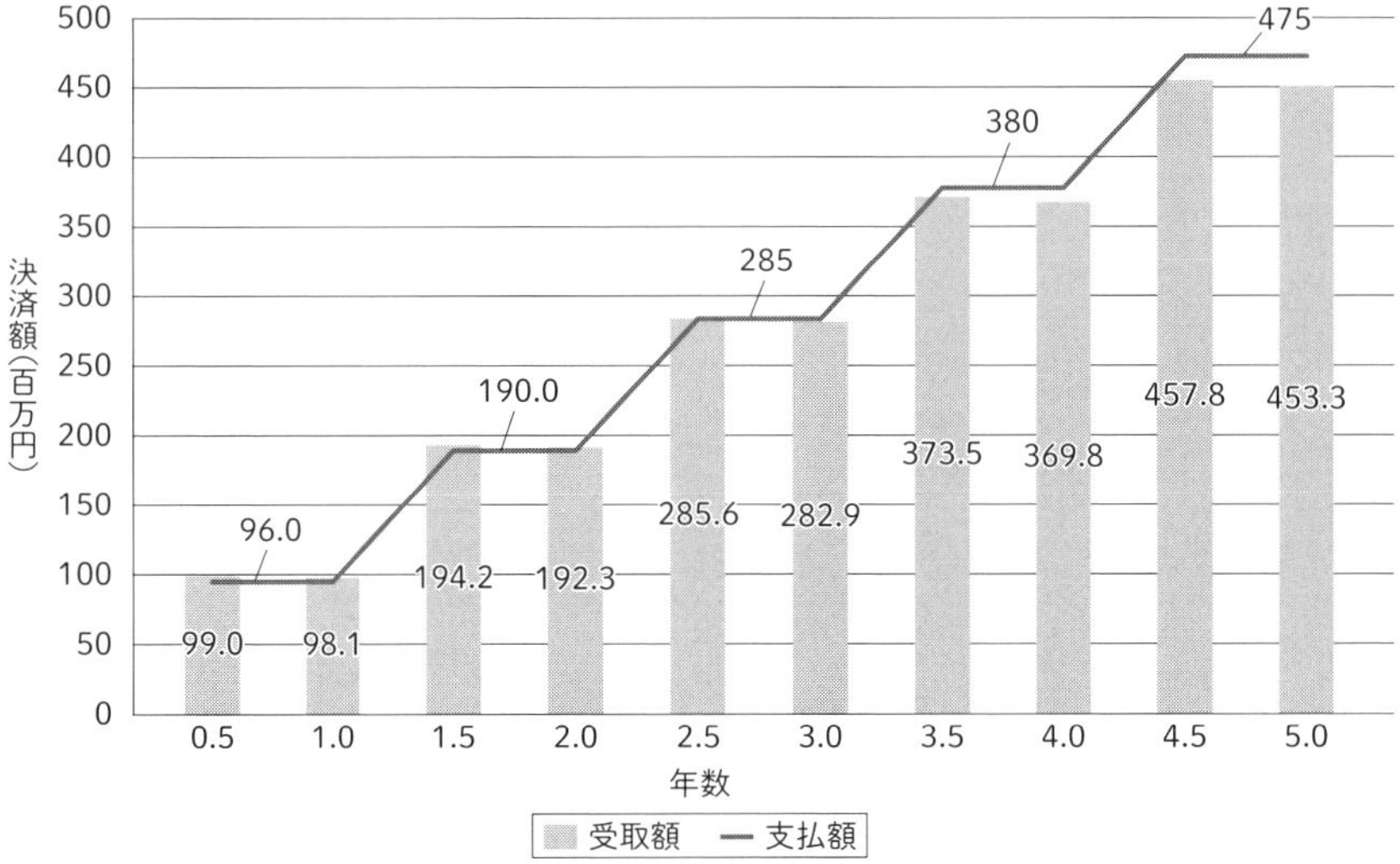

図表3・17 通貨スワップの純決済額（CF）と割引現在価値（DCF）

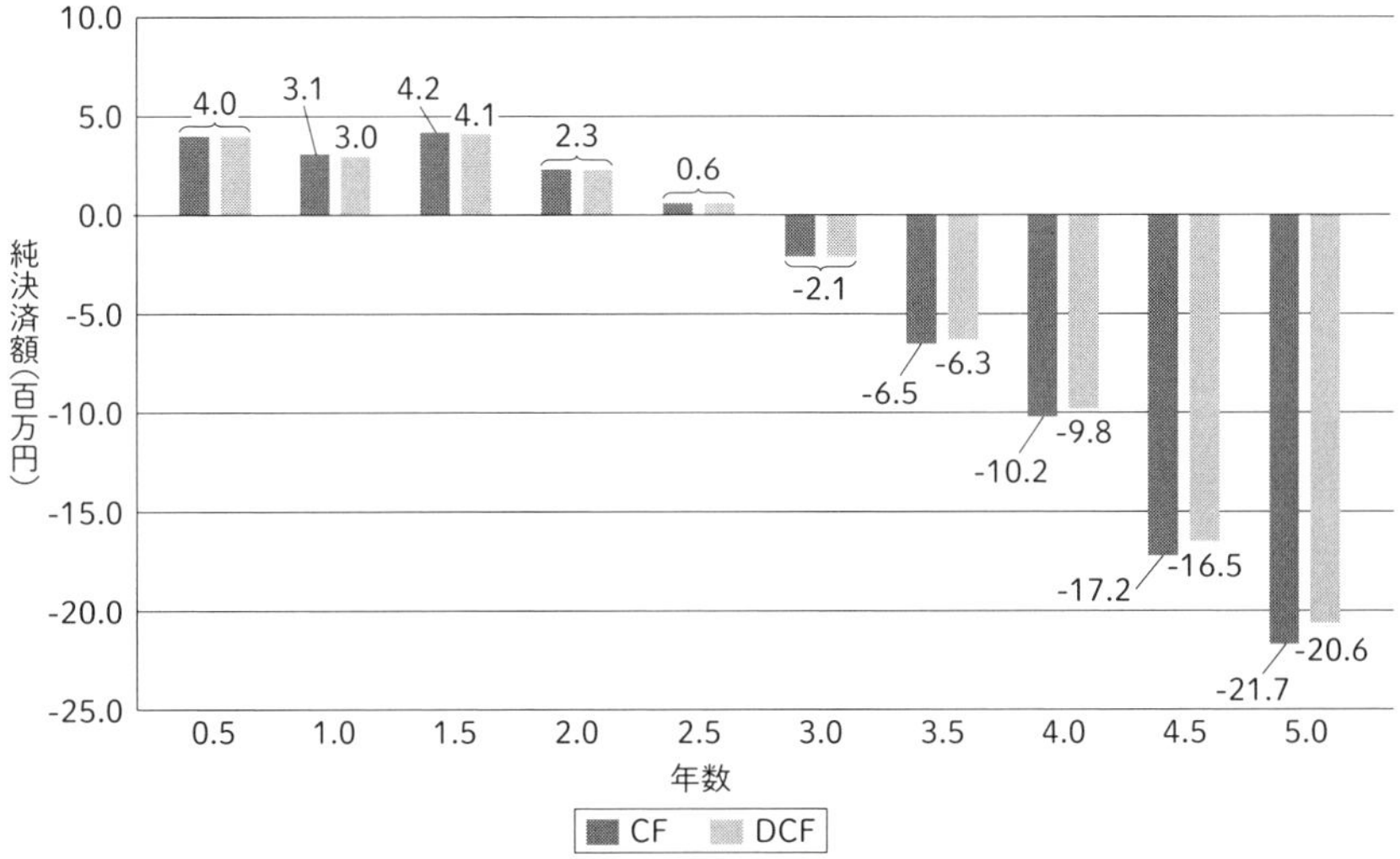

10 解約権付為替デリバティブ

解約権付為替デリバティブはペナルティがなく、いつでも契約をキャンセルできる解約オプションが含まれる為替デリバティブです。

ノックアウトは、自動的に契約が終了するので、ある一定水準を超える円高になる場合は契約を解除したくなくても解除されます。

一方、解約権は権利（オプション）なので、解除したくない場合は、解除しなくてもかまいません（図表3・18）。

為替デリバティブの多くは、会社が外国通貨を購入するタイプなので、為替相場が円高になって支払額が増加するリスクを金融機関がヘッジするために、解約権を追加するのです。

解約権は契約を解除する為替レートが明記されていないため、金融機関はいつでも解除することができます。

為替デリバティブの評価額は、為替レート以外にも金利水準やボラティリティに影響されるため、金融機関に損失が発生しそうか否かは日々変わります。

ノックアウトの条件とする為替レートは、契約締結時点の金利水準やボラティリティで計算したものなので、実際にノックアウトをする時点で計算してみると、ノックアウトさせる必要がない場合（時価評価額がプラスの場合）もあります（図表3・19）。

このように、解約権はノックアウトと似たような条件ですが、解約権のほうが金融機関に有利な条件といえます。

❖ノックアウトと解約権

図表3・18　ノックアウトと解約権の違い

ノックアウト
自動的に消滅
＝
選択権はない

↕

解約権
解約したいときに解約できる
＝
選択権あり

図表3・19　ノックアウトと解約権の契約消滅の比較

ノックアウト
契約時点の金利、ボラティリティで決定（事前に判断）

↕

解約権
解約しようとした時点の金利、ボラティリティで決定
（解約時に判断）

11 条件の組合せによる為替デリバティブの作成

本章では、為替デリバティブのさまざまな類型について説明しました。

実際の為替デリバティブは、条件を組み合わせて作成します。

シンプルな為替予約、通貨スワップ、通貨オプションもありますが、金融機関サイドの手数料の関係から、条件を組み合わせた為替デリバティブを契約することも多いでしょう。

先ほどまで説明した条件としては、左記のようなものがありました。実際に契約として利用されているものの大部分が、次の条件の組合せです。

- 元本変動型
- 割増条件付
- ノックアウト型
- ノックイン型
- 時系列変動型
- 解約権付

たとえば、「割増条件付ノックアウト型為替予約」のような契約になります。

組合せは、その条件が「あるか」「ないか」によって決まるため、上記の条件を加味すると、$2\times2\times2\times2\times2\times2=2^6=64$通りの組合せになります。

さらに、為替予約、通貨スワップ、通過オプションの組合せを入れると、$3\times64=192$通りです。

数だけを見ると多いように思いますが、一つひとつは先ほどまで説明した事項の組合せのため、それぞれを理解しておけば、それほど難しくはないでしょう。

❖為替デリバティブの組合せ

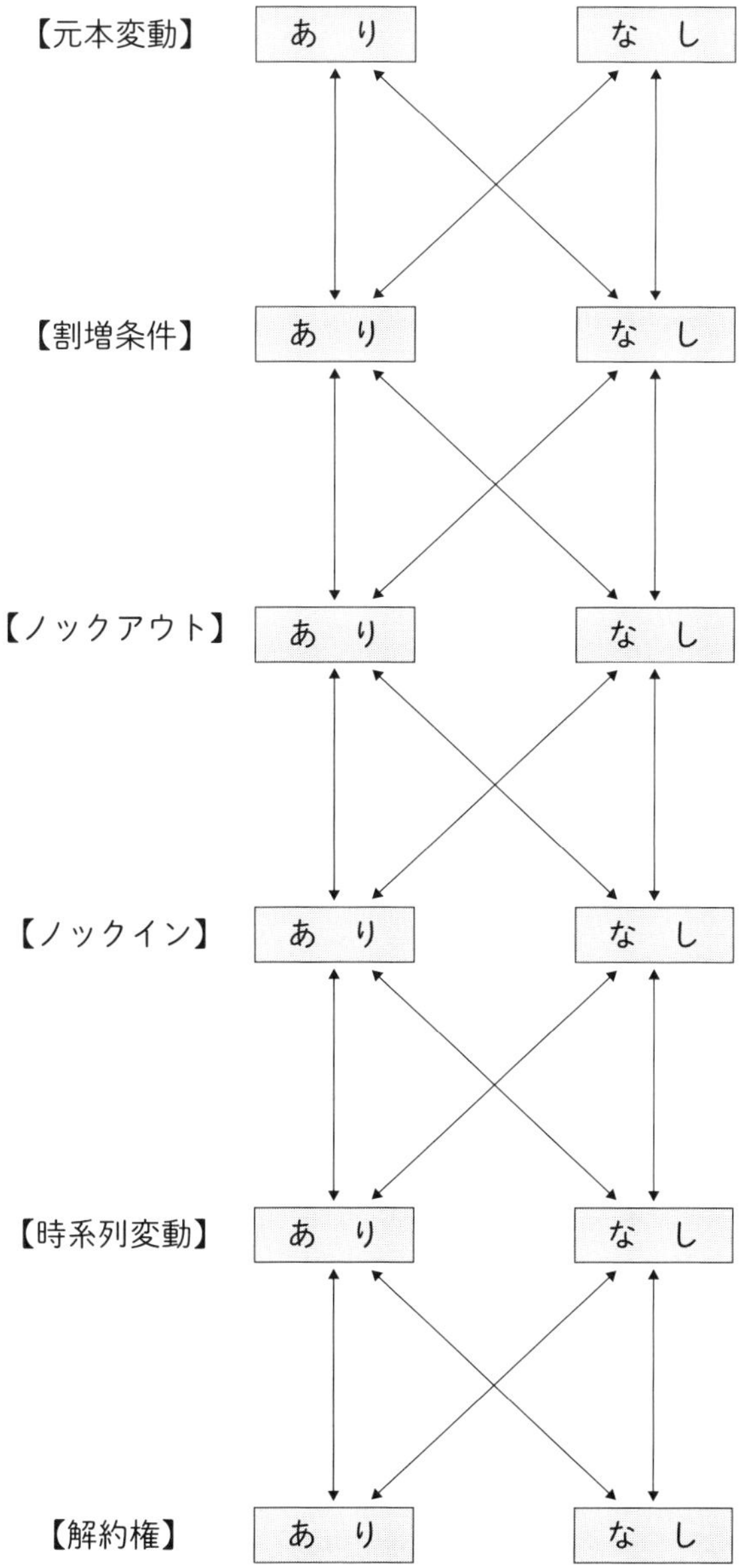

コラム

為替デリバティブと金利デリバティブ

他通貨間の金利（たとえば、日本円金利と米ドル金利）を交換する為替デリバティブをベーシス・スワップといいます。金利を交換しているので金利デリバティブ（金利スワップ）とも言えそうですが、実務的には為替デリバティブ（通貨スワップ）と呼ばれます。

本書で説明している為替デリバティブは金利ではなく通貨そのものを対象としたものなので、発生する損益がどうしても大きくなります。

日本円金利１％、米ドル金利３％の場合、金利差は２％なので通貨スワップの想定元本が大きくても、対象となる決済額や損益は大きくなりません。たとえば想定元本が100億円の場合、金利差２％で５年間決済したとしても、100億円×２％×５年＝10億円です。発生する損益は決して小さくはありませんが、通貨そのものを対象としているよりも損益は小さいと言えます。為替レートが２％変動することはざらにあるので、想定元本100億円、年１回（合計５回）の通貨交換からは、10億円の損益は容易に発生します。

資産運用目的でデリバティブを利用する場合（ヘッジ目的ではない場合）、金利スワップやベーシス・スワップは債券投資と似ていて、安定的なインカムゲインを目的としています。これに対して、通貨交換取引などの為替デリバティブは、相場変動に応じたキャピタルゲインを目的とする場合とインカムゲインを目的とする場合が混在しています。本書で主に説明しているのは、インカムゲインを目的として為替デリバティブを契約しているケースです。

たとえば、元本変動型通貨スワップなどは、通常の通貨スワップと比較して交換為替レートが低い（円高方向）ので、急激な為替相場の変動がなければ、安定的で高金利のインカムゲインを確保することができるのです。

デリバティブは利用する目的（ヘッジ目的、資産運用目的）、想定するリターンの種類（インカムゲイン、キャピタルゲイン）によって、使い分けることが必要なのです。

第4章

為替デリバティブを考えるうえでのポイント

為替デリバティブにはいくつかの種類があり、それぞれ条件を追加することで、多くの契約を作り出すことができます。ここでは、為替デリバティブに特有の考え方を理解し、複雑な為替デリバティブを理解するうえでのポイントを解説します。

1 為替デリバティブの基本形はオプション

第3章で、為替予約、通貨スワップ、通貨オプションの決済額について説明しました。

それぞれ、受取額と支払額の現在価値を計算すると、差引額は同じでも、グロスの金額は異なります。図表4・1と図表4・2を比較すると、その違いがわかると思います。

為替予約や通貨スワップは、平均的な為替レート(フォワード・レート)のみを対象にして計算するため、フォワード・レートにおける決済額をそのまま計算します。

通貨オプションは確率で計算するため、フォワード・レートでマイナスになっている場合でも、プラスの価値が発生します。

たとえば、為替フォワード・レートが90円/米ドルで、行使価格が100円/米ドルの場合、為替予約や通貨スワップは△10円として計算しますが、通貨オプション(コール・ロング)の場合は、将来的に為替レートが100円/米ドルを超える可能性があるため、オプションとしての価値はゼロにはなりません(オプション価値にマイナスはないため)。

シンプルな通貨オプションのクロス取引の評価額は、シンプルな為替予約や通貨スワップと同じです。ただし、複雑な為替デリバティブはシンプルな通貨スワップなどの前提(為替レートの変動によって発生する損益が一定)とは異なるため、オプションを利用して時価評価する必要が生じます。

元本変動型、割増条件付、ノックアウト型などさまざまな為替デリバティブがありますが、すべてオプションとしての性質を利用しなければ、評価できません。

❖通貨スワップ・通貨オプションの現在価値の違い

図表4・1 通貨スワップの受取額、支払額の現在価値

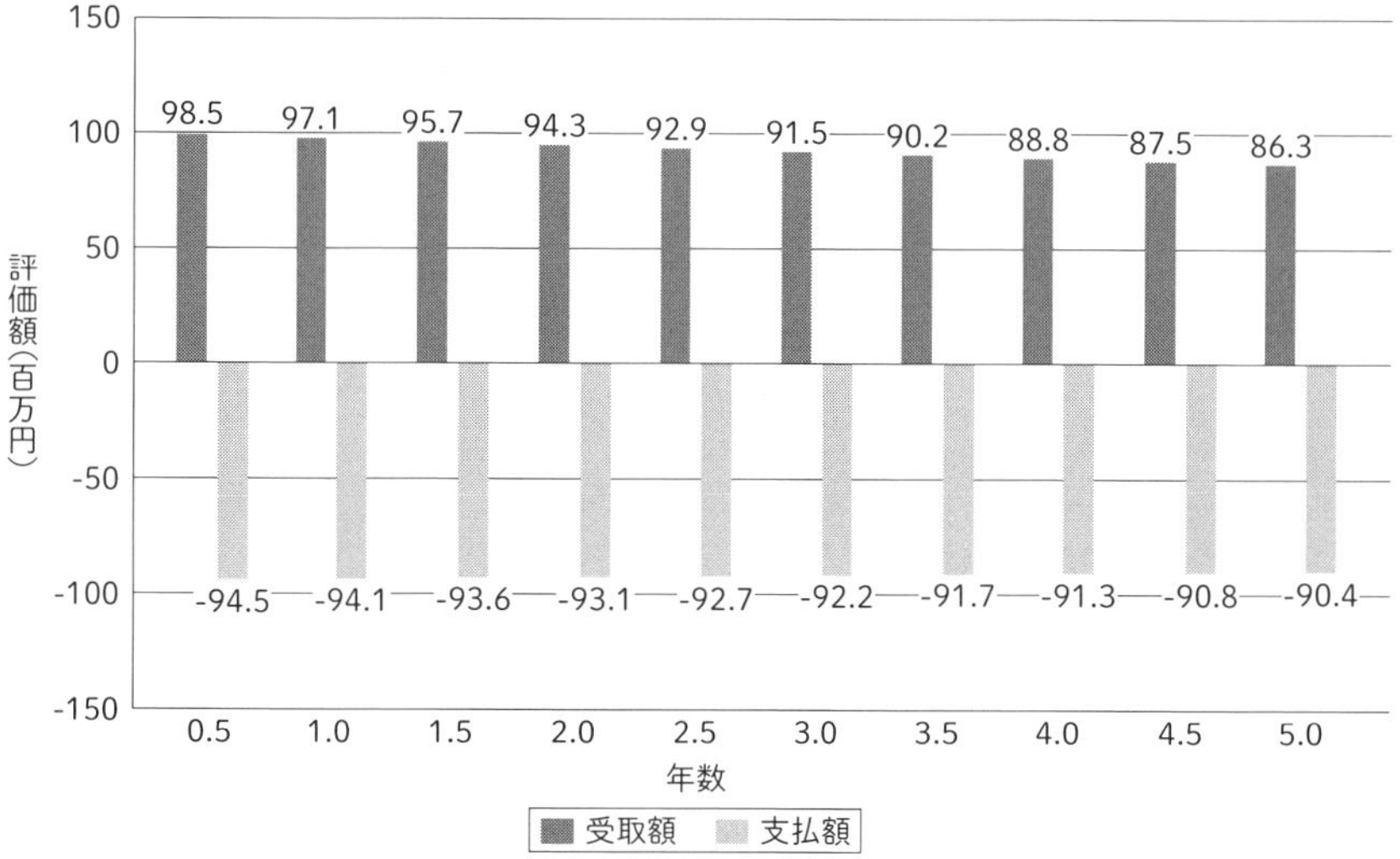

図表4・2 通貨クロス・オプションのコールとプットの価値

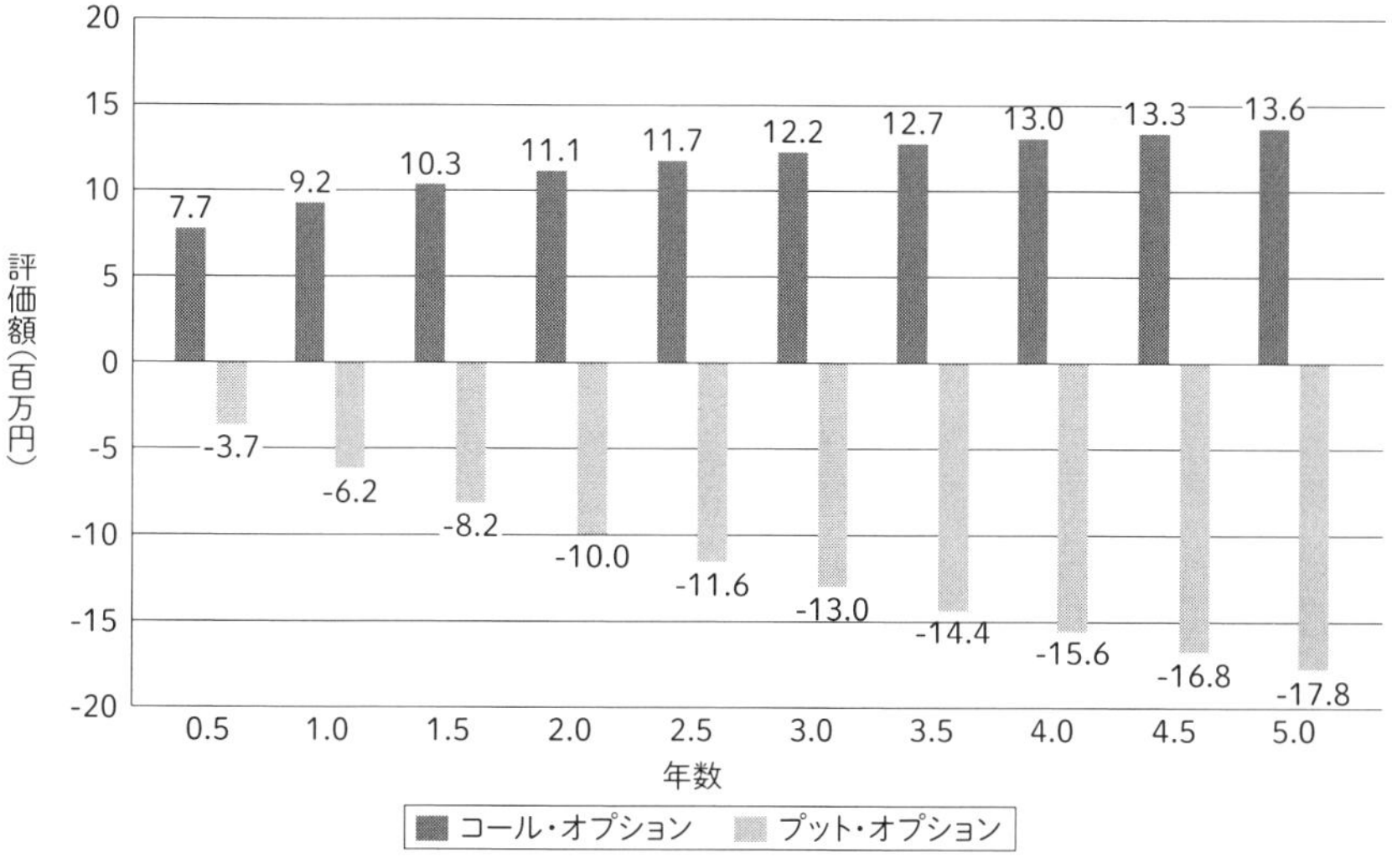

2 代表的なオプション評価モデル

オプションを評価する方法は、大きく分けて3つあります。

①　ブラック＝ショールズ・モデル
②　格子モデル
③　シミュレーション・モデル

①ブラック＝ショールズ・モデルは、オプション理論において最も有名な方程式です（図表4・3）。計算式は比較的単純で、金融電卓や表計算ソフトなどでも簡単に計算することができます。パラメータを入力するだけで計算できるという簡単さから、最も使用されているモデルです。

②格子モデルは、二項モデル（バイノミアル・モデル）や三項モデル（トリノミアル・モデル）によってオプション価値を評価するものです。図表4・4のように、為替レートが上がる場合、下がる場合をそれぞれ計算して、その際の決済額の現在価値をオプション価値として計算します。

③シミュレーション・モデルは、モンテカルロ・シミュレーション等によってオプション価格を算定するものです。図表4・5のように乱数を発生させることによって為替レートを変動させて、決済額の現在価値をオプション価値として計算します。

②格子モデルはモデルの作成が面倒なため、実際にオプションの評価に利用されているのは、①ブラック＝ショールズ・モデルと③シミュレーション・モデルが多いと思います。

❖オプション評価モデルの比較

図表4・3 ブラック＝ショールズ・モデルの計算式（通貨オプション）

$$c=Se^{-r_2T}N(d_1)-Ke^{-r_1T}N(d_2)$$

$$d_1=\frac{\ln\left(\frac{S}{K}\right)+\left(r_1-r_2+\frac{\sigma^2}{2}\right)T}{\sigma\sqrt{T}}、d_2=d_1-\sigma\sqrt{T}$$

c：コール・オプションのプレミアム　$N(d_i)$：標準正規分布の累積密度関数
S：評価時の為替レート　K：権利行使価格
r_1：リスクフリーレート（日本円金利）　r_2：リスクフリーレート（外貨金利）
T：満期までの期間（年）　σ：ボラティリティ

図表4・4 格子モデルによる原資産推移

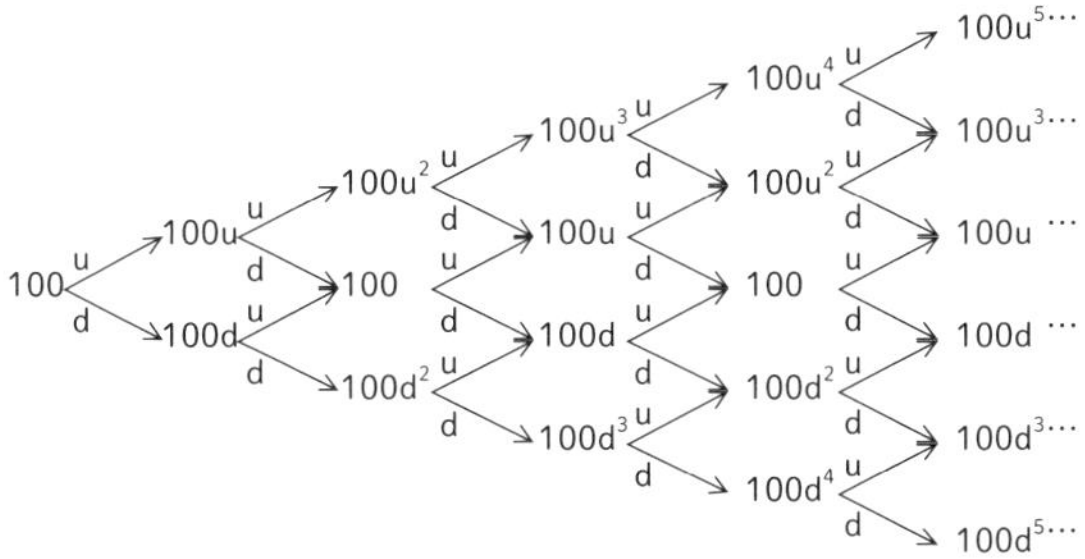

図表4・5 シミュレーション・モデルによる原資産推移

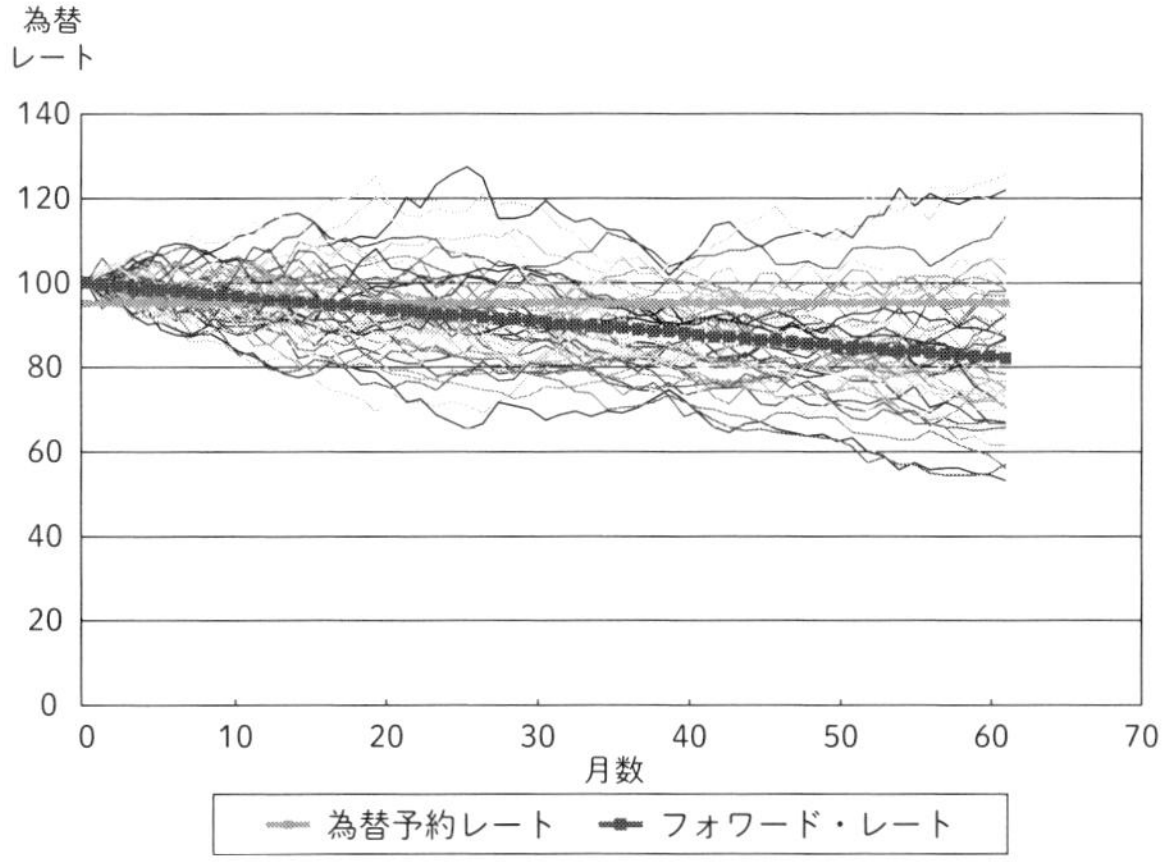

3 ブラック＝ショールズ・モデルは利用されているのか？

先ほど、オプションを計算する方法には3種類あり、そのうち最も簡単な評価方法としてブラック＝ショールズ・モデルを挙げました。

為替デリバティブには、ブラック＝ショールズ・モデルで計算できるものもありますが、計算できないものもあります。ブラック＝ショールズ・モデルは単純で使い勝手はよいのですが、万能ではありません。

これは、ブラック＝ショールズ・モデルが**原資産価格に連動して価格を計算**すること、**満期までオプションが消滅せずに存在している**ことを前提にしているモデルだからです。

たとえば、ノックアウト条項が付いている為替デリバティブを計算しようとすると、オプションが途中で消滅する可能性があるため、ブラック＝ショールズ・モデルの前提が成り立ちません。

たまに、ブラック＝ショールズ・モデルはヨーロピアン・オプション（満期時にだけ権利行使できるオプション）を評価するモデルなので、アメリカン・オプション（いつでも権利行使できるオプション）を評価できないと誤解している人がいますが、それは間違いです。

ブラック＝ショールズ・モデルでもアメリカン・オプションを評価できます。

❖ブラック＝ショールズ・モデルで計算できるものとできないもの

タイプ	為替デリバティブ
計算できるもの (最後までオプションが存在するもの)	• シンプルな為替予約 • シンプルな通貨スワップ • シンプルな通貨オプション • 元本変動型為替デリバティブ • 割増条件付為替デリバティブ • 時系列変動型為替デリバティブ
計算できないもの (最後までオプションが存在しないもの)	• ノックアウト型為替デリバティブ • ノックイン型為替デリバティブ • 解約権付為替デリバティブ

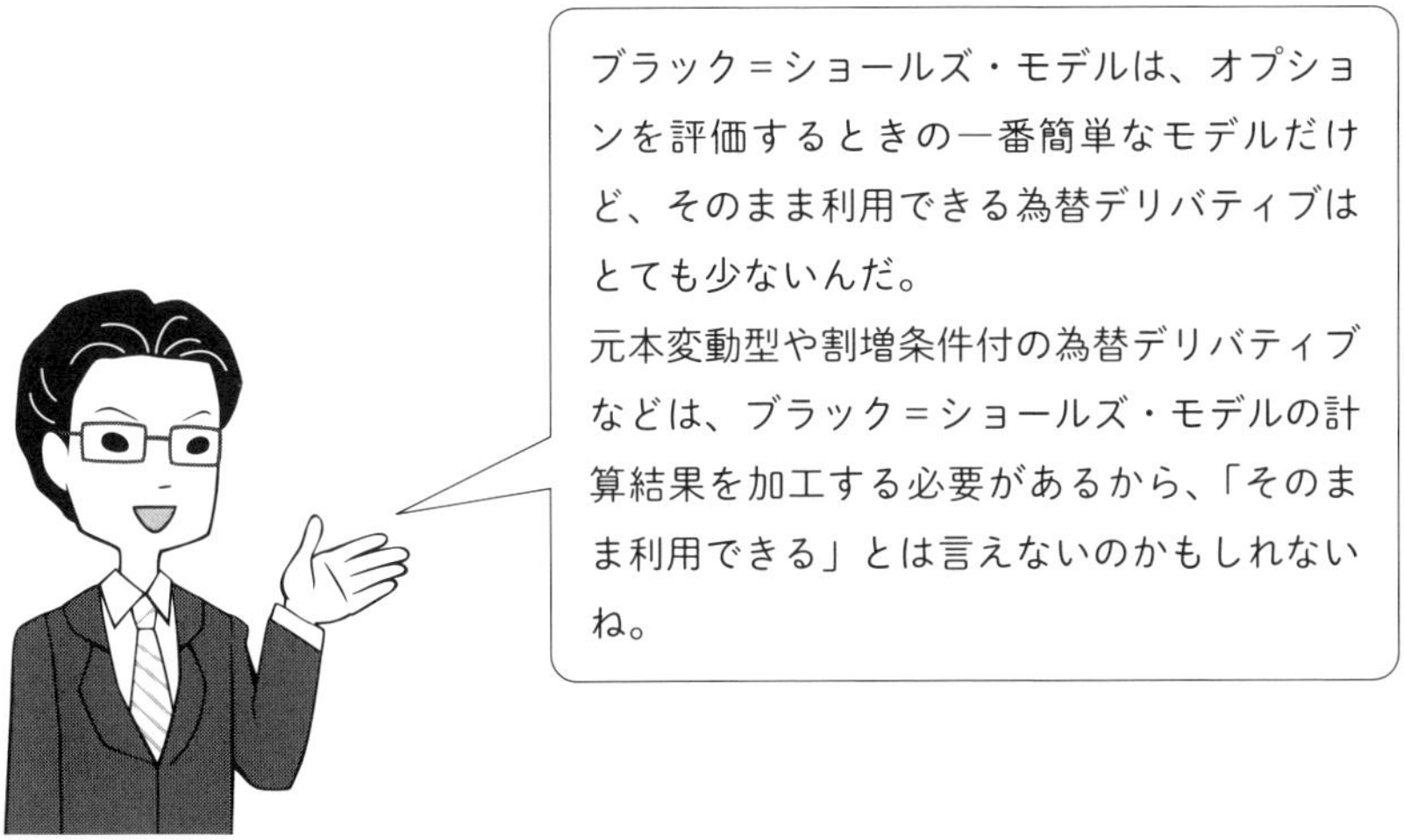
ブラック＝ショールズ・モデルは、オプションを評価するときの一番簡単なモデルだけど、そのまま利用できる為替デリバティブはとても少ないんだ。
元本変動型や割増条件付の為替デリバティブなどは、ブラック＝ショールズ・モデルの計算結果を加工する必要があるから、「そのまま利用できる」とは言えないのかもしれないね。

4 ブラック=ショールズ・モデルを使ってみよう

オプション評価モデルのうちブラック=ショールズ・モデル（以下、「BSモデル」）が最も簡単な計算方法です。他の2つの方法は理解するのにかなり労力がいりますが、BSモデルはExcelなどで計算できるためここで説明します。まず、図表4・3のBSモデルの計算式を利用して、次の条件の通貨オプション（コール・ロング）を評価します。

- 為替レート（S）：100円／米ドル
- 行使価格（K）：100円／米ドル
- 期間（T）：2年
- 日本円金利（r_1）：1%
- 米ドル金利（r_2）：3%
- ボラティリティ（σ）：30%

この通貨オプション（コール・ロング）の評価額をExcelで計算したのが図表4・6で、計算結果は14・29円／米ドルです。

計算に利用している関数は図表4・7に記載しているように、BSモデルのd_1は、自然対数を求める「LN」関数と「SQRT」関数を使用して計算します。N(d_1)とN(d_2)は標準正規分布の累積分布関数である「NORMSDIST」関数を使用して計算します。

BSモデルの計算は簡単とは言いませんが、一度BSモデルで計算するためのテンプレートを作ってしまえば、後はパラメータ（為替レートなど）を変更すればオプション価値を計算できるため、非常に汎用性が高い計算モデルです。

❖ BSモデルで通貨オプションを評価してみよう

図表4・6 Excelで計算したオプション価値

	A	B	C	D	E	F	G	H
1	為替レート	100						
2	行使価格	100						
3	期間	2						
4	リスクフリーレート（日本円）	1%						
5	リスクフリーレート（米ドル）	3%						
6	ボラティリティ	30%						
7				計算式				
8	d1	0.117851		=(LN(B1/B2)+(B4-B5+B6^2/2)*B3)/(B6*SQRT(B3))				
9	d2	-0.30641		=B8-B6*SQRT(B3)				
10	N(d1)	0.546907		=NORMSDIST(B8)				
11	N(d2)	0.379645		=NORMSDIST(B9)				
12	c	14.29301		=B1*EXP(-B5*B3)*B10-B2*EXP(-B4*B3)*B11				
13								

図表4・7 上図表で利用している関数の説明

関数	内容
LN	自然対数（eを底とする対数：ln）を求める関数
SQRT	√を計算する関数 「^0.5」として0.5乗（√と同じ）しても同じ値になる
NORMSDIST	標準正規分布の累積分布関数
EXP	自然対数の底（e）のべき乗を計算する関数

Excelの関数を利用してBSモデルは下記の計算式で計算します。

d_1 = (LN(S/K) + (r_1 − q + σ ^2/2)*T)/(σ *SQRT(T))
d_2 = d_1 − σ *SQRT(T)
N(d_1) = NORMSDIST(d_1)
N(d_2) = NORMSDIST(d_2)
c = S*EXP(−r_2*T)*N(d_1) − K*EXP(−r_1*T)*N(d_2)
※Excelで計算式を入力する場合、x*nはx×n、x^nはx^nをそれぞれ表します。

5

ブラック＝ショールズ・モデルで為替予約を評価してみよう

為替予約を評価する際には、為替予約（フォワード）レートを利用して評価をする方法と、オプション評価モデルであるBSモデルで評価する方法があります。

図表4・8の為替予約取引をBSモデルで評価します。この為替予約取引は、図表4・9のコール（買う権利）オプションのロング（購入）とプット（売る権利）オプションのショート（売却）を合算したペイオフと同じなので、2つの通貨オプションとして計算します。

なお、プット・オプションの評価額はプットコールパリティを利用して計算します（計算式は図表4・10）。

為替レート（スポット）を100円／米ドル、ボラティリティを30％（年率）として通貨オプションをExcelで計算したのが、図表4・11です。コール・オプションの価値が10・73百万円（10・73円／米ドル×1百万米ドル）、プット・オプションの価値が12・69百万円（12・69円／米ドル×1百万米ドル）なので、為替予約の価値＝10・73百万円（コール・ロング）－12・69百万円（プット・ショート）＝△1・96百万円です。

ちなみに、日米金利（1％と3％）から1年後の為替フォワードレートを計算すると、

為替フォワードレート＝100円／米ドル×(1＋1％)÷(1＋3％)＝98・06円／米ドル

為替予約の価値＝(為替フォワードレート－為替予約レート)×元本＝(98・06円／米ドル－100円／米ドル)×1百万米ドル＝△1・94百万円

なので、ほぼ近い値になります（金利計算方法の差で若干差が生じます）。

❖ BSモデルで為替予約を評価してみよう

図表4・8 為替予約取引の条件

元本	1百万米ドル
為替予約レート（K）	100円／米ドル
期間（T）	1年
日本円金利（r_1）	1%
米ドル金利（r_2）	3%

図表4・9 オプションのクロス取引の条件

満期	種類	売買	元本	行使価格（K）
1年後	コール	ロング	1百万米ドル	100円／米ドル
1年後	プット	ショート	1百万米ドル	100円／米ドル

図表4・10 プットコールパリティによるプット・オプションの計算式

$$p = c - Se^{-r_2 T} + Ke^{-r_1 T}$$

図表4・11 BSモデルによる為替予約取引の評価

	A	B	C	D	E	F	G	H	I	J	K
1	為替レート	100									
2	行使価格	100									
3	期間	1									
4	リスクフリーレート（日本円）	1%									
5	リスクフリーレート（米ドル）	3%									
6	ボラティリティ	30%									
7				計算式							
8	d1	0.08		=(LN(B1/B2)+(B4-B5+B6^2/2)*B3)/(B6*SQRT(B3))							
9	d2	-0.22		=B8-B6*SQRT(B3)							
10	N(d1)	0.53		=NORMSDIST(B8)							
11	N(d2)	0.41		=NORMSDIST(B9)							
12	c	10.73		=B1*EXP(-B5*B3)*B10-B2*EXP(-B4*B3)*B11							
13											
14	p	12.69		=B12-B1*EXP(-B5*B3)+B2*EXP(-B4*B3)							
15											
16	為替予約取引の価値	-1.96		=B12-B14							
17											

6 円高になると時価評価額はどうなるのか？

会社が金融機関と契約している為替デリバティブのほとんどは、円高になると支払額が増加（または、受取額が減少）するタイプです。

円高になると、当然に時価評価額は下がります。

たとえば、日本円が金利1％、米ドルが金利3％だったときに、6カ月ごとに5年間為替予約レート1米ドル＝95円で1百万円米ドルを購入する包括為替予約取引を契約したとします。

為替（スポット）レートが1米ドル＝70円～130円の場合、時価評価額は左頁の図表のように変化します。

※他に影響を与える要素（金利、ボラティリティなど）は特に変化させていません。

為替レートの変動は直接的に為替デリバティブの評価額に影響します。

為替レートの変動は、シンプルな為替デリバティブの時価評価額の増減とほぼ正比例します。

為替デリバティブは、複雑になれば（たとえば、ノックアウトがある場合）為替レートの増減と時価評価額に差が生じてくる場合もあります。

為替デリバティブの基本的な考え方としては、為替レートと為替デリバティブの時価評価額は、概ね近い動きをすると思ってください。

❖為替レートと時価評価額

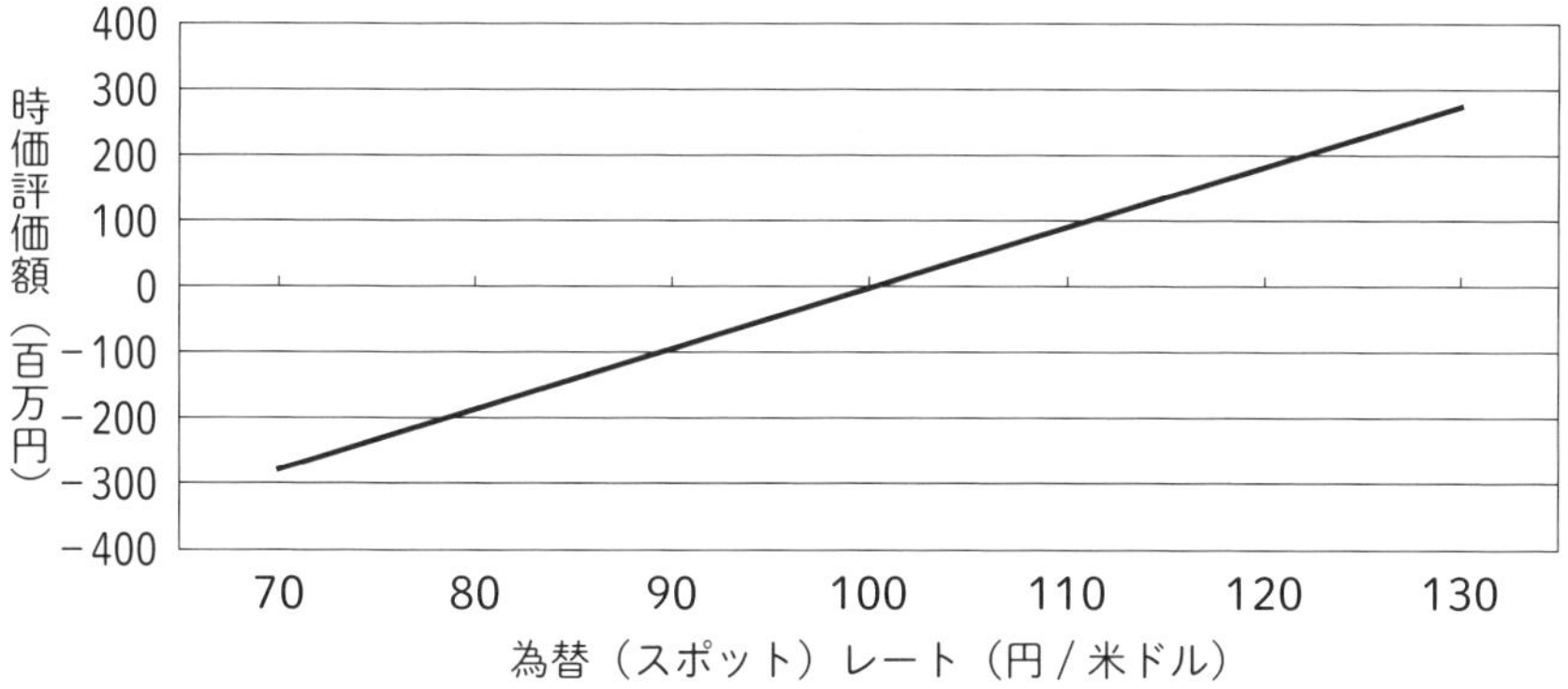

為替（スポット）レート（円 / 米ドル）	時価評価額（百万円）
70	−279
80	−187
90	−95
100	−3
110	90
120	182
130	274

※想定元本を100万米ドルとして時価評価額を計算。

7 金利が動くと時価評価額はどうなるのか？

為替デリバティブの時価は、為替レートだけではなく、さまざまな要因によって変化します。その一つが金利です。

為替予約の時価をスポット・レートと対象通貨の金利から算定する方法があるように、為替デリバティブは金利差から計算するので、金利の変化が為替デリバティブの時価に影響を与えます。

たとえば、スポット・レートが１００円のときに、6カ月ごとに5年間為替予約レート1米ドル＝95円で1百万米ドルを購入する包括為替予約取引を契約したとします。

ここでは、日本円の金利が1％として、米ドルの金利を０％～６％まで変化させて時価評価額に与える影響を説明します。

左頁の図表から米ドル金利の変化によって時価評価額が変動することがわかります。

米ドル金利が大きくなるほど、フォワード・レートは円高に（為替レートが低く）なるので、時価評価額は小さくなります。

このように、為替デリバティブの時価評価額は、交換する通貨の金利（たとえば米ドル金利）が大きくなるほどマイナスの方向に作用します。

❖金利の変化と時価評価額

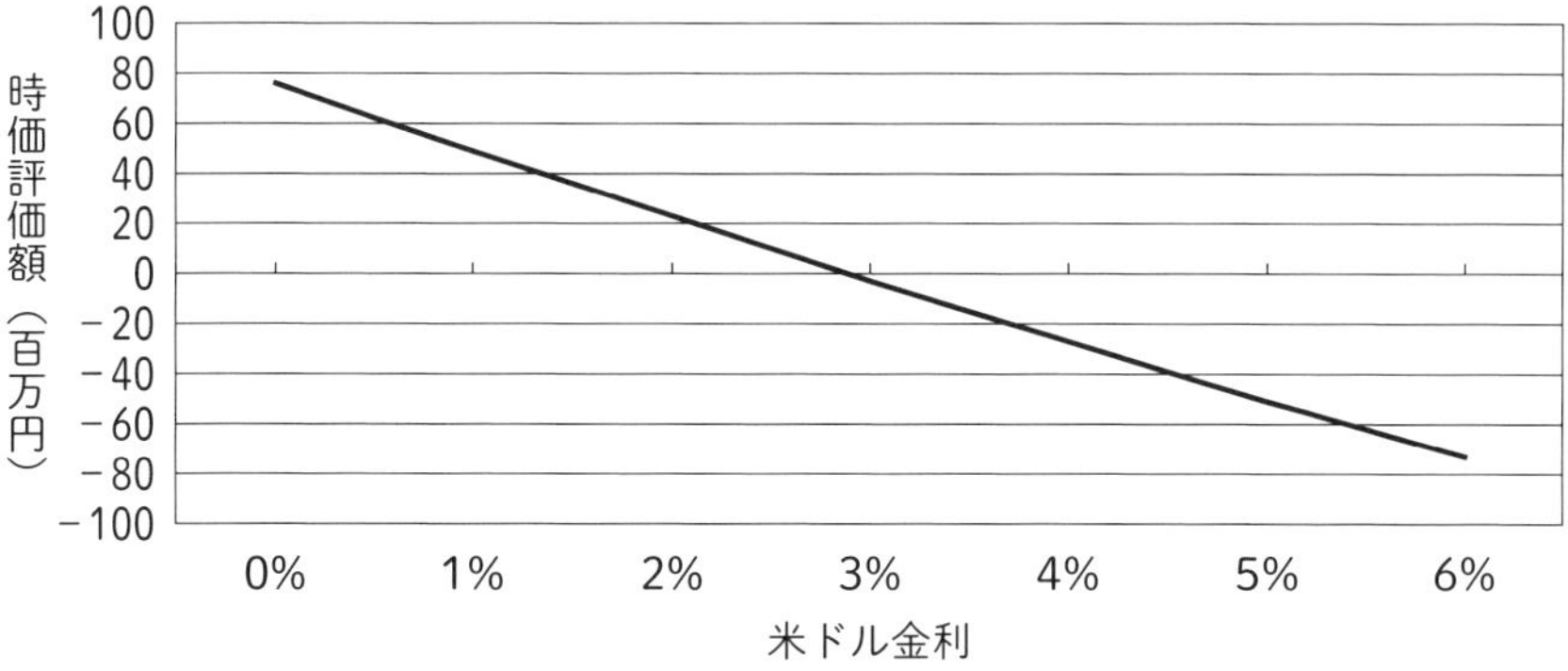

米ドル金利	時価評価額（百万円）
0%	76
1%	49
2%	23
3%	−3
4%	−27
5%	−51
6%	−73

※想定元本が100万米ドルとして時価評価額を計算。

8 ボラティリティ（変動率）が動くと時価評価額はどうなるのか？

ボラティリティも、オプション評価における重要なパラメータで、価格に影響を与えます。

通貨オプションのクロス取引の時価評価額は、コール・ロングとプット・ショートの損益が相殺され、通貨スワップと同じ評価額になります。

すなわち、ボラティリティが増えても減っても、クロス取引の時価評価額は変動しません。

ただし、シンプルなクロス取引ではない場合、ボラティリティの変動は、為替デリバティブの時価に影響を与えます。

ここでは、スポット・レートが１００円／米ドル、日本円金利１％、米ドル金利３％、６カ月ごとに5年間想定元本１百万米ドル、行使価格95円／米ドルで決済する通貨オプション取引（コール・ロングとプット・ショートのクロス取引）を契約したとします。

この際の、コール・ロングとプット・ショートそれぞれのオプション価値がボラティリティによってどのように変化するかを示したものが、左頁の図表です。

ボラティリティが増加すると、コール・ロングとプット・ショートのオプション価値は増加しますが、クロス取引の合計（時価評価額）は変化しません。

❖ボラティリティと時価評価額

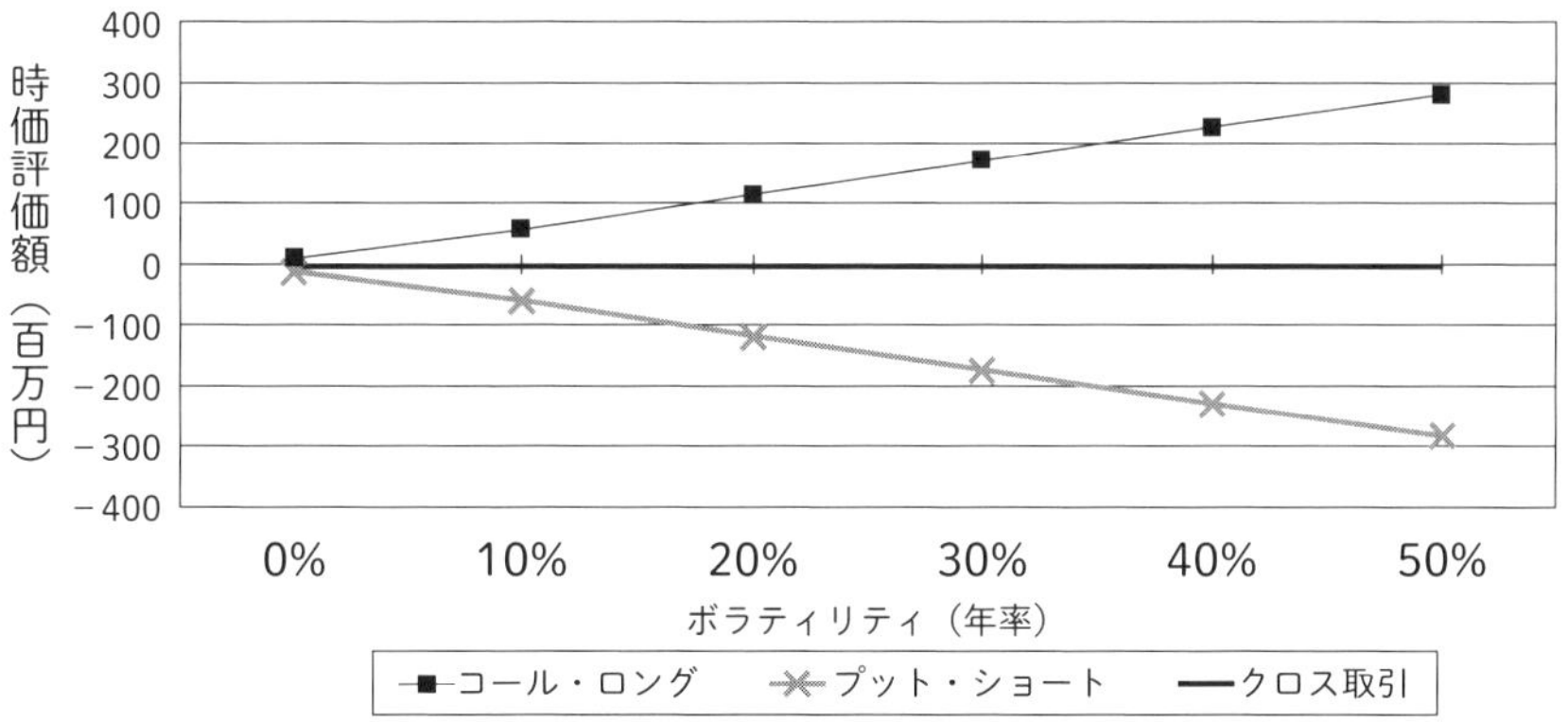

400
300
200
100
0
−100
−200
−300
−400
時価評価額（百万円）
0%
10%
20%
30%
40%
50%
ボラティリティ（年率）
コール・ロング
プット・ショート
クロス取引

（単位：百万円）

ボラティリティ	コール・ロング	プット・ショート	クロス取引
0%	10	−13	−3
10%	58	−60	−3
20%	115	−117	−3
30%	171	−174	−3
40%	226	−229	−3
50%	280	−282	−3

※想定元本が100万米ドルとして時価評価額を計算。

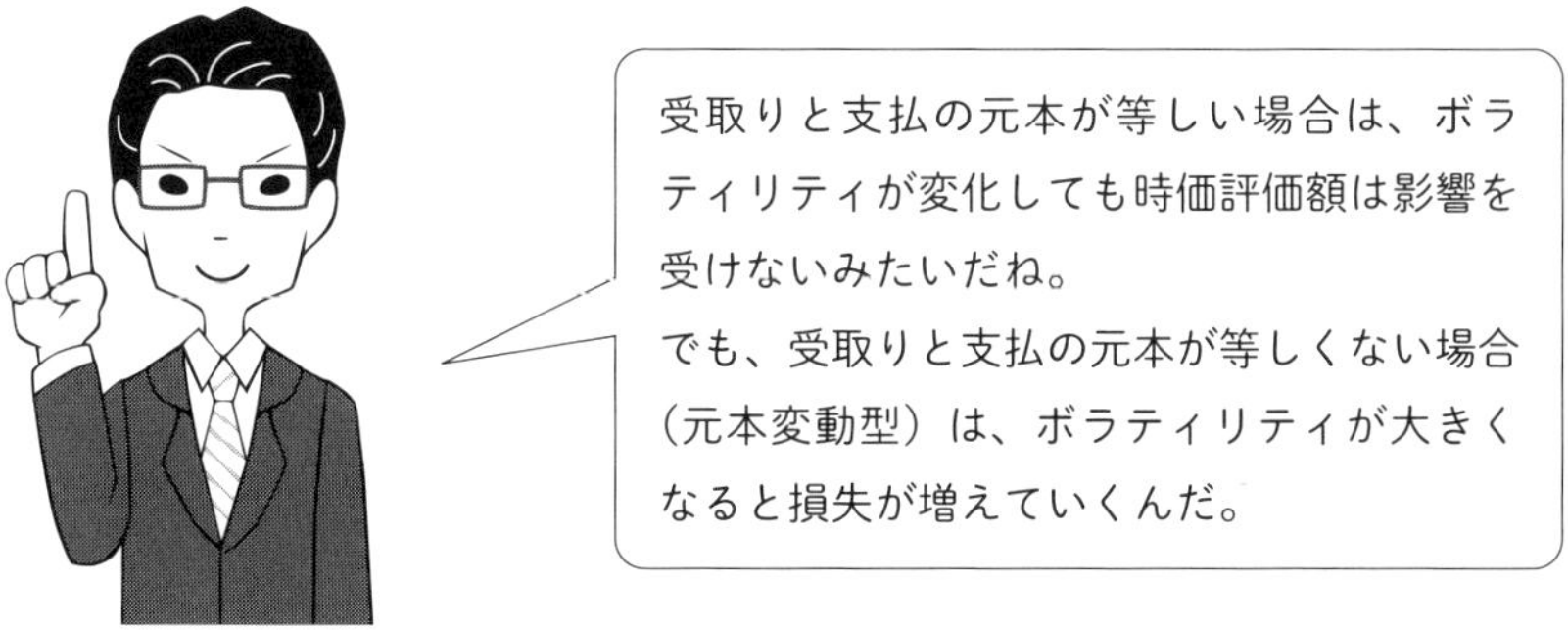

受取りと支払の元本が等しい場合は、ボラティリティが変化しても時価評価額は影響を受けないみたいだね。
でも、受取りと支払の元本が等しくない場合（元本変動型）は、ボラティリティが大きくなると損失が増えていくんだ。

9 時価評価額と取引価格（手数料）の考え方

デリバティブの取引は、時価評価額で行われると説明しました。これは、ある意味では正しいのですが、ある意味では間違いです。

一般的な企業と金融機関（銀行、証券会社など）を比べると、金融機関のほうが信用力は優れている（信用リスクが低い）といえるでしょう。

金融機関からすると、デリバティブ取引によって利益が発生しても企業から回収できないリスクを抱えています。

これは、デリバティブでは「カウンターパーティ・リスク」といって、取引先の信用リスクのことです。

すなわち、金融機関からすると回収不能のおそれがあるため、信用リスクを加味してデリバティブを評価しなければなりません。

また、契約書の作成や、継続的に発生する決済の手続きなどに人件費も掛かります。時価評価を行うためのインフラの整備も必要です。

金融機関が企業とデリバティブの取引を行う際には、少なくとも掛かったコストは回収したいと考えるはずです。

よって、時価評価額で取引をできる場合は、信用リスク、事務コスト、利益などを無視できる場合に限られます。

金融機関が企業と取引するデリバティブは、時価評価するとマイナスになっている場合が多いのですが、これは金融機関の利益だけでなく、信用リスクや経費も含まれた取引コストも含まれます。

❖デリバティブの取引コスト

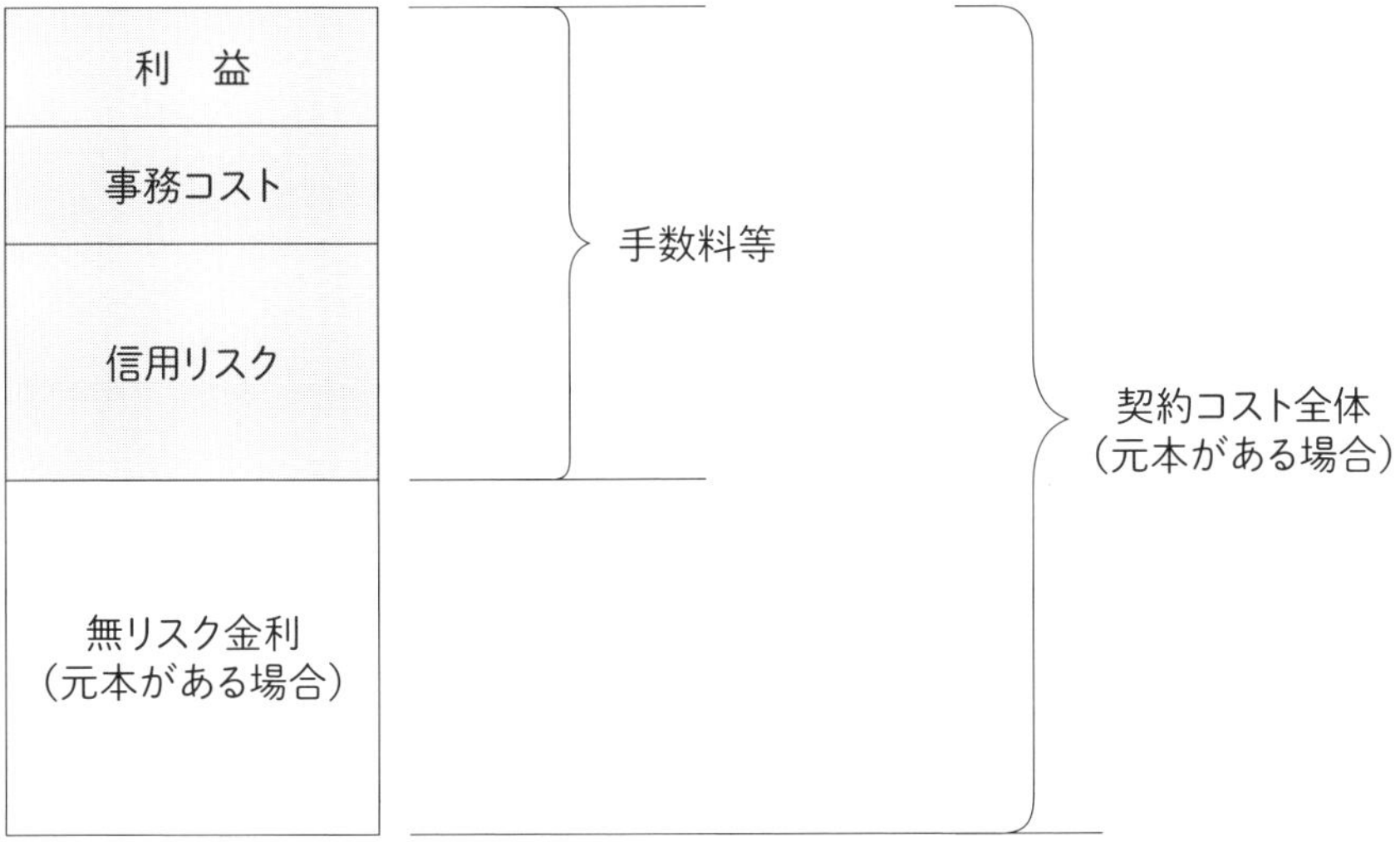
利　益
事務コスト
信用リスク
無リスク金利
（元本がある場合）
手数料等
契約コスト全体
（元本がある場合）

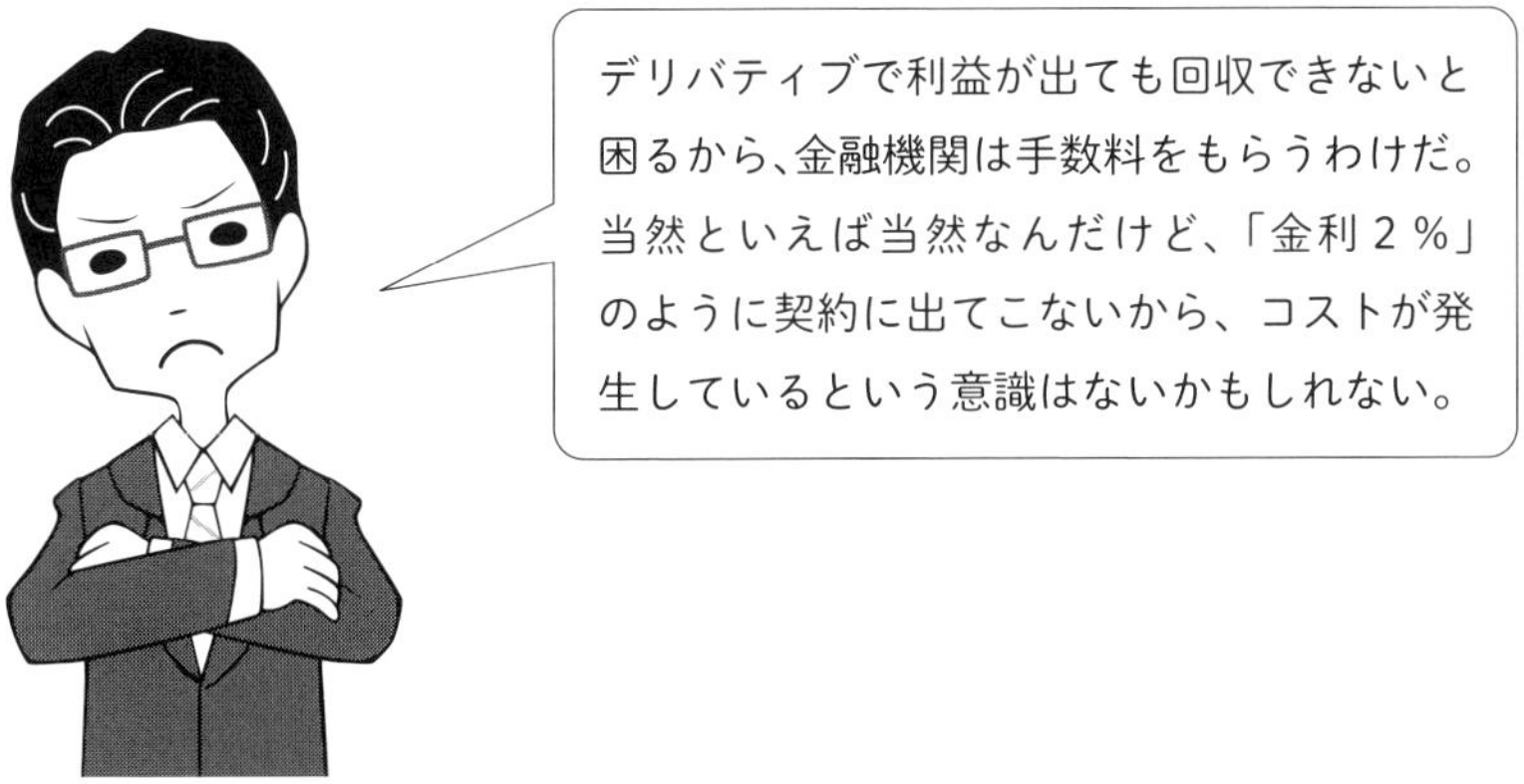
デリバティブで利益が出ても回収できないと困るから、金融機関は手数料をもらうわけだ。当然といえば当然なんだけど、「金利２％」のように契約に出てこないから、コストが発生しているという意識はないかもしれない。

10 元本変動型は得なのか？　損なのか？

元本変動型の為替デリバティブは、ある一定の為替レートよりも円高（為替レートが低くなる）の場合、元本が2倍・3倍などになる契約です。

たとえば、左頁の図表のように、為替レートが100円／米ドル以上の円安の場合は元本が100万米ドル、為替レートが100円／米ドルを下回る円高の場合は元本が200万米ドルになるというレバレッジ型の為替予約を契約したとします。

通常の為替予約（元本が100万米ドルで一定）と比較すると、100円／米ドル以上の場合は、決済額は同じですが、100円／米ドルを下回ると決済額が2倍に増加します。

企業の営業取引において、100円／米ドルを下回ったら取引が2倍になるなどということはないため、ヘッジ目的としては使えません。

為替デリバティブを評価する際には、必ずフォワード・レートが円高方向になるため、満期までに評価損が発生する期間があります。レバレッジ型は、評価損の発生額が2倍になるので**評価損が通常の為替デリバティブよりも大きくなる**という特徴があります。

ただし、為替予約レートは通常の為替デリバティブよりも**円高に設定（低く）できる**ため（たとえば、為替予約レートを95円／米ドルから90円／米ドルに引き下げることができる）、適正な価格で取引できる場合は、決済時に受け取る金額が増えます。すなわち、評価損（キャピタル・ロス）は発生しやすくなるものの、インカム・ゲインを増やすことができます。要は、デリバティブの条件が適正に設定されている限りにおいては、得も損もないのです。

❖元本変動型の決済額

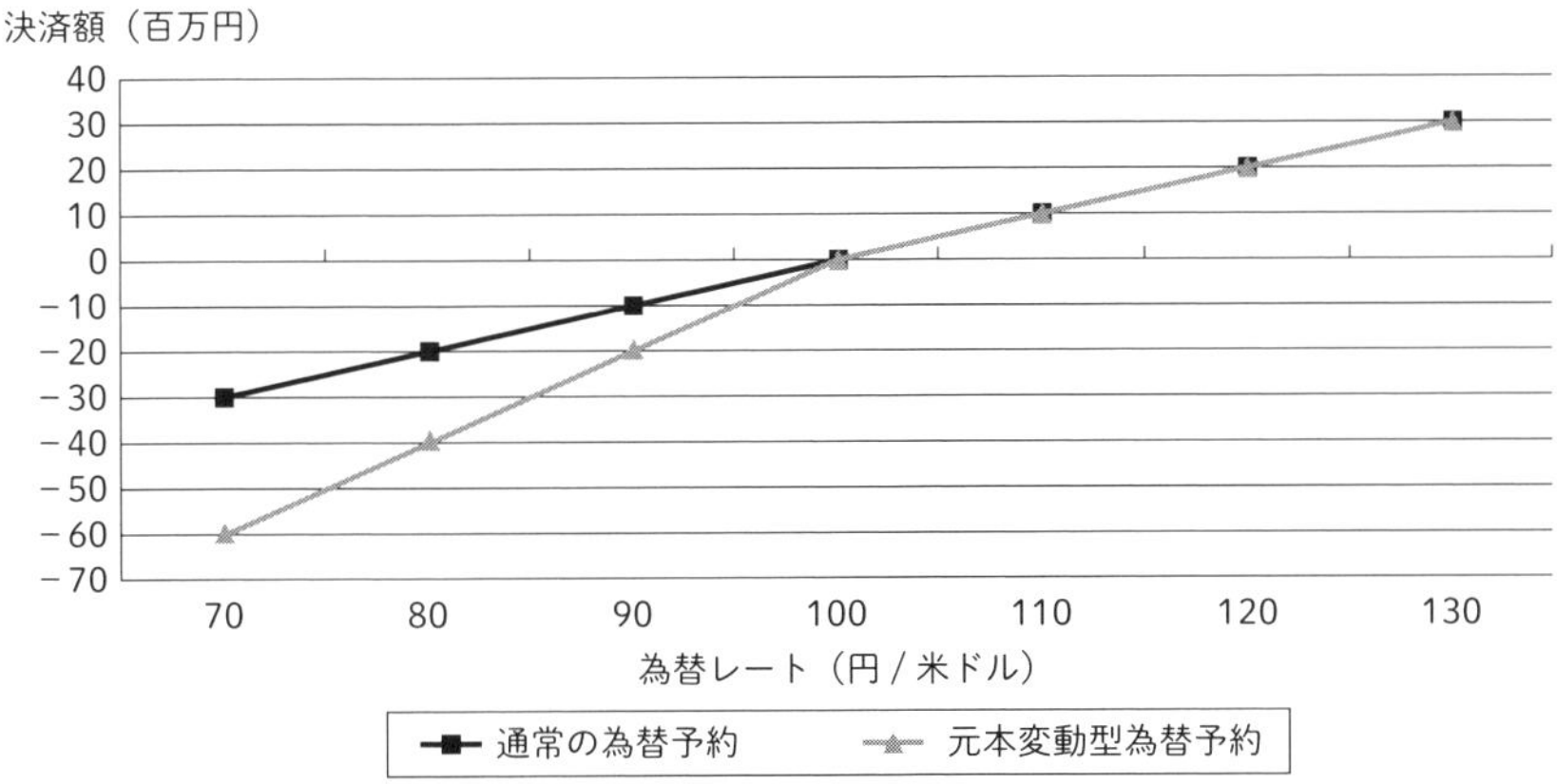

■通常の為替予約

元　本	1,000,000米ドル
米ドル購入者	会社
日本円購入者	銀行
為替予約レート	100円/米ドル

■元本変動型為替予約

元　本	100円/米ドル以上の場合：　1,000,000米ドル 100円/米ドルを下回る場合：2,000,000米ドル
米ドル購入者	会社
日本円購入者	銀行
為替予約レート	100円/米ドル

11 ノックアウト型は得なのか？　損なのか？

第3章 7 で説明したとおり、ノックアウト条項（自動消滅条項）は、ある為替レートになったときに、デリバティブが自動消滅します。

契約は 図表4・12 のような内容で、120円／米ドルを超える円安（為替レートが上がる）になった場合、B銀行が損失を回避するためにノックアウト条項を契約に入れるというのはイメージしやすいと思います。ただ、ノックアウト条項がB銀行にとって必ず得なのかというと、そういうわけではありません。図表4・13 を見てみましょう。

ケース1は、ノックアウト後も為替レートが為替予約レート（100円／米ドル）を上回っているので、B銀行は損失が発生するのを回避できました。この場合、ノックアウト条項はB銀行にとって得といえます。

ただし、ケース2はノックアウト後に為替レートが為替予約レートを下回っているので、B銀行はその後発生する利益を取り逃がしてしまっており、A社にとって有利にはたらいています。この場合、ノックアウト条項はB銀行にとって損といえます。

このように、為替デリバティブにおけるノックアウト条項は、得な場合も損な場合もあり、一概に言えるものではありません（ほとんどのケースはB銀行にとって得ですが、一部例外もあります）。

もし「120円／米ドルを超える場合だけ、決済が行われない」という条件であれば、B銀行が得な契約と言えますが、「120円／米ドルを超えたら、以降の決済が行われない」という内容の場合、その後の状況次第で、得にも損にもなるのです。

❖ノックアウト型で得するのは誰か？

図表4・12 ノックアウト型為替予約

元本	1百万米ドル
米ドル買い・日本円売り	A社
日本円買い・米ドル売り	B銀行
為替予約レート	100円/米ドル
自動消滅条件	120円/米ドル

図表4・13 ノックアウト後の為替レートの変動

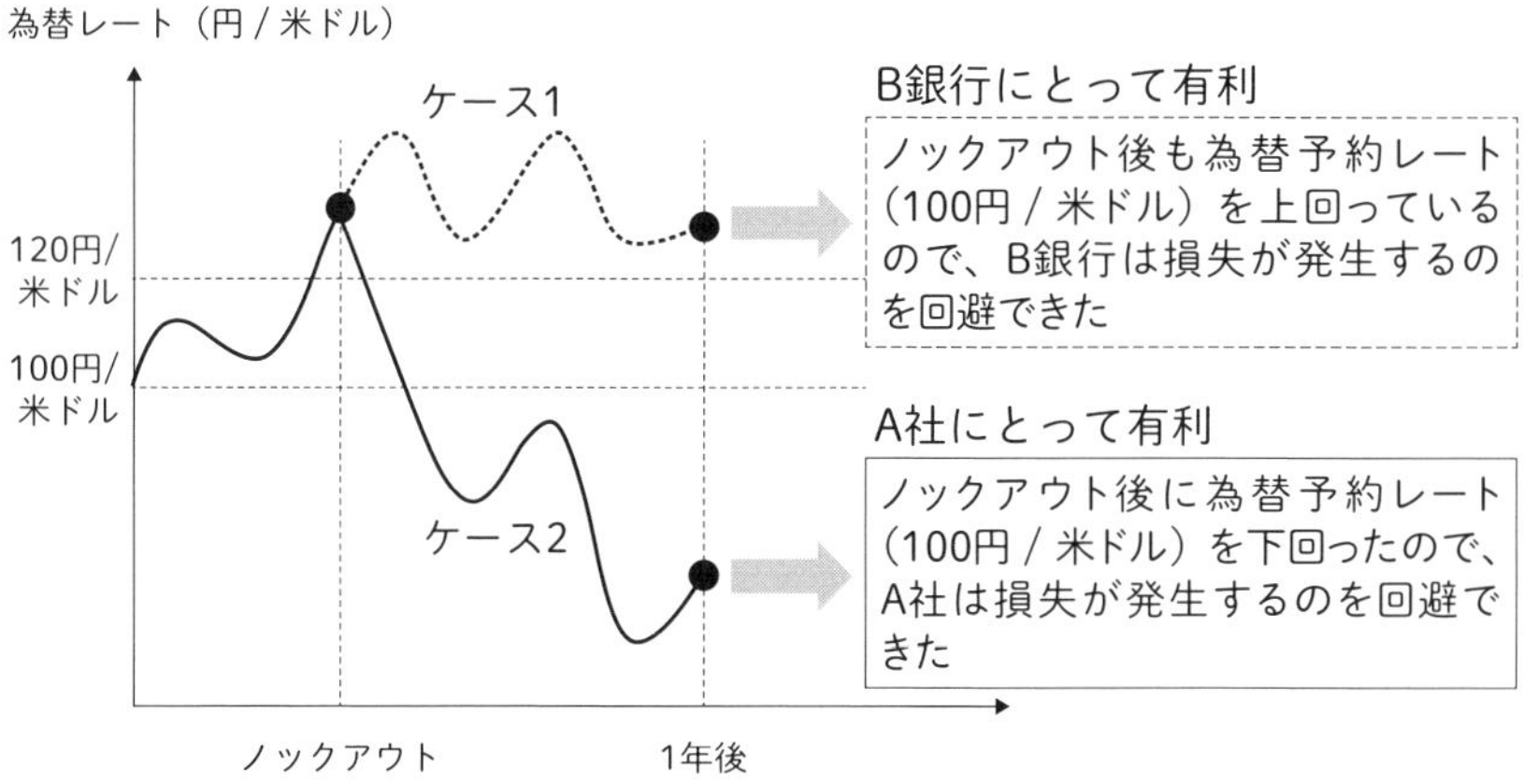

為替レート（円/米ドル）
ケース1
ケース2
120円/米ドル
100円/米ドル
ノックアウト
1年後
B銀行にとって有利
ノックアウト後も為替予約レート（100円/米ドル）を上回っているので、B銀行は損失が発生するのを回避できた
A社にとって有利
ノックアウト後に為替予約レート（100円/米ドル）を下回ったので、A社は損失が発生するのを回避できた

12

どれくらいノックアウトすることを前提にしているのか？

ノックアウト型為替デリバティブは、契約消滅条件（ノックアウト・トリガー）に抵触すると、契約が自動的に消滅します。具体的に、どれくらいの割合で消滅するのか（実際に消滅をするのではなく、時価評価においてどれくらい消滅することを前提にしているか）をここで説明します。

対象とする通貨スワップは、受取額1百万米ドル、支払額95百万円（95円／米ドル）、決済のタイミングは6カ月ごととします。また、為替レート（スポット）は100円／米ドル、日本円金利1％（年率）、米ドル金利3％（年率）、ボラティリティは20％（年率）とします。

為替フォワード・レートは、図表4・14のように、年数が経過するごとに円高方向（為替レートが小さくなる）になるので、年数が経過するごとにノックアウトする確率は低くなっていくはずです。

ノックアウト・トリガー（100～150円／米ドル）と満期（年）を変化させ、どれくらいノックアウトが発生するのかを計算したのが、図表4・15です。

まず、ノックアウト・トリガーが低いほどノックアウトしやすいことは理解しやすいと思います。次に、年数が長くなるほどノックアウト・トリガーに抵触する累積確率が大きくなっていきます。

ノックアウト・トリガーを120円／米ドルに設定した場合、1年後までに消滅する確率は17％、3年後までに消滅する確率は34％なので、1年超3年以下は17％（34％－17％）です。

ノックアウト・トリガーがフォワード・レートから離れていても、計算上はそれなりにノックアウトが発生することを理解しておいたほうがよいでしょう。

❖どれくらいの確率でノックアウトするか？

図表4・14 為替フォワード・レート

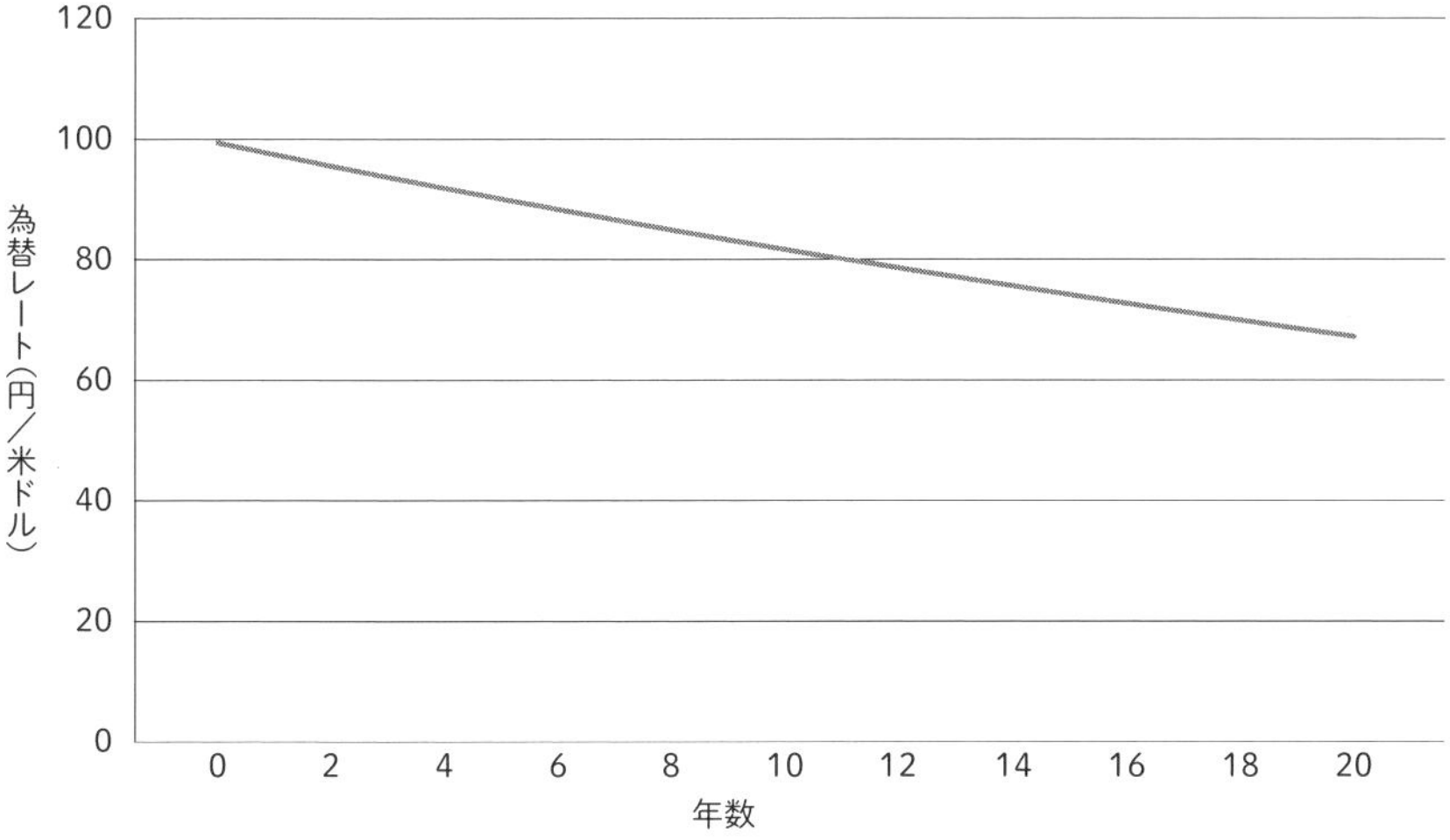

図表4・15 ノックアウト（累積）の発生確率

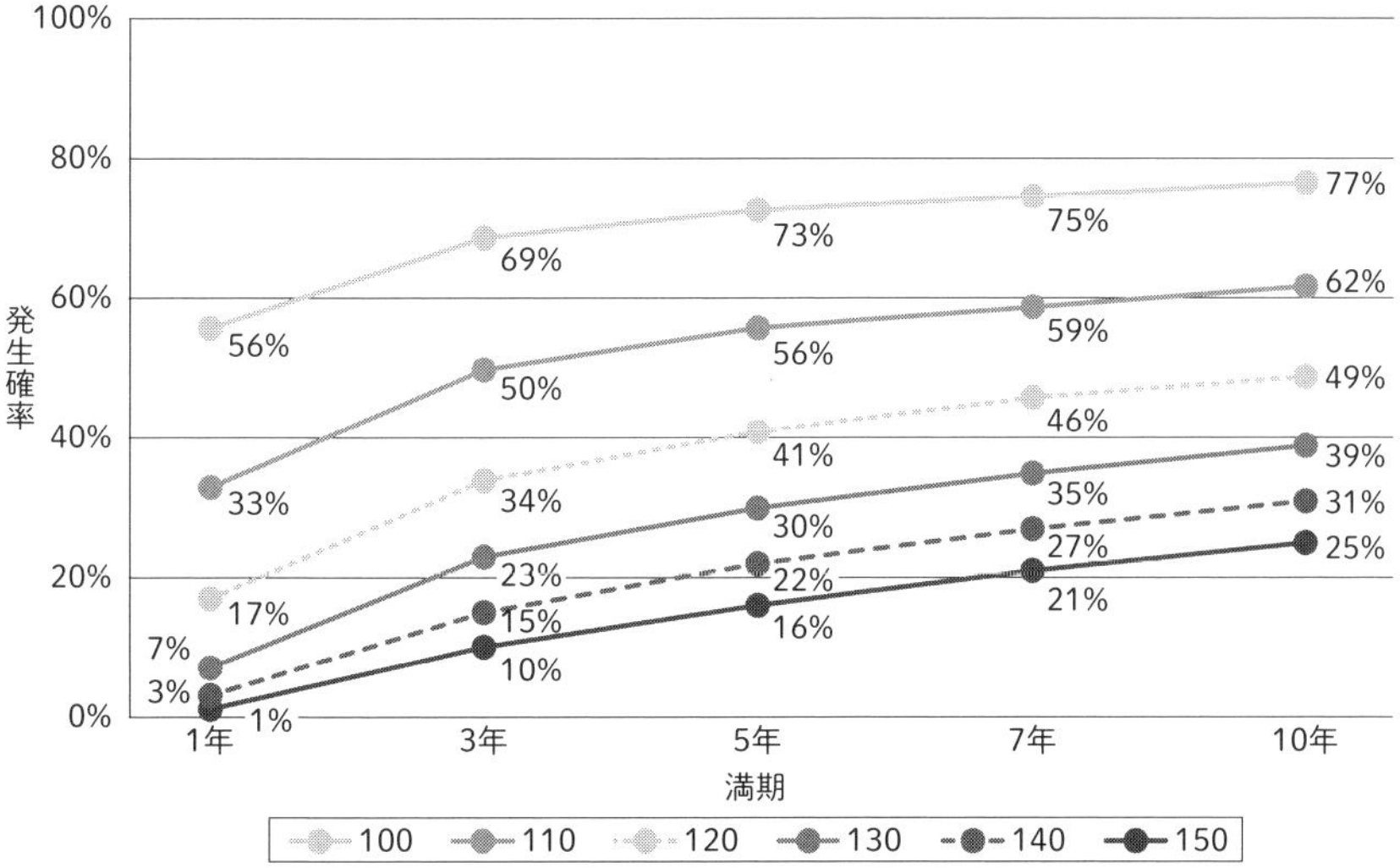

13 割増条件付デリバティブは意味があるのか？

為替デリバティブには、**割増条項**が付いているものがあります。

金融機関が会社に販売する際に、デジタル・オプションを加えて販売しているのですが、この条件が付くと**完全に投機目的の商品**となります。割増条項は、企業の為替リスクヘッジのためには何の役にもたちません。

また、割増条項は、意図的にデリバティブの評価額を下げるために付ける契約条件なので、積極的に付ける意味はありません。

金融機関の間でデリバティブ取引を行う際には、割増条件を入れる必要はなく、顧客と締結した為替デリバティブをヘッジする際には、普通に通貨スワップとデジタル・オプションを契約すればいいのです（図表4・16）。

金融機関の間で割増条件付為替デリバティブを契約することはまずありません。

ただし、割増条項が付いていると評価損が大きくなりやすいため、適正な条件で取引しているのであれば**為替予約レート（行使価格）を円高に設定（低く）**すること（たとえば、行使価格を95円／米ドルから90円／米ドルに引き下げる）ができます。すなわち、評価損（キャピタル・ロス）が発生しやすくなるものの、インカム・ゲインを増やすことができるのです。

全体としてみれば、得も損もないのですが、割増条項による損失を補えるだけの行使価格の引下げが見込めるかというのがポイントとなります。

❖割増条件付デリバティブ

図表4・16 割増条件付デリバティブの販売

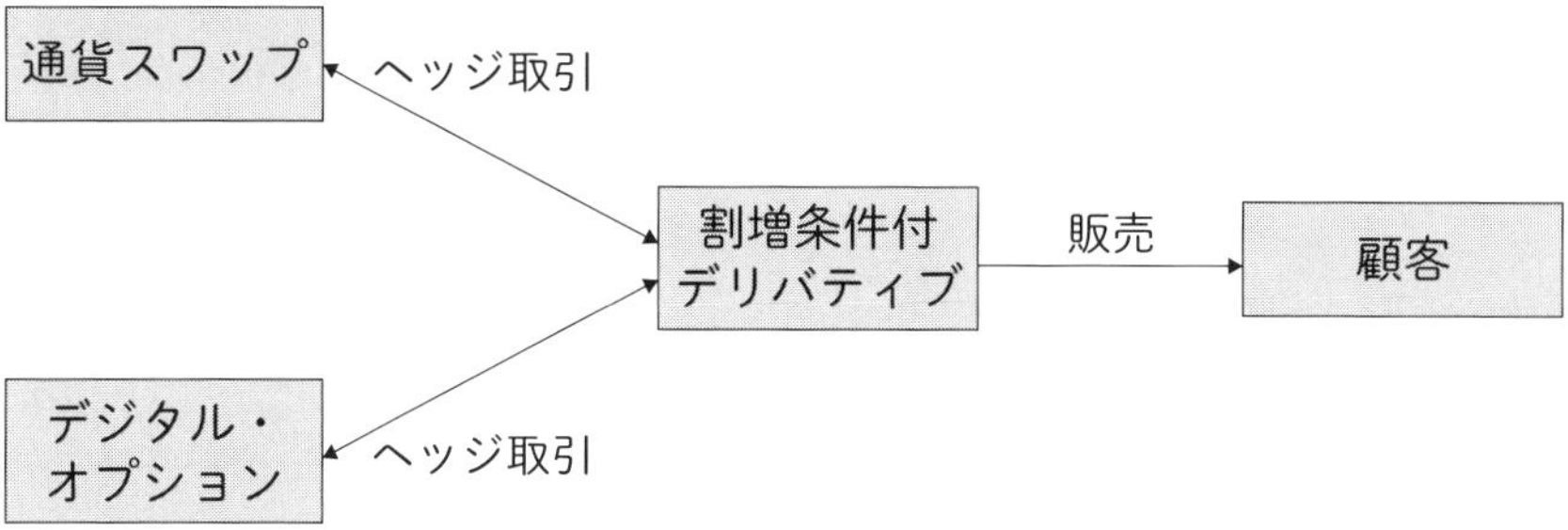

図表4・17 割増条件付デリバティブの決済額

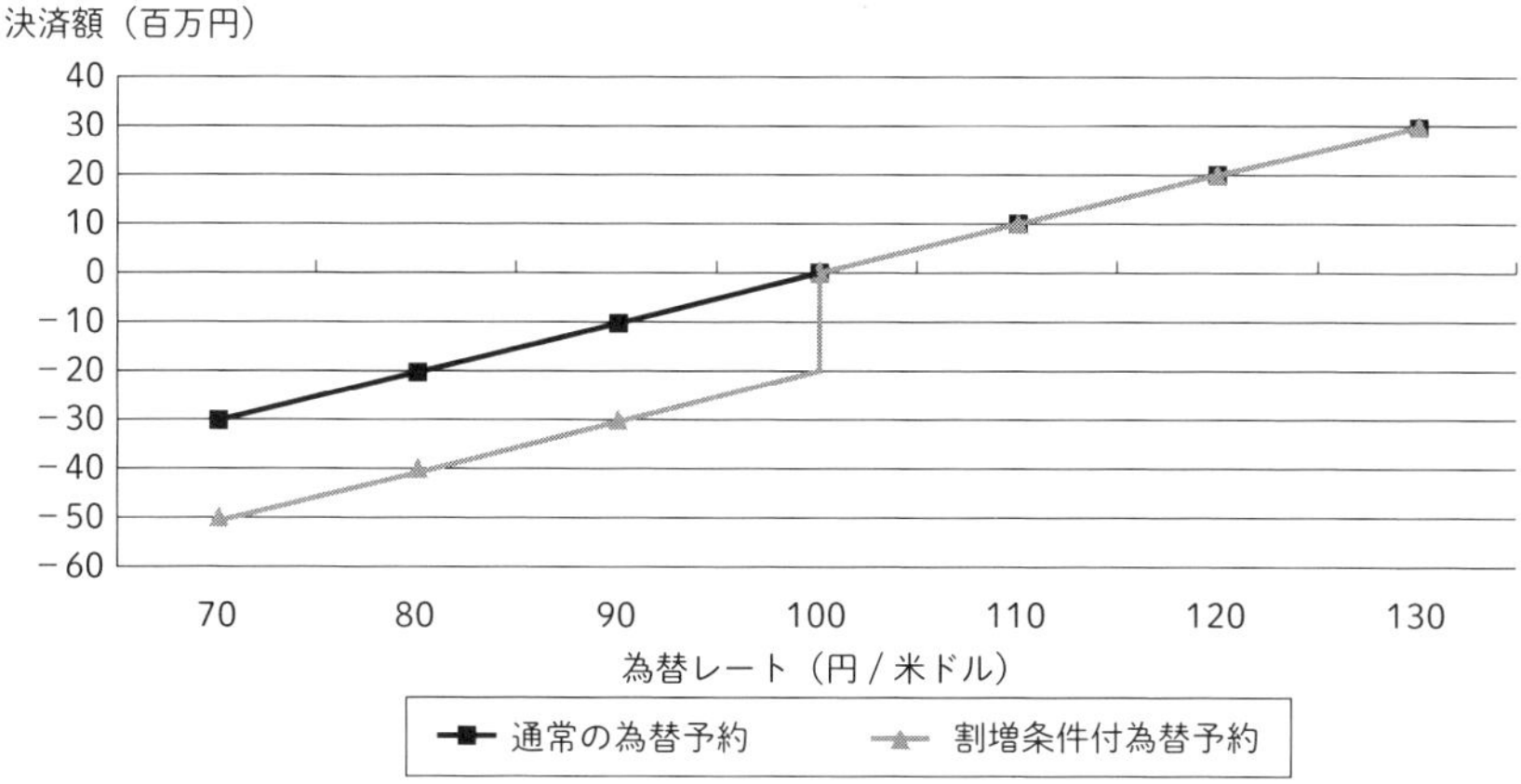

■通常の為替予約

元　本	1,000,000米ドル
為替予約レート	100円／米ドル

■割増条件付為替予約

元　本	1,000,000米ドル
為替予約レート	100円／米ドル以上の場合：100円／米ドル 100円／米ドル未満の場合：120円／米ドル

14 デジタル・オプションの評価方法

割増条件付為替デリバティブには、デジタル・オプションが含まれています。正確には、キャッシュ・デジタル・オプションと呼ばれる「一定の条件に達したら金銭（キャッシュ）の受渡が行われる」タイプのオプションです。実際に利用されているかはともかく、金銭（キャッシュ）以外の受渡方法（たとえば現物）もあります。

キャッシュ・デジタル・オプションの時価評価額の計算方法はいくつかありますが、ここではBSモデルをベースにした計算方法を説明します。

まず、デジタル・オプションのコール・オプション（ロング）は、図表4・18のように計算します。キャッシュ・デジタルの場合は、決済額が固定なので、通常のBSモデルの原資産価格（為替レート）の部分（$Se^{-r_2T}N(d_1)$）を削除したような計算式になります。プット・オプション（ロング）は図表4・19で計算できます。

次のキャッシュ・デジタル・オプションのコール・ロング、プット・ロングの価値をＥｘｃｅｌで計算したのが、図表4・20です。

- 元本：1百万米ドル
- 為替レート（S）：100円／米ドル
- 権利行使価格（K）：95円／米ドル
- キャッシュ（A）：5円／米ドル
- 期間（T）：1年
- 日本円金利（r_1）：1％（年率）
- 米ドル金利（r_2）：3％（年率）
- ボラティリティ（σ）：30％（年率）

計算式を利用すれば、コール・ロングの価値は2・38百万円、プット・ロングの価値は2・57百万円と計算できます。

❖デジタル・オプションの時価評価額を計算してみよう

図表4・18 デジタル・オプションの計算式（通貨オプション）

$$c=Ae^{-r_1T}N(d_2)$$

$$d_1=\frac{\ln\left(\frac{S}{K}\right)+\left(r_1-r_2+\frac{\sigma^2}{2}\right)T}{\sigma\sqrt{T}}、d_2=d_1-\sigma\sqrt{T}$$

c：コールオプションのプレミアム、$N(d_i)$：標準正規分布の累積密度関数

S：評価時の為替レート、K：権利行使価格、A：キャッシュ

r_1：リスクフリーレート（日本円金利）、r_2：リスクフリーレート（外貨金利）

T：満期までの期間（年）、σ: ボラティリティ

図表4・19 プット・オプションの計算式

$$p=Ae^{-r_1T}\{1-N(d_2)\}$$

p：プット・オプションのプレミアム

図表4・20 Excelでの計算

	A	B	C	D	E	F	G	H	I	J	K
1	為替レート	100									
2	行使価格	95									
3	キャッシュ	5									
4	期間	1									
5	リスクフリーレート（日本円）	1%									
6	リスクフリーレート（米ドル）	3%									
7	ボラティリティ	30%									
8				計算式							
9	d1	0.25		=(LN(B1/B2)+(B5-B6+B7^2/2)*B4)/(B7*SQRT(B4))							
10	d2	-0.05		=B9-B7*SQRT(B4)							
11	N(d1)	0.60		=NORMSDIST(B9)							
12	N(d2)	0.48		=NORMSDIST(B10)							
13	c	2.38		=B3*EXP(-B5*B4)*B12							
14											
15	p	2.57		=B3*EXP(-B5*B4)*(1-B12)							
16											

コラム

為替デリバティブと情報の非対称性

情報の非対称性は、売主と買主の間で保有する情報に格差があることをいいます。

マイホームを購入する際に、販売する不動産会社はその不動産物件についてよく知っているのに対して、買い手の個人はあまり知りません。売り手（不動産会社）が信用できる会社でなければ、騙されてもおかしくありません。

為替デリバティブは、まさに情報の非対称性のある金融商品といえます。売り手である金融機関は、買い手である会社よりも為替デリバティブについて詳しく知っています。買い手がある程度理解しておかなければ、騙されてもおかしくないのです。

悪意のある金融機関が会社に為替デリバティブを売りつけてくる場合、買い手は契約条件が適切かを判断しなければいけません。担当者が信用できなければ契約しない、というのはある意味では正しい選択肢でしょう。

ただし、売り手（金融機関）の担当者は善意で為替デリバティブを販売していても、買い手（会社）にとっては条件が良くない（手数料が高い）場合もあります。なぜなら、為替デリバティブの場合は売り手（金融機関）の担当者も詳しく知らないという可能性があるからです。金融機関には営業職の人が多くいますが、銀行の場合は主に預金・融資を取り扱い、証券会社の場合は主に株式・債券を取り扱います。すなわち、為替デリバティブは普段取り扱わないので、担当者もよく知らないのです。

為替デリバティブをよく知らない親切な営業担当者（売り手）が、会社に対して提案したら、「A さんが言うのであれば、きっと良い商品なんだろう」と思ってしまうでしょう。

為替デリバティブの情報の非対称性は、単純な売り手（営業担当）と買い手（会社）というのではありません。実際には、商品設計をしている本部（売り手）と会社（買い手）の情報の非対称性ということになるのでしょう。

第5章

為替デリバティブの事例解説

ここまで為替デリバティブの種類や特徴について解説をしてきました。条件付の為替デリバティブは、フォワード・レートを利用した評価ができないため、オプション評価モデルを利用して評価を行う必要があります。
本章では、代表的な為替デリバティブについて、オプション評価モデルを利用してどのように評価するかについて説明します。

1 本章で解説する為替デリバティブの前提

為替デリバティブには契約形態（通貨スワップ、為替予約、通貨オプション）や取引対象（通貨、金利）がいくつかあります。本章で事例を解説するにあたって、共通した取引前提をもとにしたほうが読者の皆さんにとって理解しやすいと思うので、為替デリバティブは基本的に図表5・1の契約とします。

日本円と米ドルの通貨スワップ（通貨交換取引）とし、契約期間は5年間で決済は6カ月ごと（後受払）に行われるとします。為替スポット・レートは１００円／米ドルとし、交換する為替レートは95円／米ドルとします。

次に、為替デリバティブを評価するためには、対象通貨の金利とボラティリティが必要です。本章においては、日本円金利は１％（年率）、米ドル金利は３％（年率）とし、全期間において一定（金利の期間構造（タームストラクチャー）は存在しない）とします。

また、日本円・米ドルの為替レートのボラティリティは20％（年率）とします。金利を変動させるシミュレーションの場合は金利のボラティリティを利用しますが、ここでは単純に為替レートの変動率のボラティリティとします。また、原資産価格（為替レート）と行使価格のずれによるボラティリティ・スマイル（ボラティリティ・スキュー）も存在しないものとします。

ボラティリティ・スマイルは、原資産価格と行使価格によって異なるボラティリティを利用することで、実務上は行使価格（95円／米ドル）の場合、原資産価格が１００円／米ドルの時と１２０円／米ドルの時に利用するボラティリティが異なります。

以降で説明を省略している場合がありますが、言及していない部分については図表5・1を前提にしていると理解してください。

❖為替デリバティブの時価評価方法を理解するために

図表5・1 本章で解説する取引の前提

取引形態	通貨スワップ
受取額	１百万米ドル
支払額	95百万円（95円／米ドル）
期間	５年
決済のタイミング	６カ月ごと
日本円金利	１％
米ドル金利	３％
ボラティリティ	20％（年率）

実務では金利の期間構造（タームストラクチャー）やボラティリティ・スマイル（ボラティリティ・スキュー）を加味するけど、マニアックな解説になってしまうから、無視して解説しています。

2 シンプルな為替デリバティブ（1）

為替デリバティブはオプションを合成して作成できると説明しました。ここでは、どのように為替デリバティブを評価するかについて、具体的に説明をしていきます。

ここで説明するのは為替デリバティブの評価額であり、契約期間中における決済（受渡しにおいて発生するキャッシュ・フロー）とは別なので、留意してください。

まず、ここで説明する為替デリバティブは、本章 1 に記載した通貨スワップとします。

この通貨スワップをオプション取引にすると、下表の2種類のオプション（コール・ロングとプット・ショート）に分かれます（正確には0・5年から5年まで、それぞれ10個、計20個のオプション取引の集合体）。

2種類のオプション（コール・ロングとプット・ショート）のペイオフを示したのが、図表5・2、図表5・3です。両者を合計したペイオフが図表5・4で、これは通貨スワップのペイオフと一致します。

次項では、この合成したオプションのペイオフを利用して通貨スワップを評価します。

満期	種類	売買	元本	行使価格
0.5～5年後	コール	ロング	1百万米ドル	95円/米ドル
0.5～5年後	プット	ショート	1百万米ドル	95円/米ドル

❖シンプルな為替デリバティブのペイオフ

図表5・2 コール・ロングのペイオフ（A）

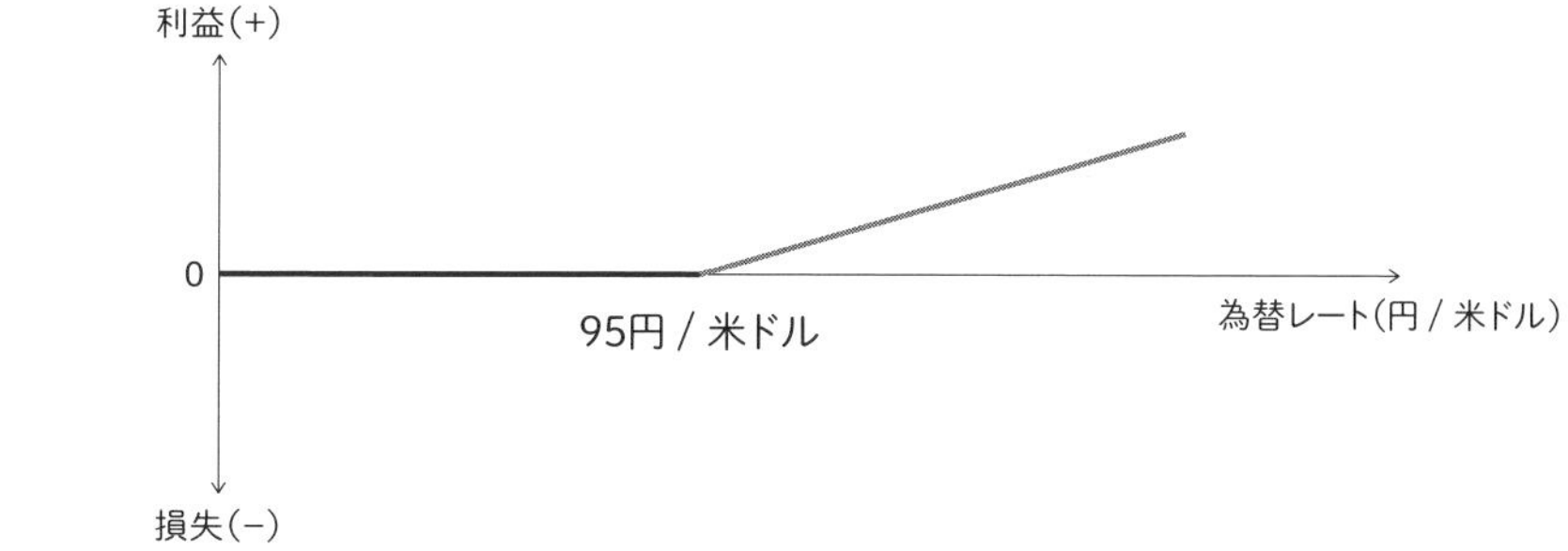

図表5・3 プット・ショートのペイオフ（B）

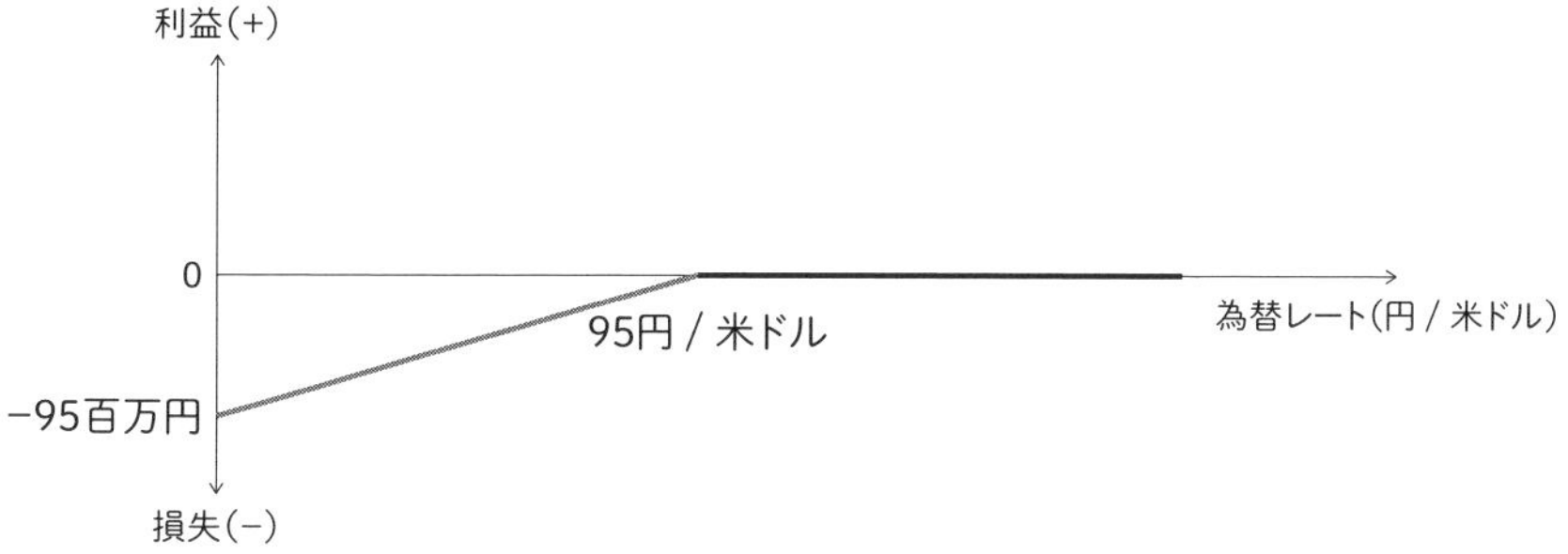

図表5・4 通貨スワップのペイオフ（A＋B）

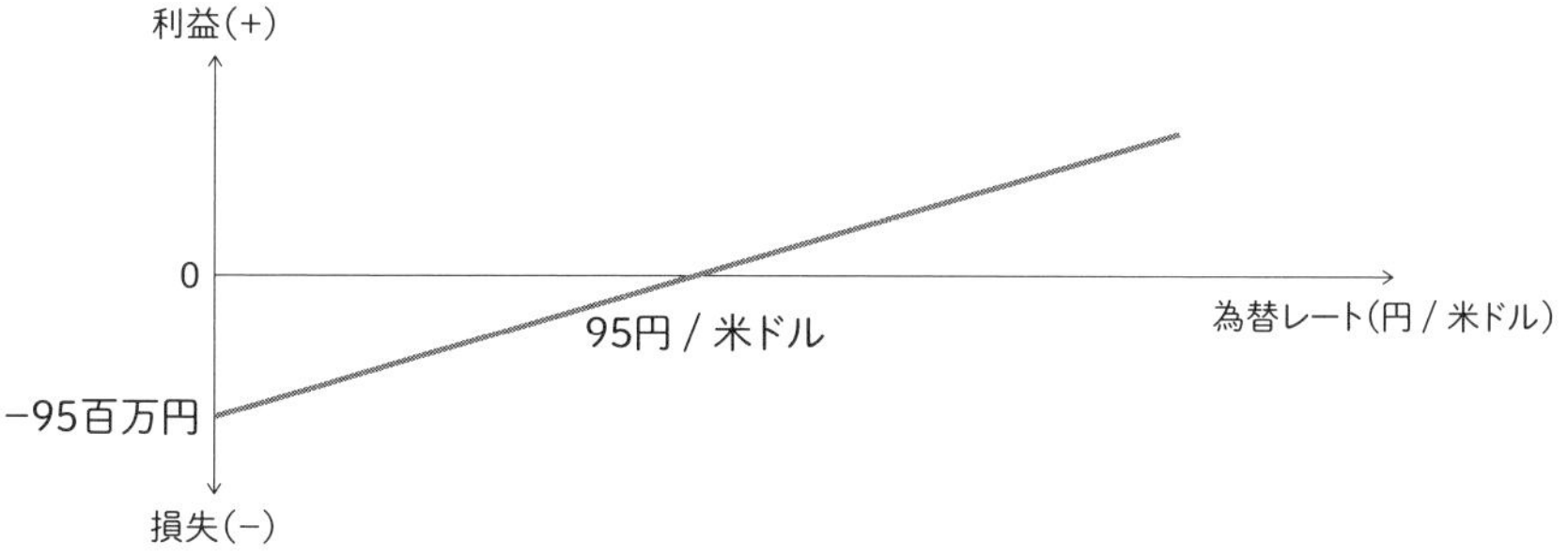

3 シンプルな為替デリバティブ（2）

2で通貨スワップのペイオフを2種類のオプションを利用して合成する方法を説明しました。具体的には、コール・ロングの通貨オプションとプット・ショートの通貨オプションを合成して、通貨スワップを作るというものです。

ここでは、シンプルな通貨スワップを例にして、評価額がどのように算定されるかを説明します。なお、対象の通貨スワップの条件、日本円金利、米ドル金利、ボラティリティは本章1のとおりとします。

まず、コール・ロングのオプションについて、決済時点（6カ月ごとに5年間）を満期とした評価額（Aとします）をBSモデルで計算したのが図表5・5です。次に、プット・ショートのオプションの決済時点の評価額（Bとします）を示したのが図表5・6です。

通貨スワップの評価額はコール・ロング（A）とプット・ショート（B）のオプションの合計額なので、A＋Bとして計算した図表5・7が決済時点の通貨スワップの評価額です。決済時点の評価額を合計すると通貨スワップの時価評価額はマイナス2・7百万円と計算されました。

なお、オプションと通貨スワップの時価評価額の合計は、以下のとおりです。

（A）コール・ロング：114・6百万円
（B）プット・ショート：△117・3百万円
（A＋B）通貨スワップ：△2・7百万円

❖シンプルな為替デリバティブの時価評価額の計算

図表5・5 コール・ロングのオプション（A）

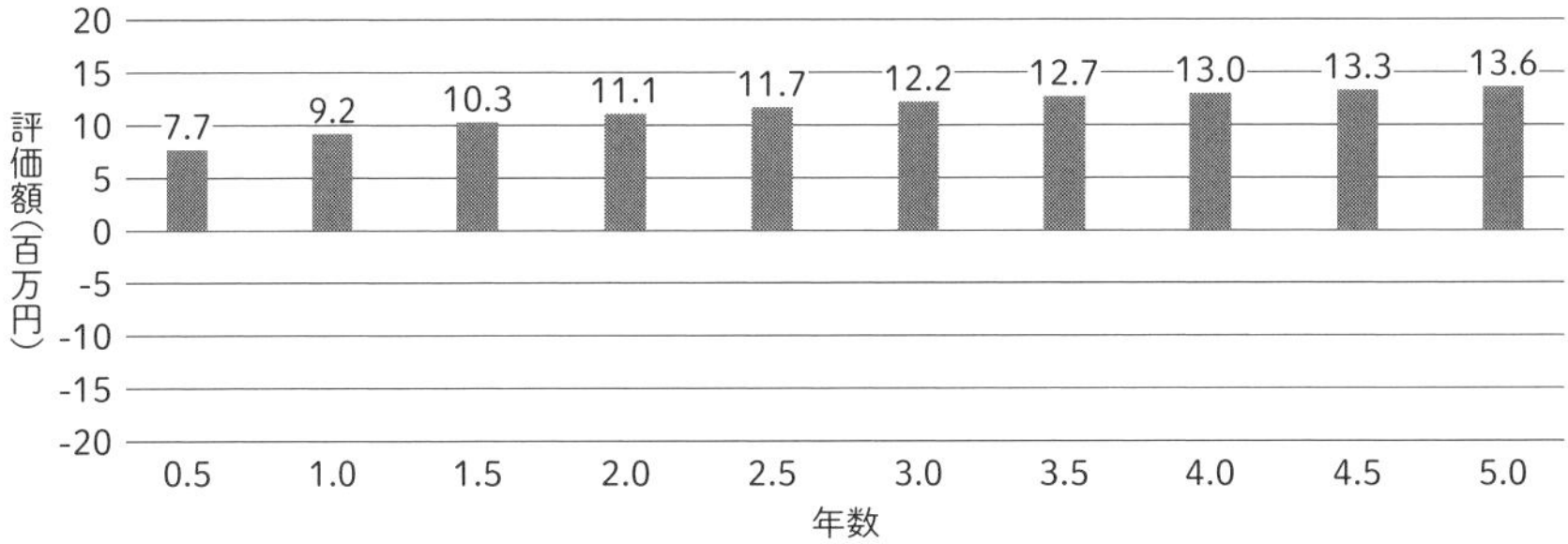

図表5・6 プット・ショートのオプション（B）

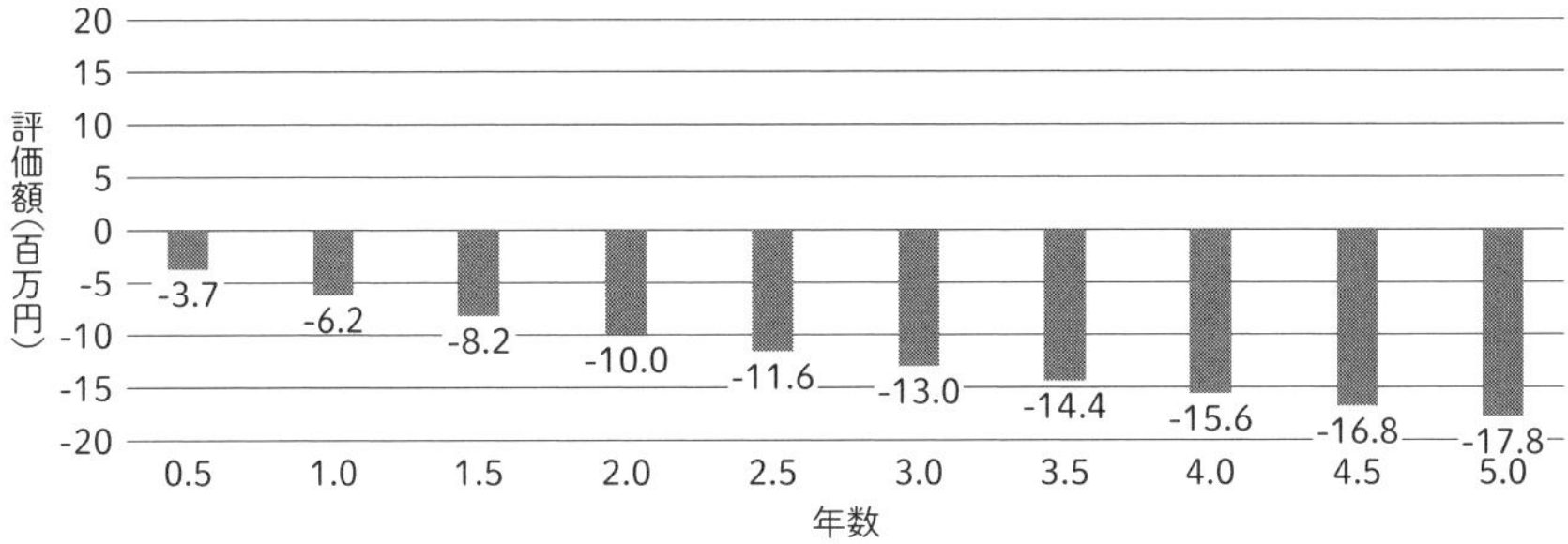

図表5・7 通貨スワップ（A＋B）

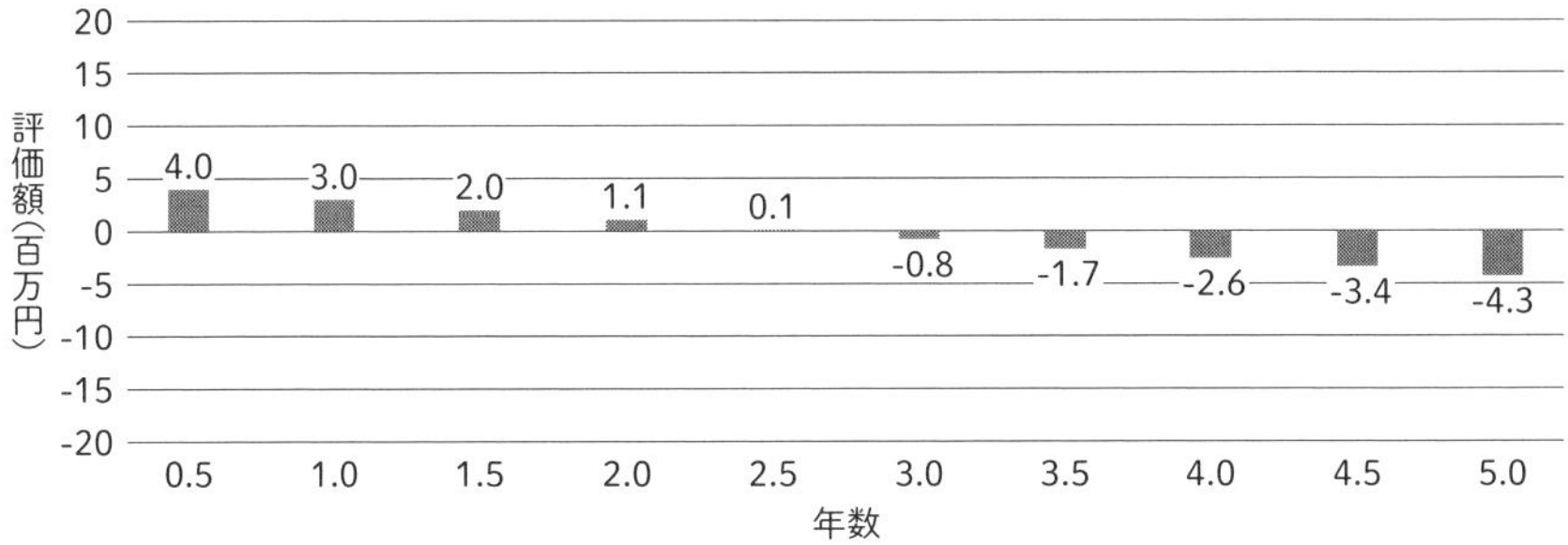

4 元本変動型為替デリバティブ（1）

ここでは、元本変動型の通貨スワップについて、どのような評価が行われるかについて解説します。

まず、ここで説明する通貨スワップは、本章 1 のものと左記が異なるものとします。

〔受取額〕
- 95円／米ドル以上の場合：1百万米ドル
- 95円／米ドル未満の場合：2百万米ドル

〔支払額〕
- 95円／米ドル以上の場合：95百万円
- 95円／米ドル未満の場合：190百万円

この元本変動型通貨スワップのペイオフは、図表5・8です。シンプルな為替デリバティブと比較すると、95円／米ドルを下回った場合のペイオフが2倍に増加しています。

この通貨スワップは下表の2種類のオプション（コール・ロングとプット・ショート）の組合せです。

それぞれのオプションのペイオフは、図表5・9、図表5・10です。

このうち、プット・ショートのオプションは、元本1百万米ドルの2倍になっていることがわかります。すなわち、シンプルな通貨スワップとの違いは、「プット・ショートのオプションの元本が2倍になっている」ことです。

満期	種類	売買	元本	行使価格
0.5～5年後	コール	ロング	1百万米ドル	95円／米ドル
0.5～5年後	プット	ショート	2百万米ドル	190円／米ドル

❖元本変動型為替デリバティブのペイオフ

図表5・8 元本変動型通貨スワップのペイオフ（A＋B×2）

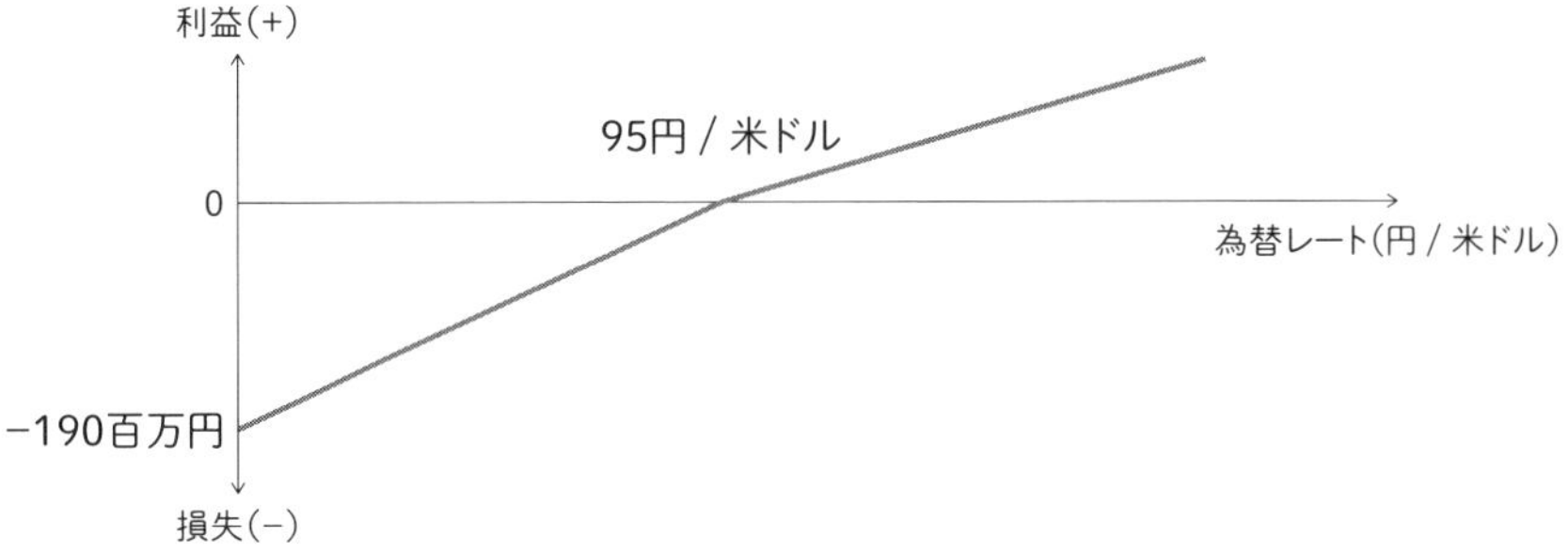

図表5・9 コール・ロングのペイオフ（A）

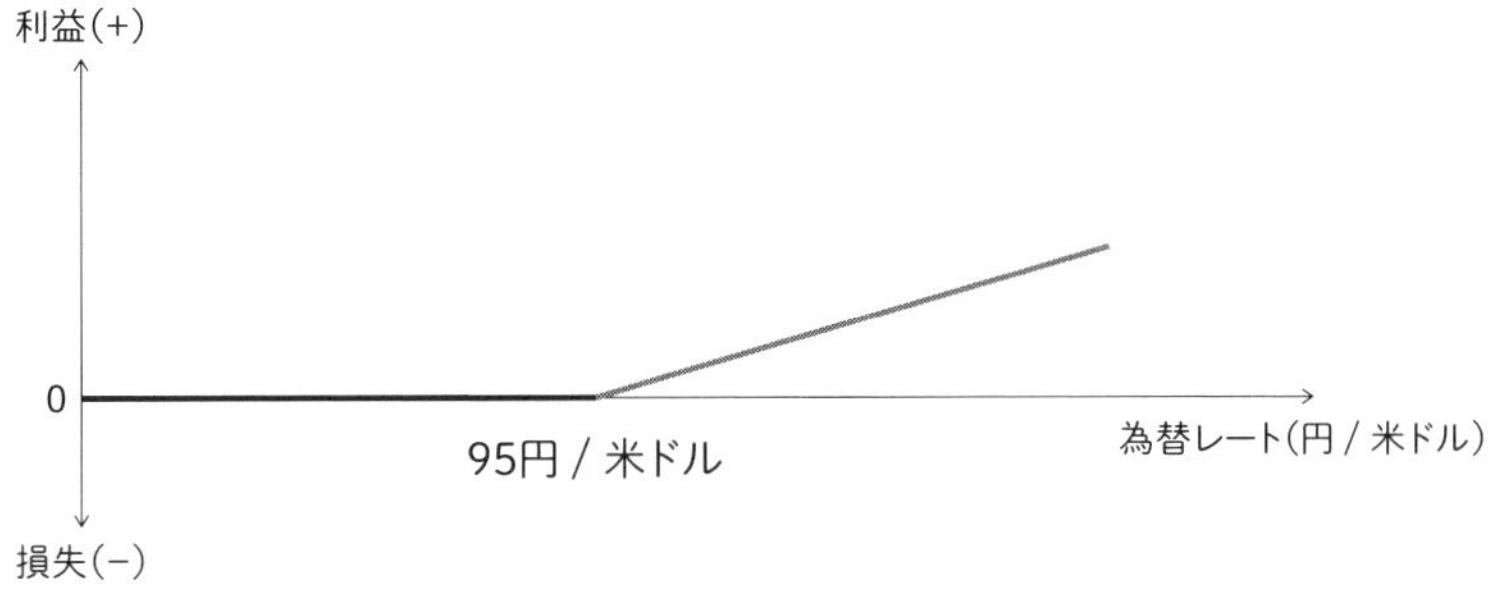

図表5・10 プット・ショートのペイオフ（元本１百万米ドルを B）

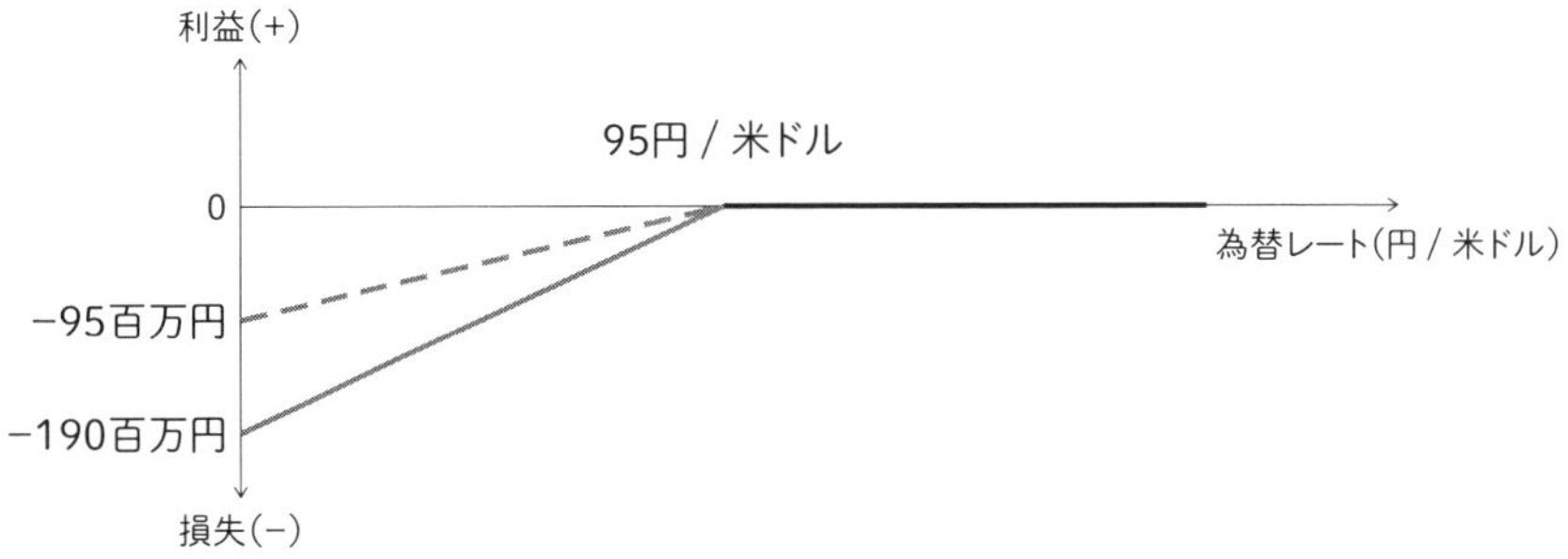

5 元本変動型為替デリバティブ（2）

4で、元本変動型通貨スワップのペイオフを2種類の通貨オプションのペイオフで合成する方法を説明しました。ここでは、通貨オプションを利用して元本変動型通貨スワップを評価します。

ここで説明する元本変動型通貨スワップを評価する条件は、**4**のとおりとします。

まず、コール・ロングのオプションについて、決済時点（6カ月ごとに5年間）を満期とした評価額（Aとします）をBSモデルで計算したのが図表5・11です。これは、通常の通貨スワップと同じです。

次に、プット・ショートのオプションの決済時点の評価額（元本1百万米ドルをBとします）を示したのが図表5・12です。元本2百万米ドルのオプションは元本1百万米ドルのオプション価値を2倍にしたものです。

通貨スワップの評価額は「元本1百万米ドルのコール・ロング（A）」と「元本1百万米ドルのプット・ショート（B）の2倍」の合計額なので、A＋B×2として計算した図表5・13が決済時点の通貨スワップの評価額です。決済時点を合計すると通貨スワップの時価評価額は△120・0百万円と計算されました。

なお、オプションと元本変動型通貨スワップの時価評価額の合計は、以下のとおりです。

（A）コール・ロング：114・6百万円
（B）プット・ショート：△117・3百万円
（A＋B×2）元本変動型通貨スワップ：△120・0百万円

❖元本変動型為替デリバティブの時価評価額の計算

図表5・11 コール・ロングのオプション（A）

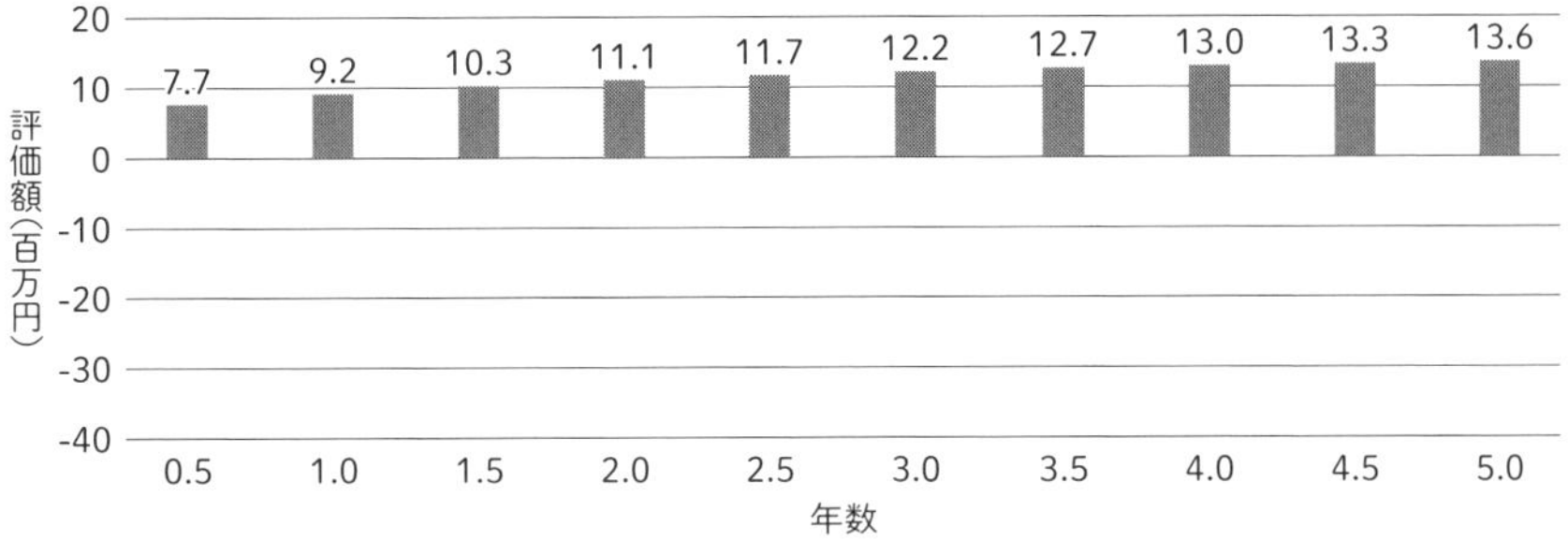

図表5・12 プット・ショートのオプション（元本1百万米ドルをB）

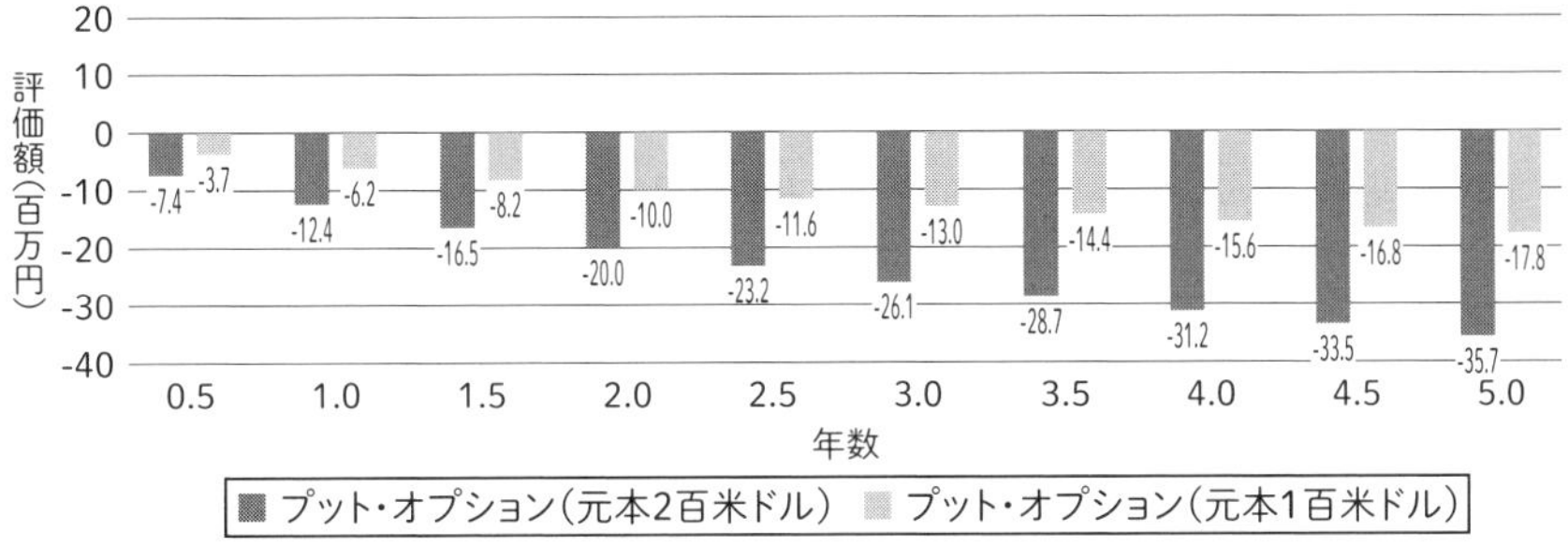

図表5・13 元本変動型通貨スワップ（A＋B×2）

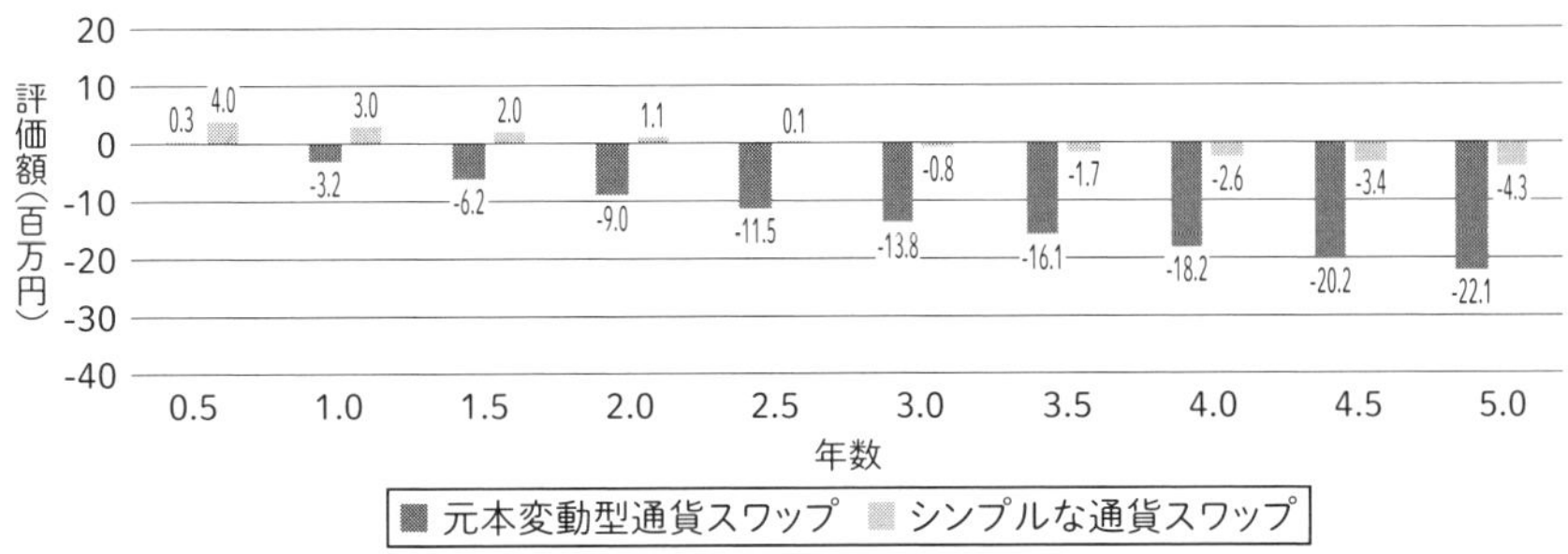

6 割増条件付為替デリバティブ（1）

割増条件付（ギャップ型）の為替デリバティブは、デジタル・オプションが追加されたものです。このデジタル・オプションは、ある一定の条件を満たした場合、支払（受取）が発生するというものです。

まず、ここで説明する割増条件付通貨スワップは、本章1に記載した通貨スワップと下記の点が異なるものとします。

〔受取額〕
- 1百万米ドル

〔支払額〕
- 95円／米ドル以上の場合：95百万円
- 95円／米ドル未満の場合：100百万円

通常の通貨スワップ（1百万米ドルと95百万円の交換取引）に、「95円／米ドル未満の場合に5百万円の支払が発生する」というキャッシュ・デジタル・オプション（下表）が追加されています。

通常の通貨スワップのペイオフは図表5・14で、キャッシュ・デジタル・オプション（プット・ショート）のペイオフは図表5・15です。この2つを合計したものが、割増条件付通貨スワップのペイオフ（図表5・16）です。図表5・16には通常の通貨スワップのペイオフも併記していますが、シンプルな通貨スワップとの違いは「プット・ショートのデジタル・オプションが含まれている」ことです。

満期	種類	売買	行使価格	支払額
0.5～5年後	プット	ショート	95円／米ドル	5百万円

❖割増条件付為替デリバティブのペイオフ

図表5・14 通常の通貨スワップ（A）

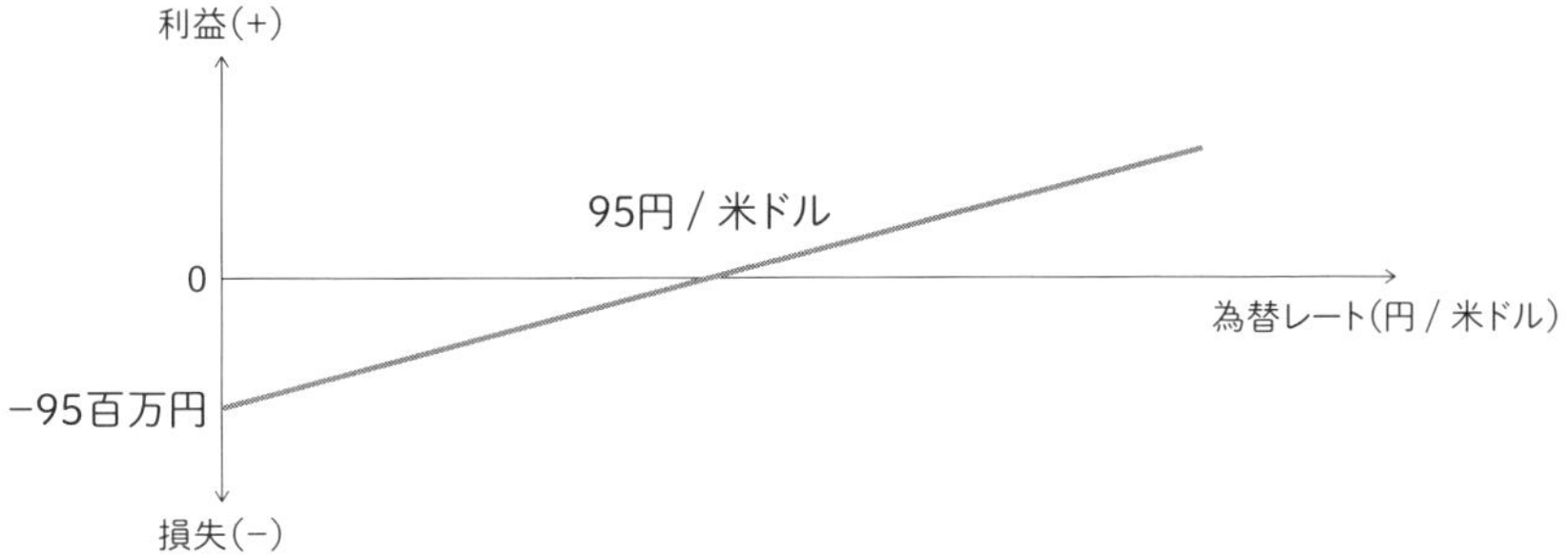

図表5・15 デジタル・プット・オプションのショート（B）

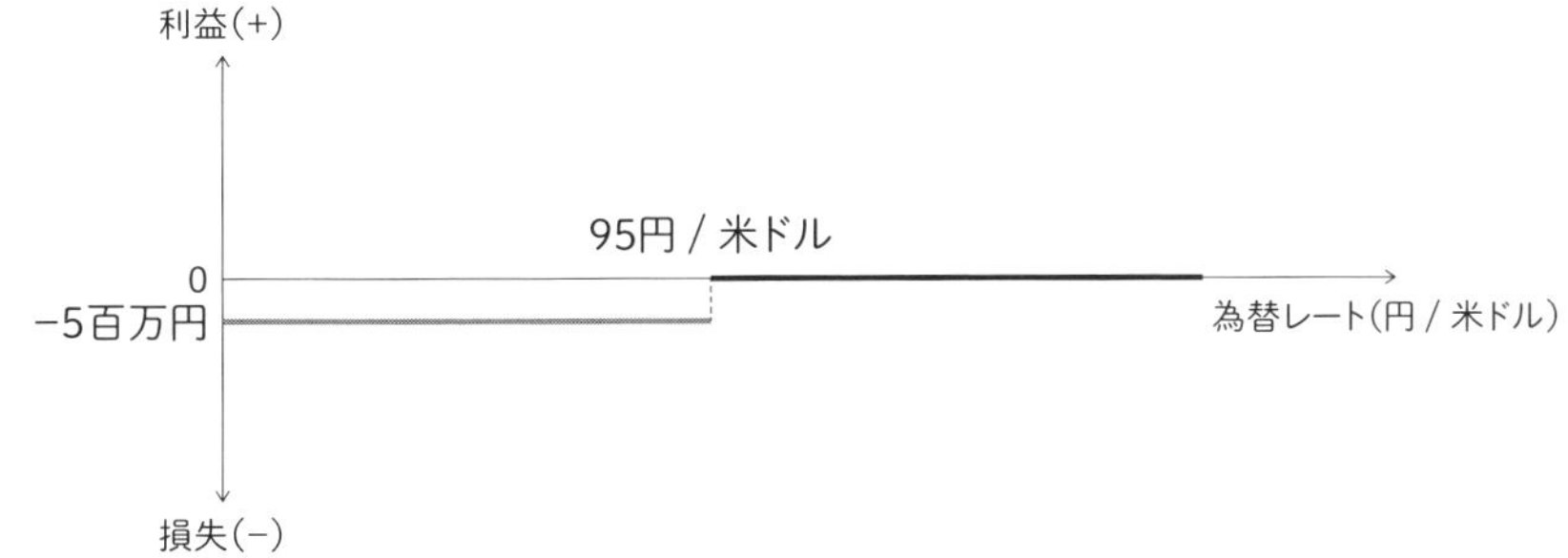

図表5・16 割増条件付通貨スワップ（A＋B）

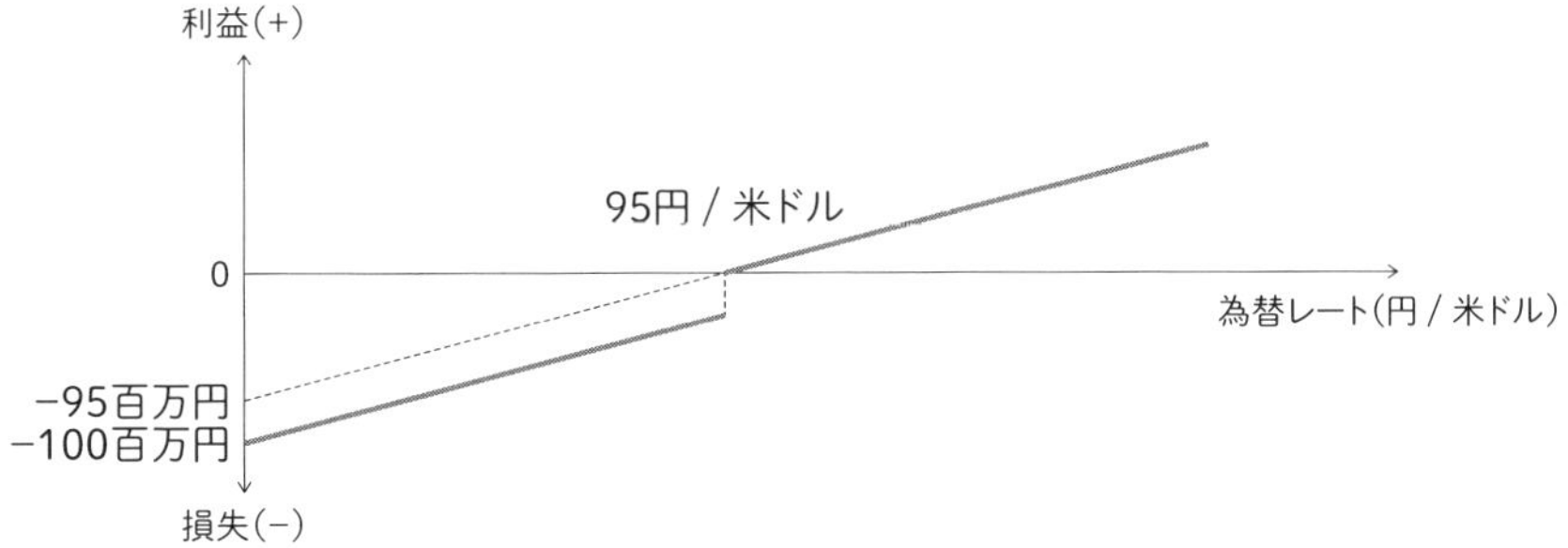

7 割増条件付為替デリバティブ（2）

6で割増条件付（ギャップ型）の為替デリバティブは、キャッシュ・デジタル・オプション（プット・ショート）のペイオフを加えたものであることを説明しました。割増条件付通貨スワップの評価においてもこの関係を利用します。

評価する割増条件付通貨スワップは、6と同じとし、その他の条件は本章1のとおりとします。

通常の通貨スワップをBSモデルで評価するには、（A）行使価格95円／米ドルのコール・オプションのロング、（B）行使価格95円／米ドルのプット・オプションのショートを合算します（図表5・17）。

この通貨スワップには、割増条件が含まれているため、（C）行使価格95円／米ドルのキャッシュ・デジタル・オプション（5円／米ドルを支払うプット・ショート）を追加する必要があります（図表5・18）。

3つのオプションを合算したもの（A＋B＋C）が図表5・19で、併記しているシンプルな通貨スワップ（A＋B）よりも評価額が下がっていることがわかります。

なお、オプションと割増条件付通貨スワップの時価評価額の合計は、以下のとおりです。

（A）コール・ロング：114・6百万円
（B）プット・ショート：△117・3百万円
（C）デジタル・オプション：△26・9百万円
（A＋B＋C）割増条件付通貨スワップ：△29・5百万円

❖割増条件付為替デリバティブの時価評価額の計算

図表5・17 通常の通貨スワップ(オプションのクロス取引)(A+B)

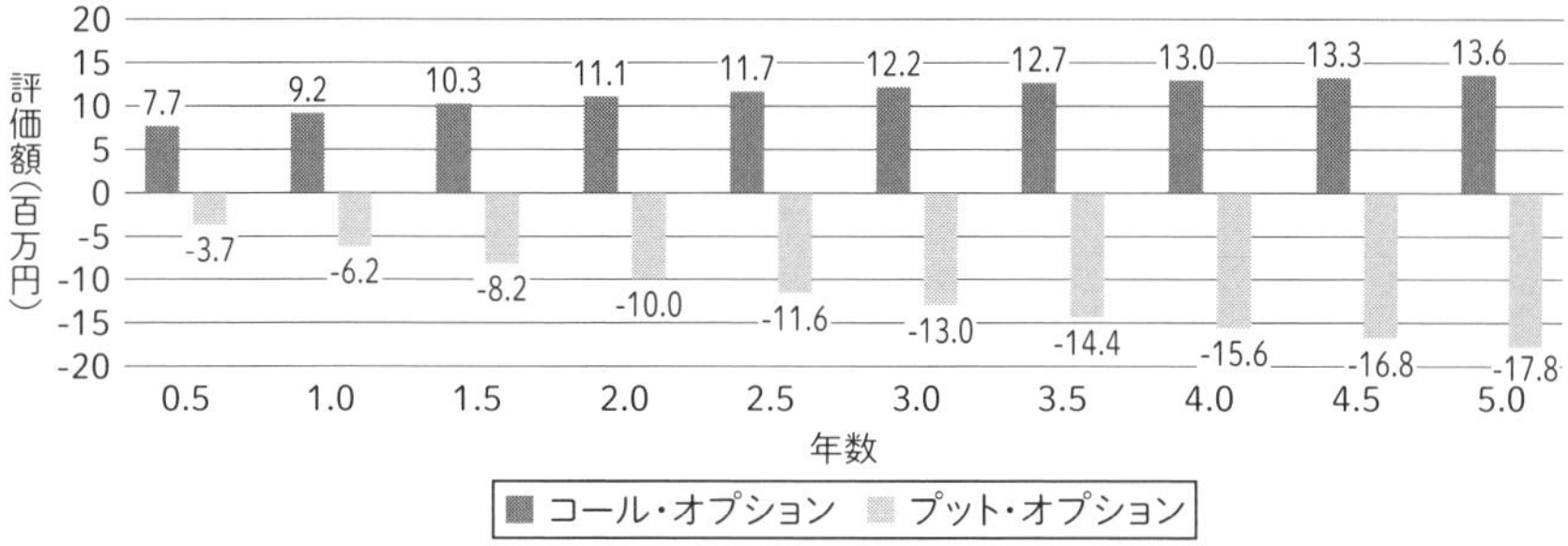

図表5・18 プット・ショートのデジタル・オプション(C)

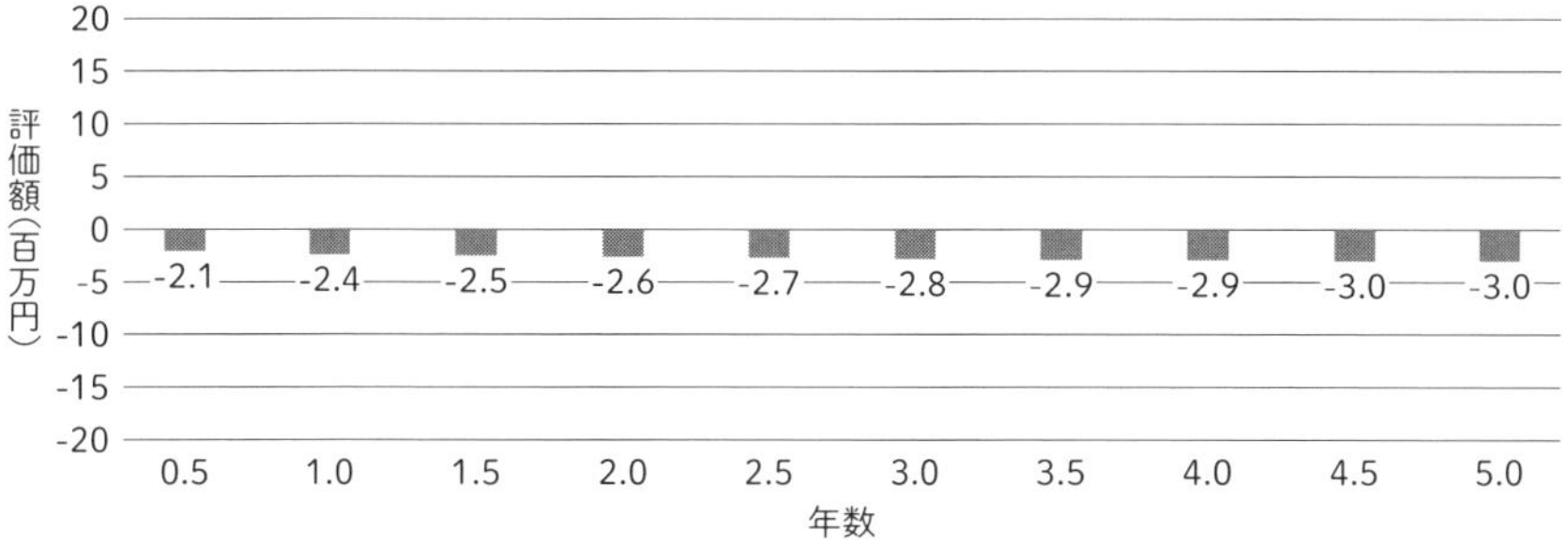

図表5・19 割増条件付通貨スワップ(A+B+C)

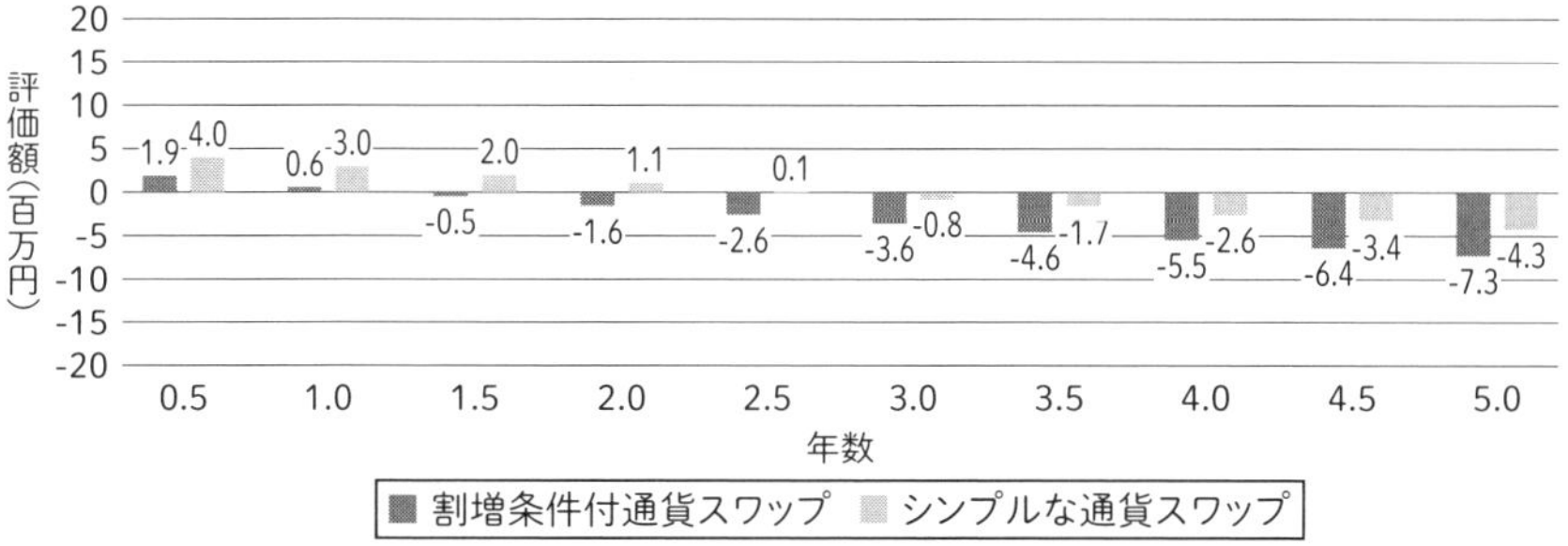

8 ノックアウト型為替デリバティブ（1）

ノックアウト型の為替デリバティブは、ノックアウト・オプション（シングル・バリア・オプション）が含まれています。

ノックアウト条項に抵触すると契約が自動的に消滅するため、以降の決済がプラスでもマイナスでもその時点で終わってしまいます。このため、オプションのペイオフの組合せでノックアウト型の為替デリバティブを作れないのです。

〔受取額〕

- 120円／米ドル以上の場合：0米ドル
- 120円／米ドル未満の場合：1百万米ドル

〔支払額〕

- 120円／米ドル以上の場合：0円
- 120円／米ドル未満の場合：95百万円

ノックアウト型ではない上記の通貨スワップの場合、通常の通貨スワップ（図表5・20）にキャッシュ・デジタル・オプション（図表5・21）のプット・ショートと、通貨オプションのコール・ショート（図表5・22）を合成すればペイオフを作成できます。

ノックアウト型の場合はその後の決済にも影響するので、このような合成ができません。

満期	種類	売買	行使価格	支払額
0.5～5年後	プット	ショート	120円／米ドル	25百万円

満期	種類	売買	元本	行使価格
0.5～5年後	コール	ショート	1百万米ドル	120円／米ドル

❖ノックアウト型為替デリバティブのペイオフは作れない

図表5・20 通常の通貨スワップ（A）

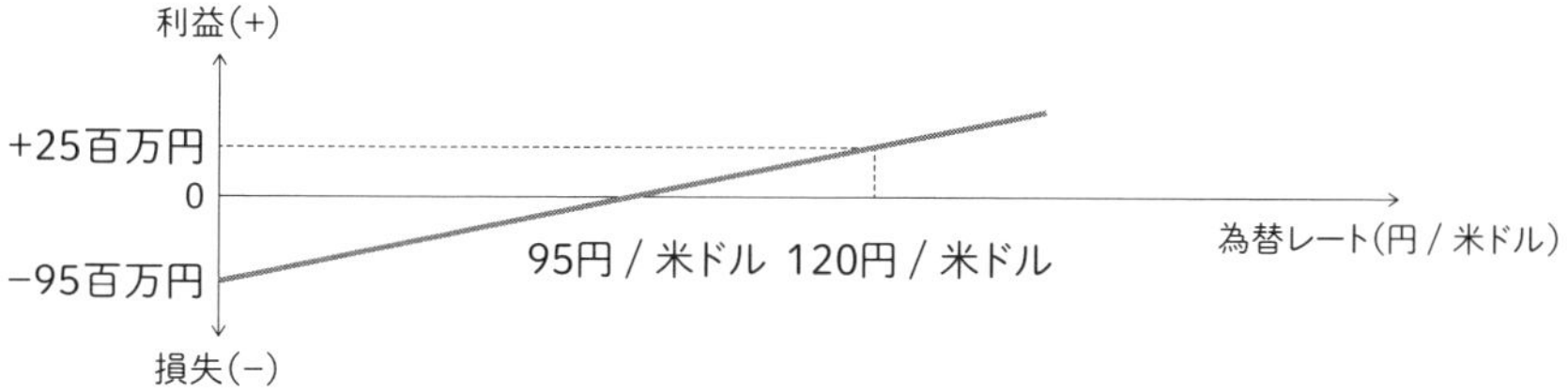

図表5・21 プット・ショートのデジタル・オプション（B）

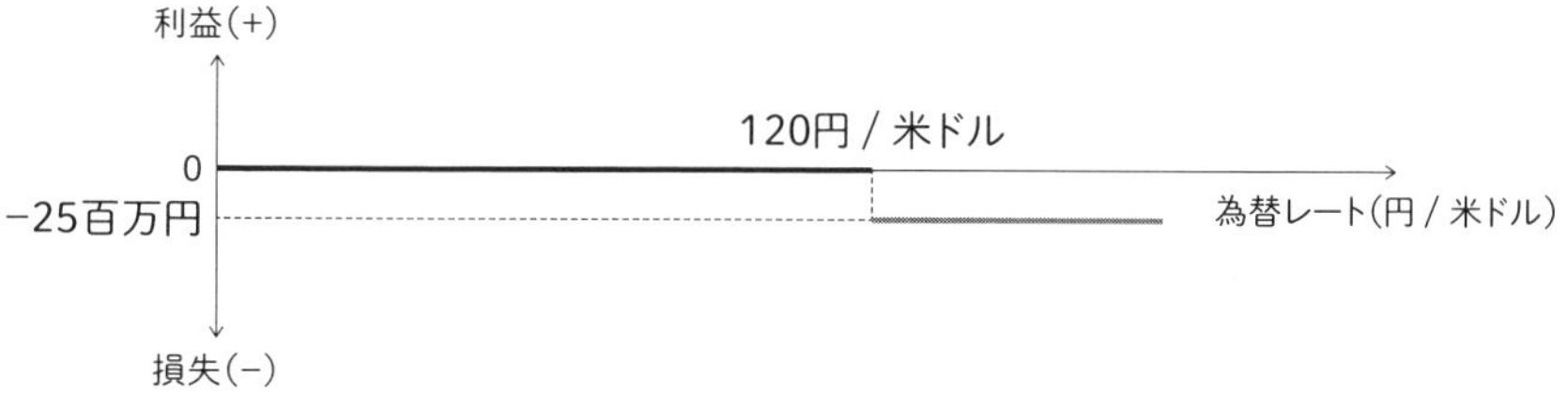

図表5・22 コール・ショートのオプション（C）

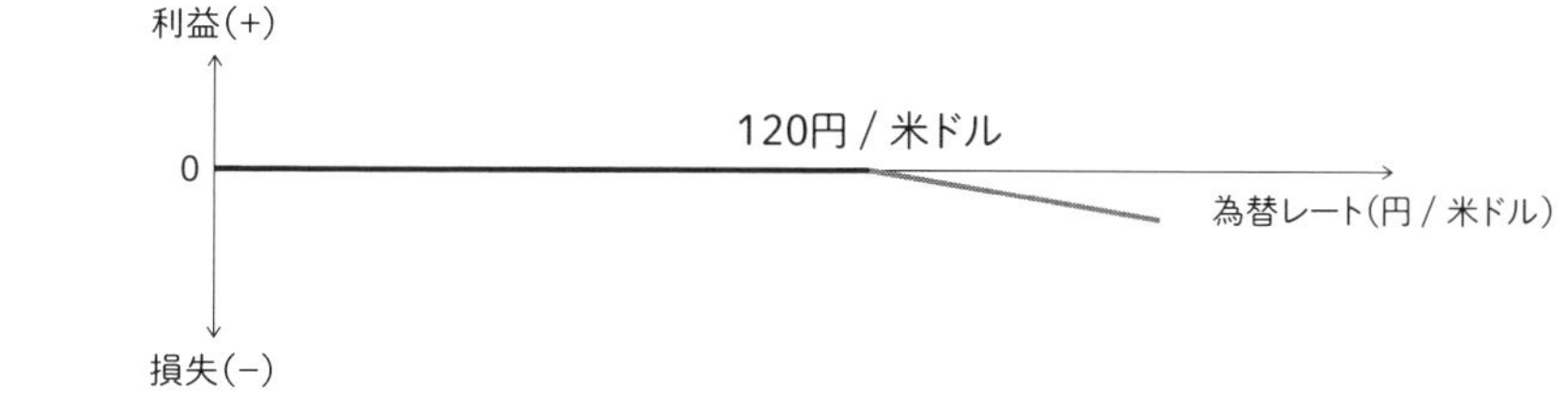

図表5・23 本件の通貨スワップ（A＋B＋C＋D）

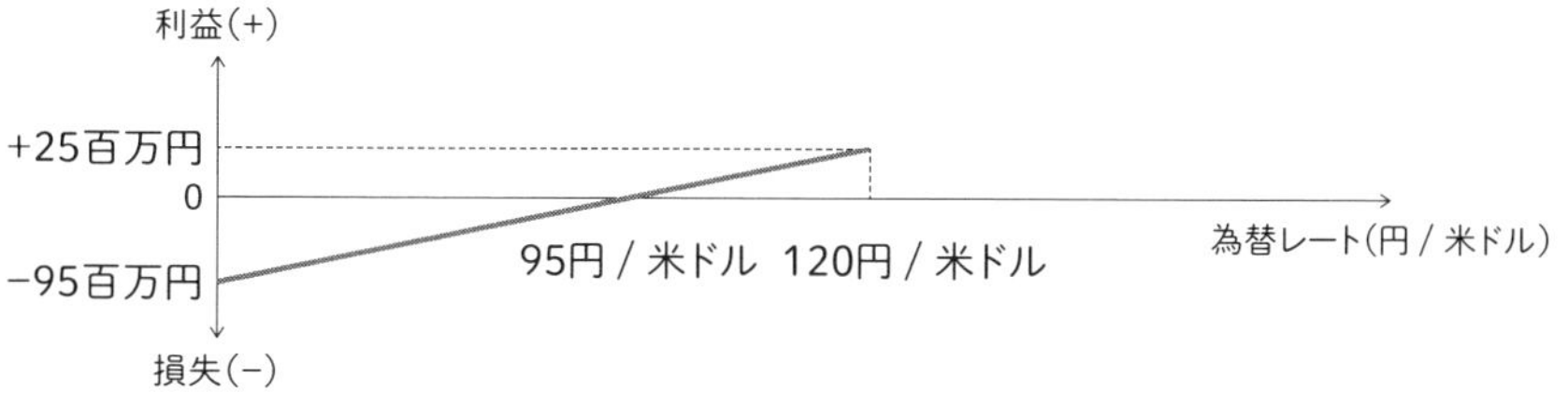

9 ノックアウト型為替デリバティブ（2）

ここで説明するノックアウト型通貨スワップは、本章1の通貨スワップに「契約消滅条件：１２０円／米ドルを超える場合」が付加されているものとします。

通常の通貨スワップをＢＳモデルで評価するには、（Ａ）行使価格95円／米ドルのコール・オプションのロング、（Ｂ）行使価格95円／米ドルのプット・オプションのショートを合算します（図表5・24）。

次に、（Ｃ）行使価格１２０円／米ドルで契約が消滅するノックアウト・オプションをＢＳモデル以外で評価したのが図表5・25です。

３つのオプションを合算したもの（Ａ＋Ｂ＋Ｃ）が図表5・26で、併記しているシンプルな通貨スワップ（Ａ＋Ｂ）よりも評価額が下がっていることがわかります。

なお、オプションとノックアウト型通貨スワップの時価評価額の合計は、以下のとおりです。

（Ａ）コール・ロング：１１４・６百万円
（Ｂ）プット・ショート：△１１７・３百万円
（Ｃ）ノックアウト・オプション：△78・０百万円
（Ａ＋Ｂ＋Ｃ）ノックアウト型通貨スワップ：△80・７百万円

なお、このノックアウト型通貨スワップの場合は、ノックアウト・オプションがマイナス方向に影響しました。ほとんどのケースはマイナス方向に影響しますが、中にはプラス方向に影響するものもあるので留意してください。

❖ノックアウト型為替デリバティブの時価評価額の計算

図表5・24　通常の通貨スワップ（オプションのクロス取引）（A＋B）

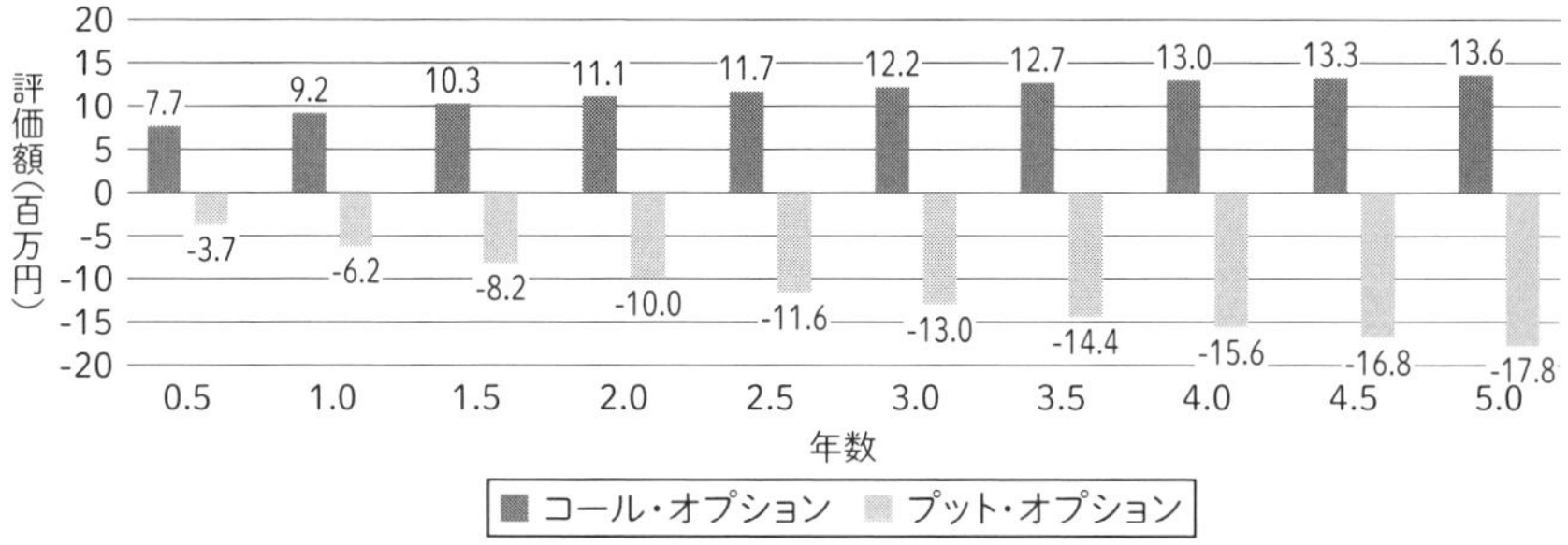

図表5・25　ノックアウト・オプション（C）

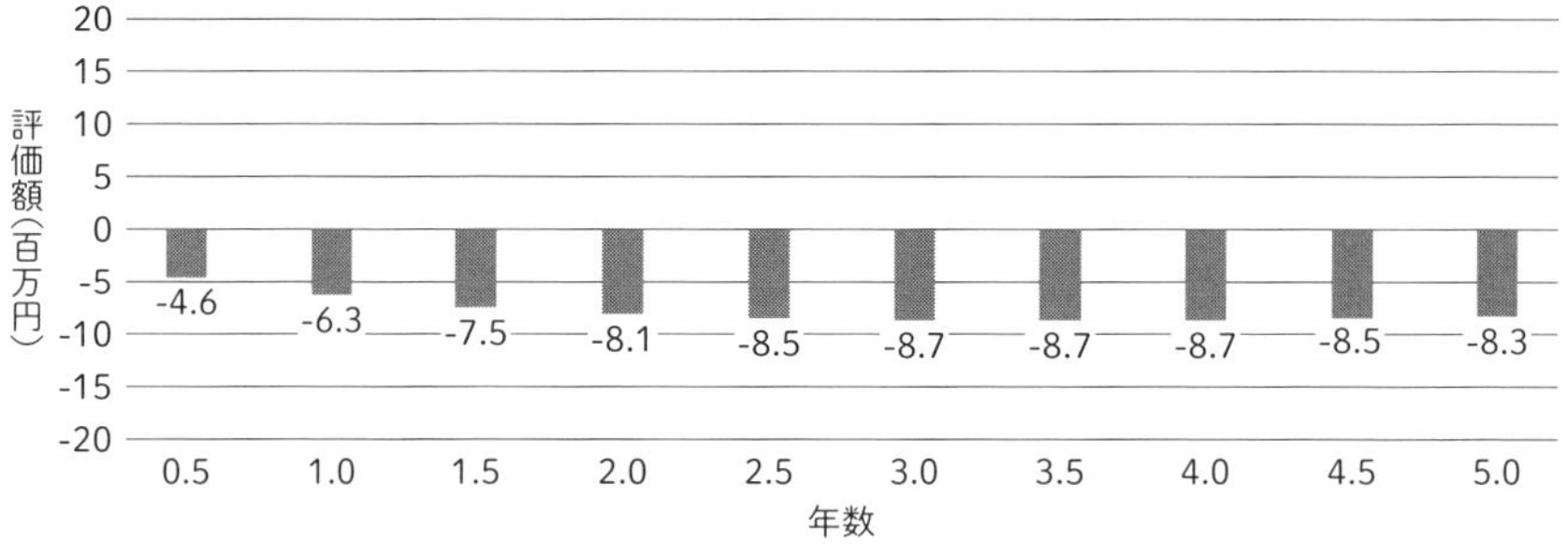

図表5・26　ノックアウト型通貨スワップ（A＋B＋C）

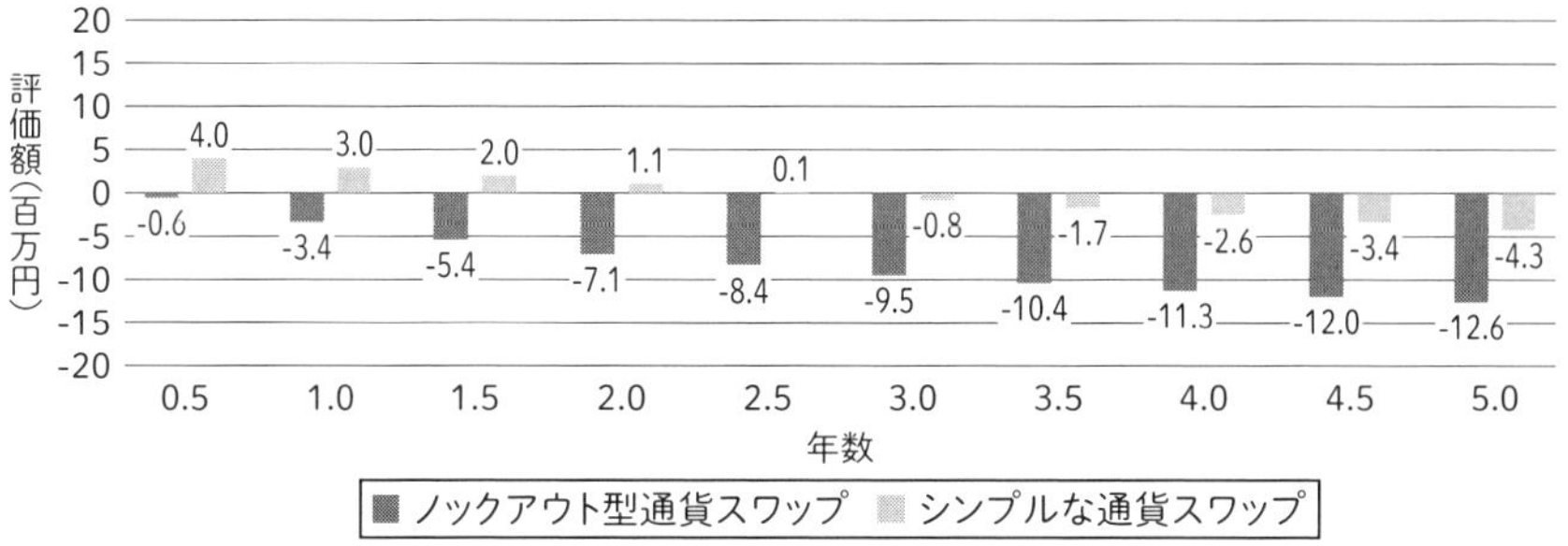

10 時系列変動型為替デリバティブ（1）

為替フォワード・レートは基本的に円高になるように計算されるため、年数が経過したときに元本が増加すると損失額が大きくなります。

ここで説明する時系列変動型通貨スワップは、元本が1百万米ドルから、3年後に2百万米ドルに変化するものとします。

〔受取額〕

- 0年～2・5年以内：1百万米ドル
- 3年～5年以内：2百万米ドル

〔支払額〕

- 0年～2・5年以内：95百万円
- 3年～5年以内：190百万円

為替レートは95円／米ドルで固定されていて、0年～2・5年と3年～5年で元本が1百万米ドルから2百万米ドルに変わることがシンプルな通貨スワップと異なる点です。

まず、コール・ロングの通貨オプションのペイオフは図表5・27です。0年～2・5年と3年～5年で元本が変わるので2種類のペイオフが発生します。プット・ショートの通貨オプションも図表5・28のように2種類のペイオフが発生します。これらを合成したものが、図表5・29の時系列変動型通貨スワップのペイオフです。

このケースは、元本を1倍から2倍に変更するだけなので、比較的理解しやすいと思います。

❖時系列変動型為替デリバティブのペイオフ

図表5・27 コール・ロングの通貨オプション（A）

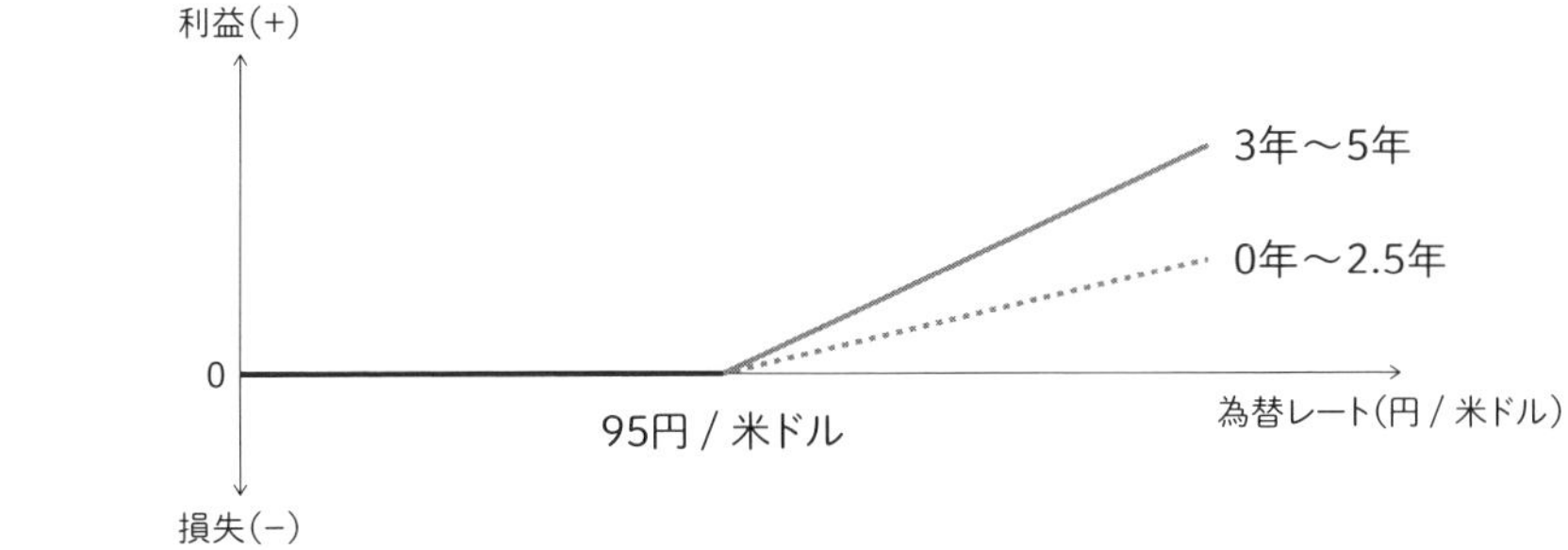

図表5・28 プット・ショートの通貨オプション（B）

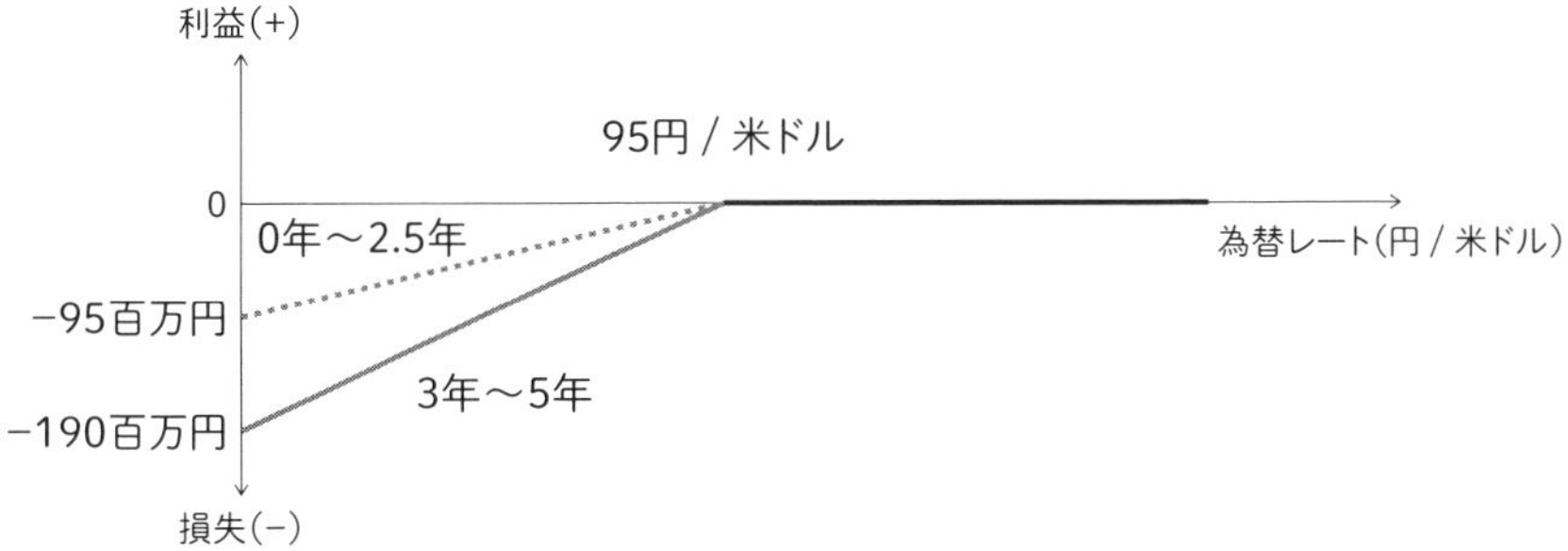

図表5・29 時系列変動型通貨スワップ（A＋B）

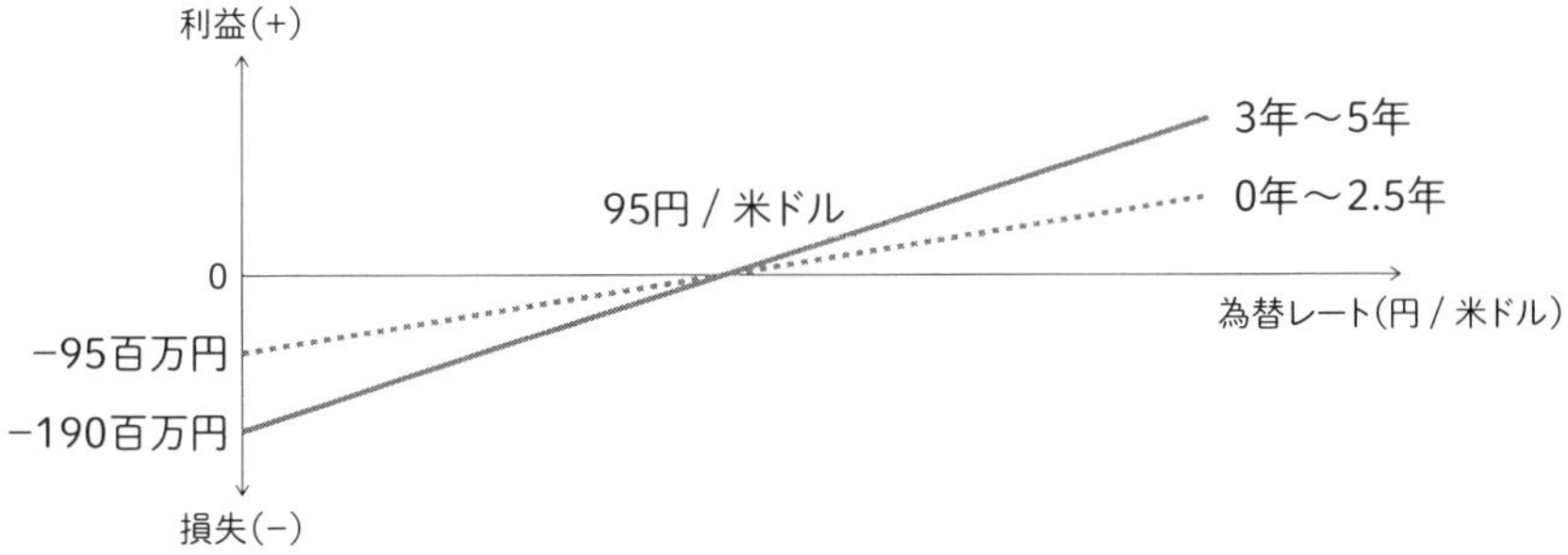

11 時系列変動型為替デリバティブ（2）

時系列変動型為替デリバティブは、契約の途中で条件が変更されるもので、変更される条件は想定元本、行使価格などさまざまなものが想定されます。ここでは、10で説明した時系列変動型通貨スワップをもとに、評価がどのようになるかを説明します。

まず、コール・ロングの通貨オプションについて、時系列変動型（元本が3年後に1百万米ドルから2百万米ドルに変更される場合）と通常の通貨オプションを比較したものが図表5・30です。当然のことながら時系列変動型のほうが、元本が大きくなる期間（3～5年後）があるため、評価額は大きく算出されます（評価額は14・6百万円から179・4百万円に増加）。

同様に、プット・ショートの通貨オプションについて、時系列変動型と通常の通貨オプションを比較したものが図表5・31です（評価額は△117・3百万円から△194・9百万円に減少）。

時系列変動型通貨スワップは、これらを合計した図表5・32です（評価額は△2・7百万円から△15・5百万円に減少）。

なお、オプションと時系列変動型通貨スワップの時価評価額の合計は、以下のとおりです。

（A）コール・ロング：179・4百万円
（B）プット・ショート：△194・9百万円
（A＋B）時系列変動型通貨スワップ：△15・5百万円

❖時系列変動型為替デリバティブの時価評価額の計算

図表5・30 コール・ロングの通貨オプション

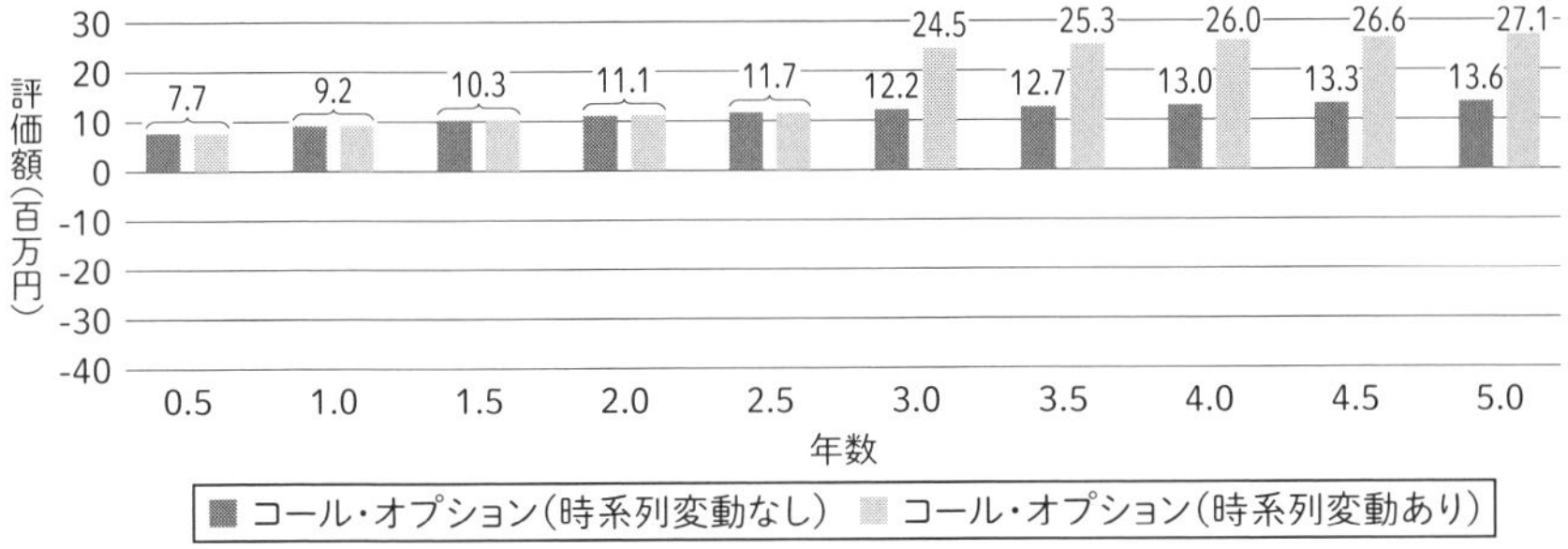

図表5・31 プット・ショートの通貨オプション

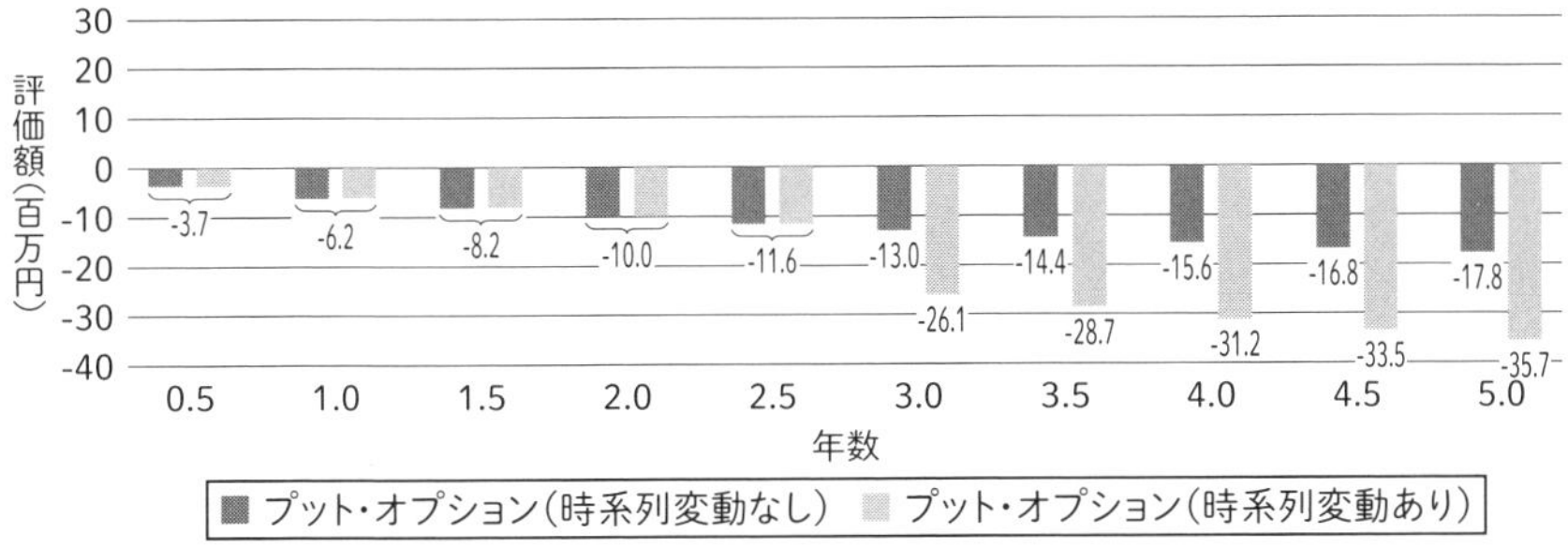

図表5・32 時系列変動型通貨スワップ

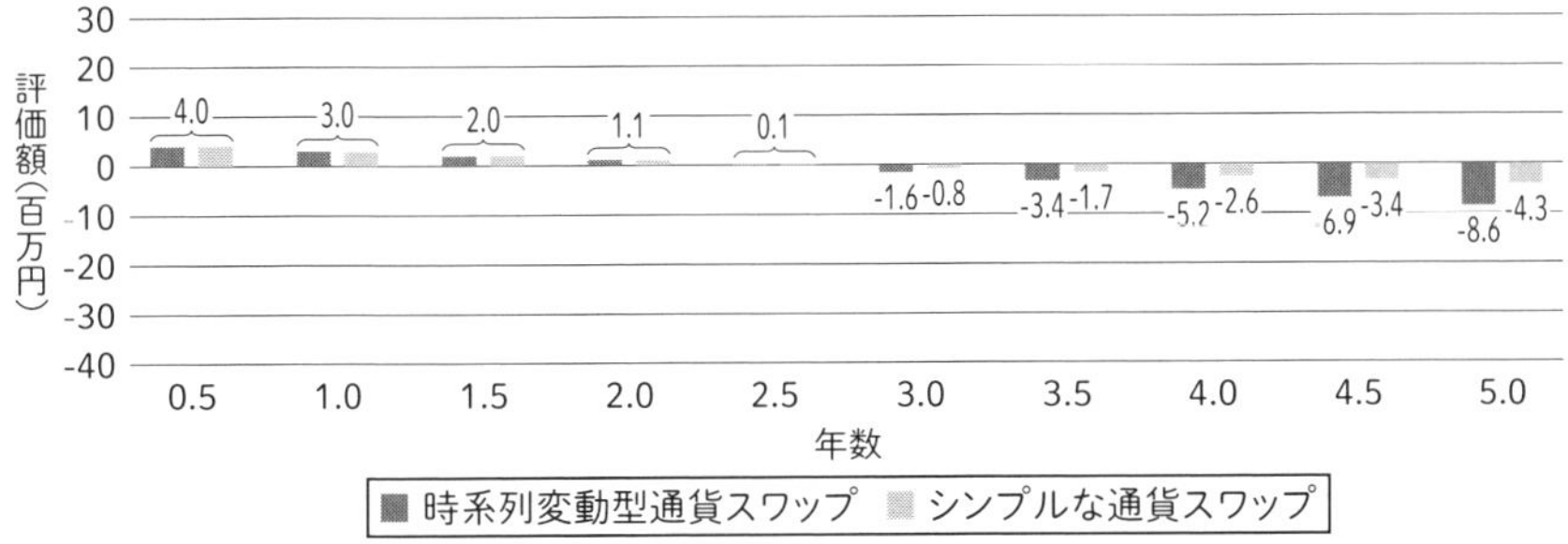

12 元本変動型割増条件付為替デリバティブ（1）

すでに説明したとおり、元本変動型為替デリバティブはロング・コールまたはプット・ショートのオプションの比率が異なるものです。また、割増条件付為替デリバティブは、キャッシュ・デジタル・オプションが含まれます。

元本変動型割増条件付為替デリバティブはその両方の性質が含まれる契約なので、今まで説明したことの応用版です。本章1の通貨スワップとは次の点が異なります。

〔受取額〕
- 95円／米ドル以上の場合：1百万米ドル
- 95円／米ドル未満の場合：2百万米ドル

〔支払額〕
- 95円／米ドル以上の場合：95百万円
- 95円／米ドル未満の場合：200百万円

この通貨スワップは為替レートが95円／米ドルを下回ると元本が2倍に増加し、さらに為替レートが95円／米ドルから100円／米ドルに変化（5円／米ドルのキャッシュ支払が発生）します。

まず、コール・ロングの通貨オプションのペイオフは図表5・33です。次に、元本変動型なので、プット・ショートの通貨オプションの元本を2倍にしたペイオフ（図表5・34）を合成します。

さらに、デジタル・オプションは元本が2倍（2百万米ドル）なので、元本1百万米ドルのデジタル・オプションの支払額を2倍したものです（図表5・35）。これらを合成したものが図表5・36です。

契約条件が多少ややこしくなっても、オプションのペイオフを組み合わせることによって、その内容を把握することができるのです。

❖元本変動型割増条件付為替デリバティブのペイオフ

図表5・33 コール・ロングの通貨オプション（A）

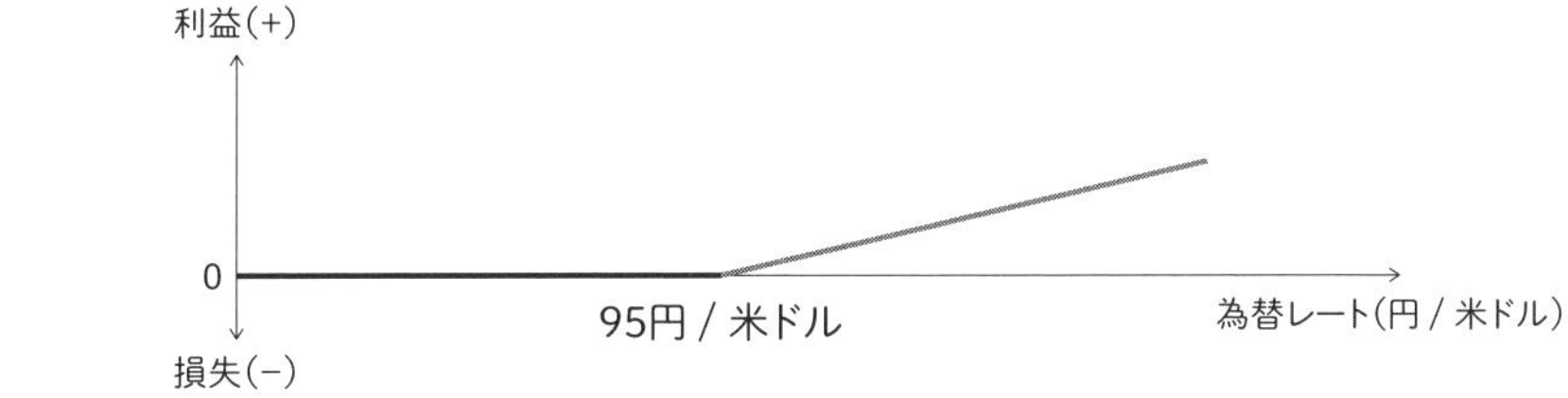

図表5・34 プット・ショートの通貨オプション（元本1百万米ドルをB）

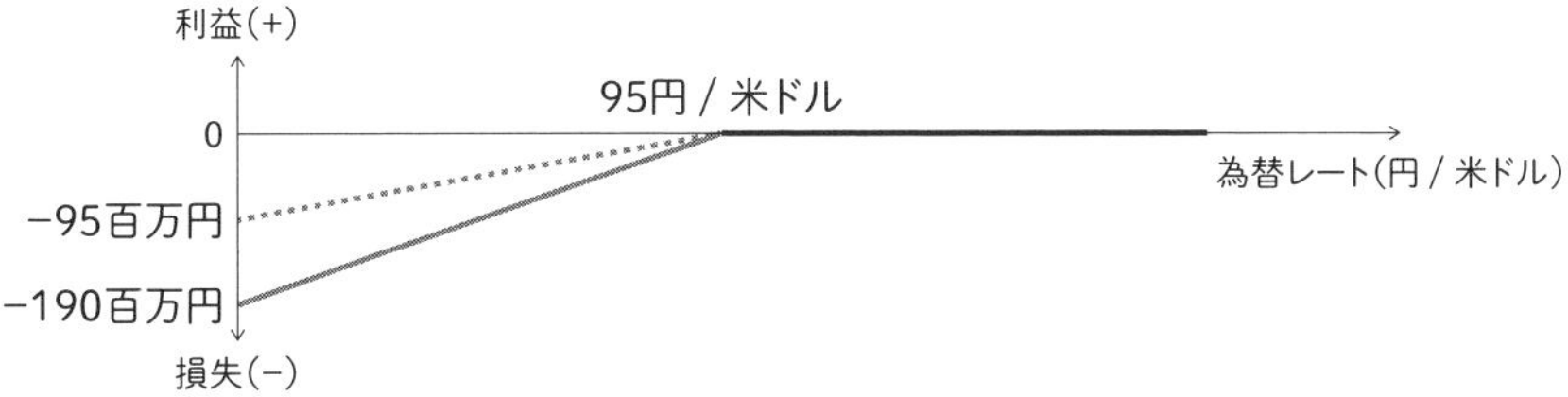

図表5・35 デジタル・オプション（元本1百万米ドルをC）

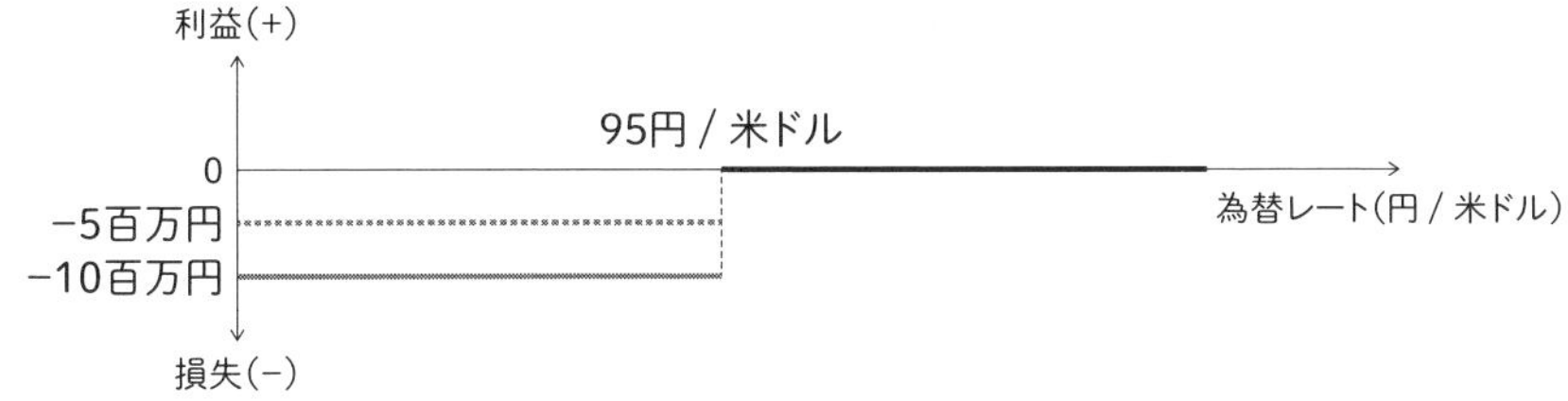

図表5・36 元本変動型割増条件付通貨スワップ（A+B×2+C×2）

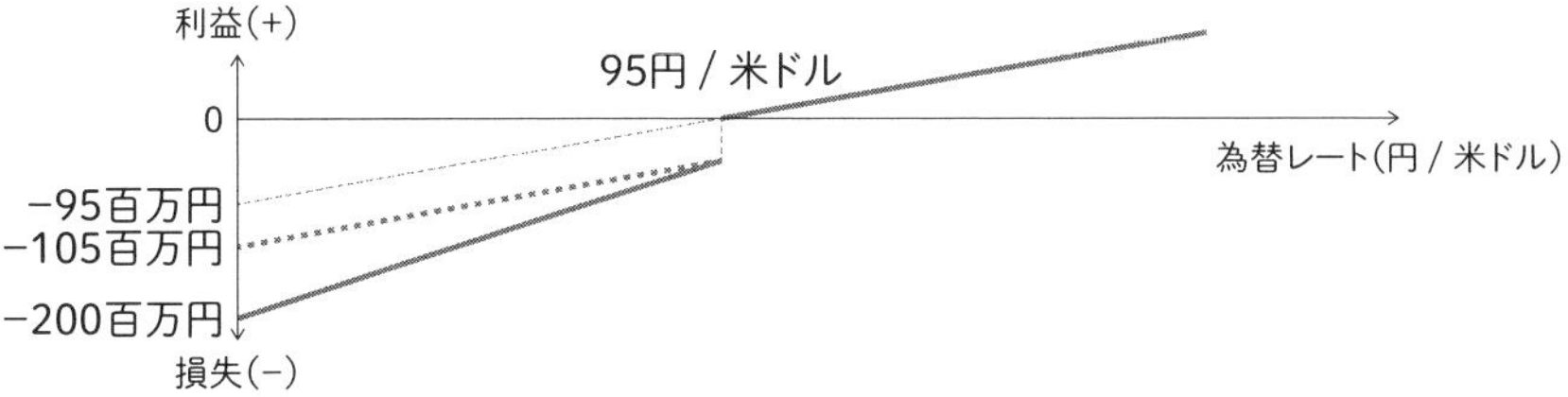

13 元本変動型割増条件付為替デリバティブ（2）

12では元本変動型割増条件付為替デリバティブをオプションのペイオフで合成する方法について説明しました。ここでは細分化した通貨オプションを利用して評価額を計算します。

基本的にはこれまで説明してきたオプションの組合せなので、（A）コール・ロングの通貨オプション（元本1百万米ドル）、（B）プット・ショートの通貨オプション（元本1百万米ドル）、（C）プット・ショートのデジタル・オプション（元本1百万米ドル）の3つのオプションを利用して計算します。

ただし、プット・ショートのオプションは元本が2倍になっているため、評価額の計算においては、（B）×2、（C）×2を利用します。

まず、（A）コール・ロングと（B）プット・ショートを併記したものが図表5・37です。本件においては、（B）プット・ショートの元本が2倍のものを利用します。

次に（C）デジタル・オプションは図表5・38で、元本が2倍のものを利用します。3種類のオプションを合成したものが図表5・39で、シンプルな通貨スワップと比較すると、時価評価額が大きく下がっていることがわかります。

なお、オプションと元本変動型割増条件付通貨スワップの時価評価額の合計は、以下のとおりです。

（A）コール・ロング：114・6百万円
（B）プット・ショート：△117・3百万円
（C）デジタル・オプション：△26・9百万円
（A＋B×2＋C×2）元本変動型割増条件付通貨スワップ：△173・7百万円

❖元本変動型割増条件付為替デリバティブの時価評価額の計算

図表5・37 コール・ロングとプット・ショートの通貨オプション

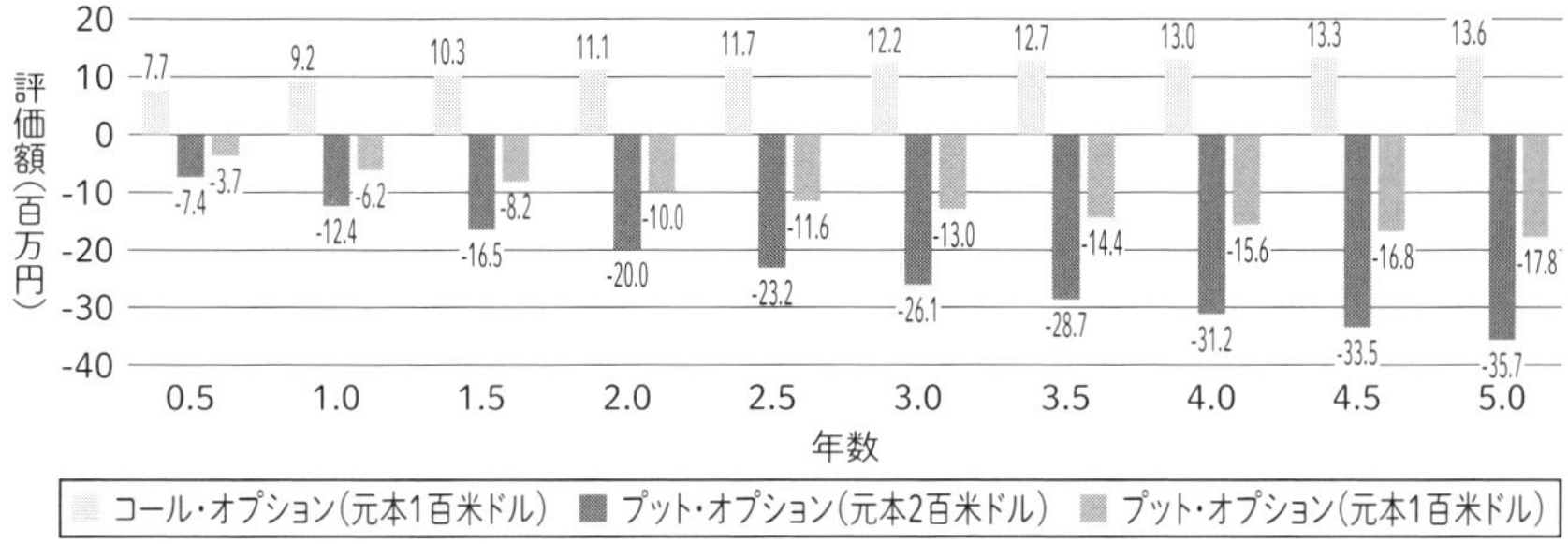

図表5・38 プット・ショートのデジタル・オプション

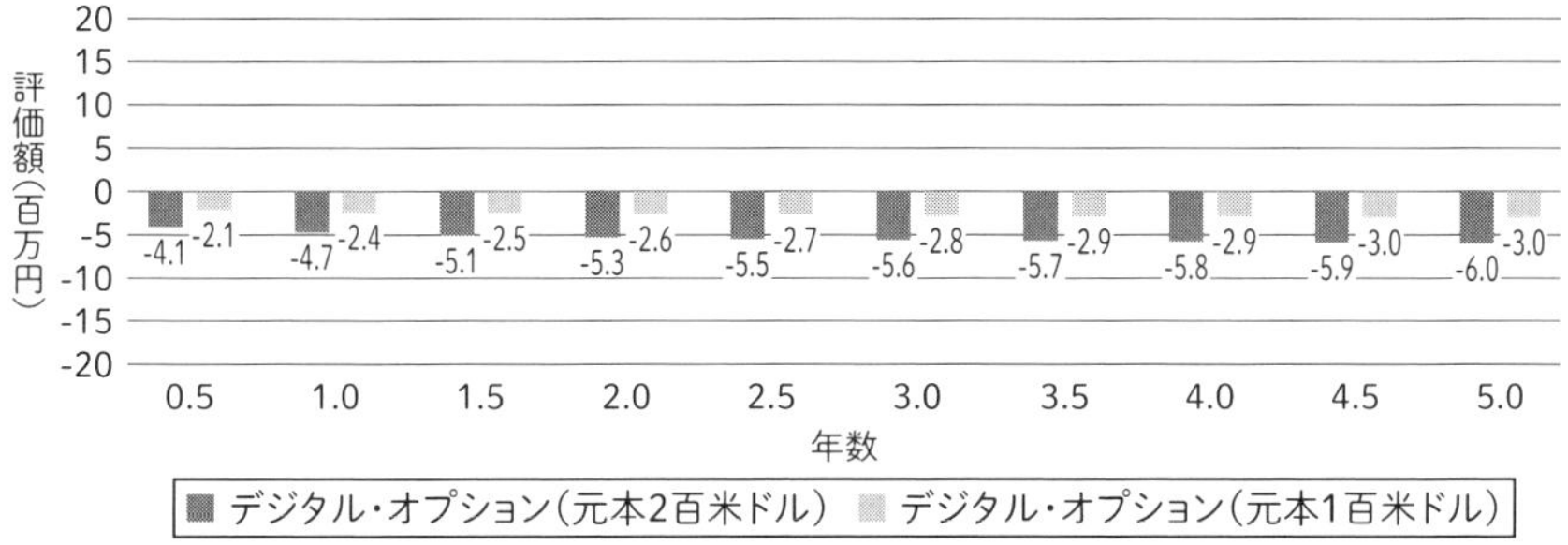

図表5・39 元本変動型割増条件付通貨スワップ

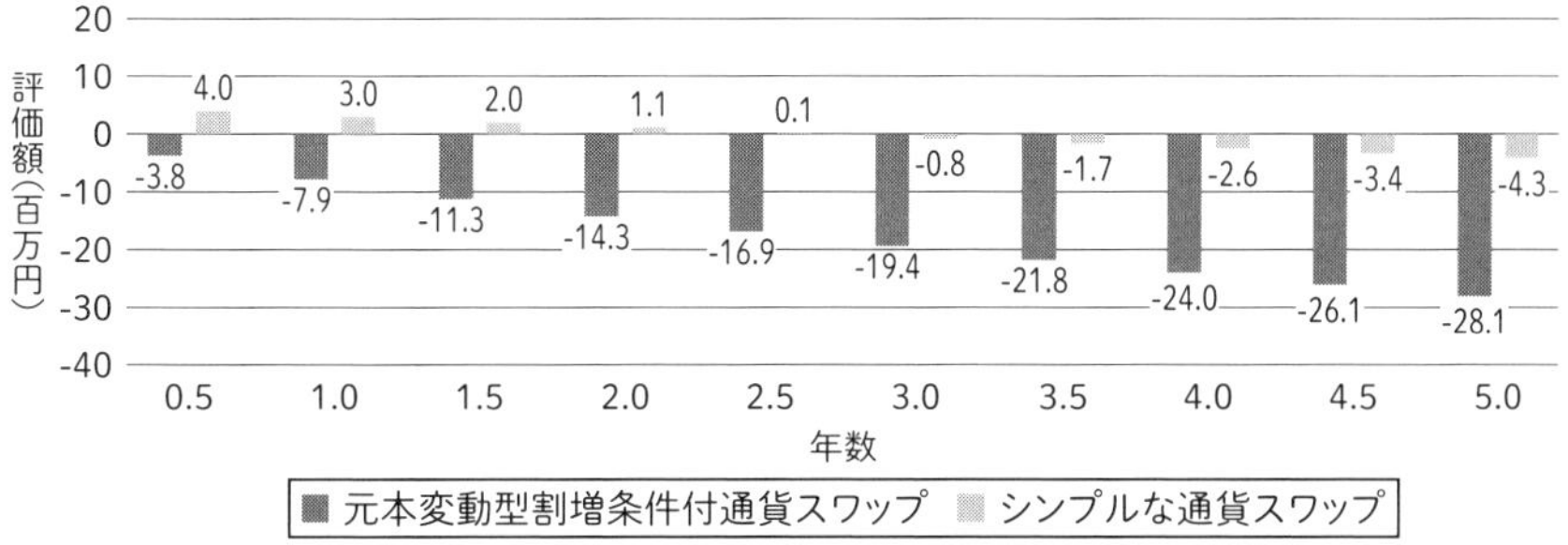

14 元本変動型ノックアウト型為替デリバティブ（1）

元本変動型為替デリバティブはロング・コールとプット・ショートのオプションの比率が異なります。ノックアウト型為替デリバティブは、ノックアウト・オプション（シングル・バリア・オプション）が含まれます。

元本変動型ノックアウト型為替デリバティブはその両方の性質が含まれる契約です。具体的には次のような契約内容の通貨スワップが該当します。

〔受取額〕
- 95円／米ドル以上の場合：1百万米ドル
- 95円／米ドル未満の場合：2百万米ドル

〔支払額〕
- 95円／米ドル以上の場合：95百万円
- 95円／米ドル未満の場合：190百万円

〔契約消滅条件〕
- 120円／米ドルを超える場合

ノックアウト・オプションは契約消滅後にペイオフが発生しないため、バリア・オプション以外を利用して完全にペイオフを作成することは困難です。ノックアウト前のペイオフを前提に説明します。まず、元本変動型通貨スワップは、想定元本1百万円のコール・ロングの通貨オプション（図表5・40）と想定元本1百万円のプット・ショートの通貨オプションの2倍（図表5・41）を合算したものです。そこに、契約消滅条件である120円／米ドルを超える場合にコール・ロングの通貨オプションのペイオフをゼロにするオプション（図表5・42）が合算されます。ノックアウト前のペイオフは、これらを合算した図表5・43です。

ただし、これはペイオフのイメージを説明するために掲載しただけで、元本変動型ノックアウト型為替デリバティブのペイオフではないため留意してください。

❖ノックアウト型為替デリバティブのペイオフは作れない

図表5・40 コール・ロングの通貨オプション（A）

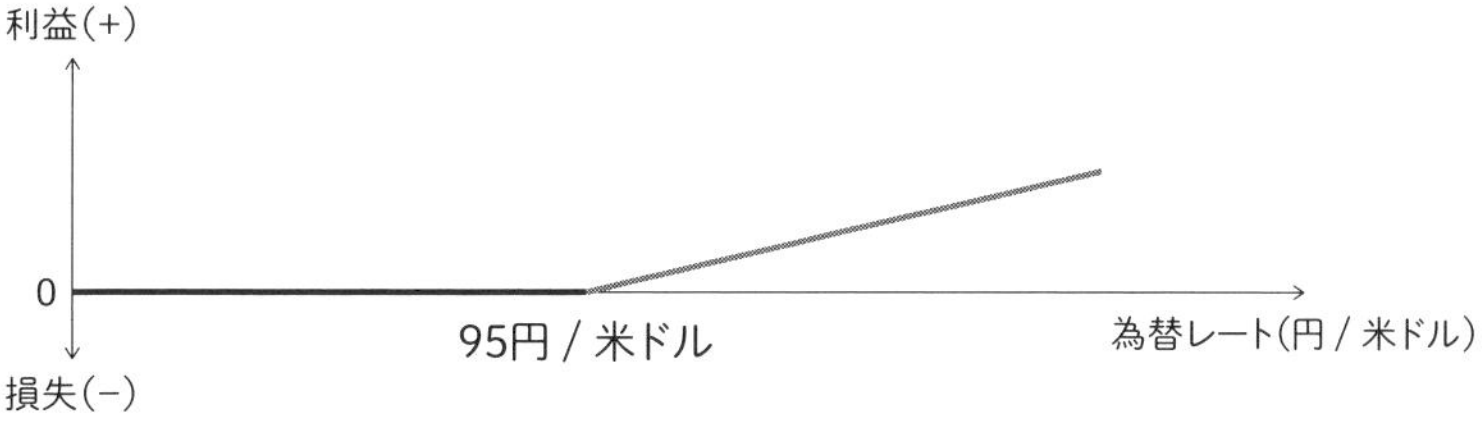

図表5・41 ショート・プットの通貨オプション（B）

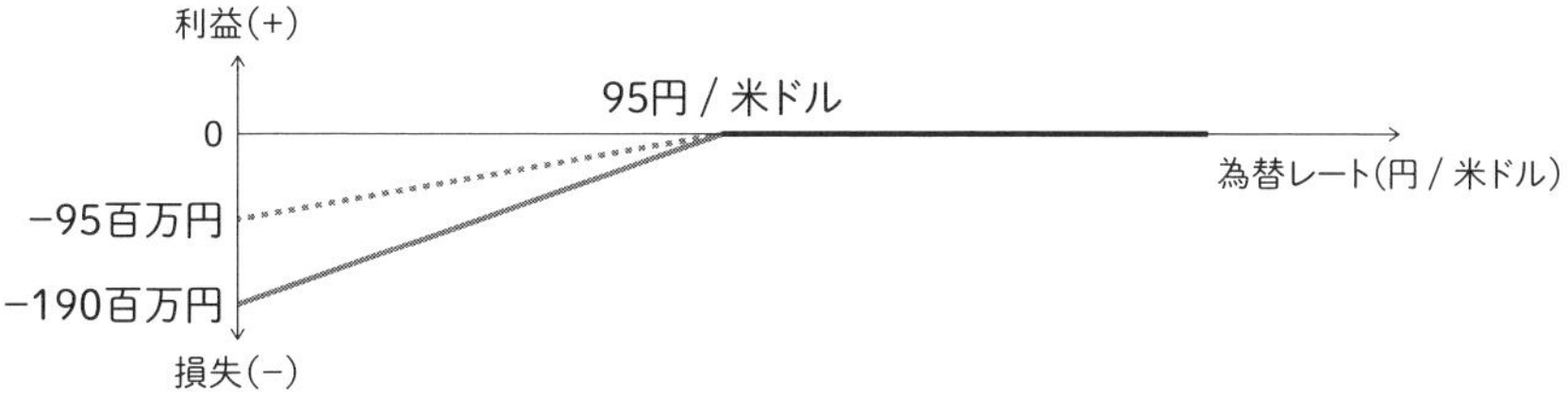

図表5・42 ノックアウト・オプション（C）

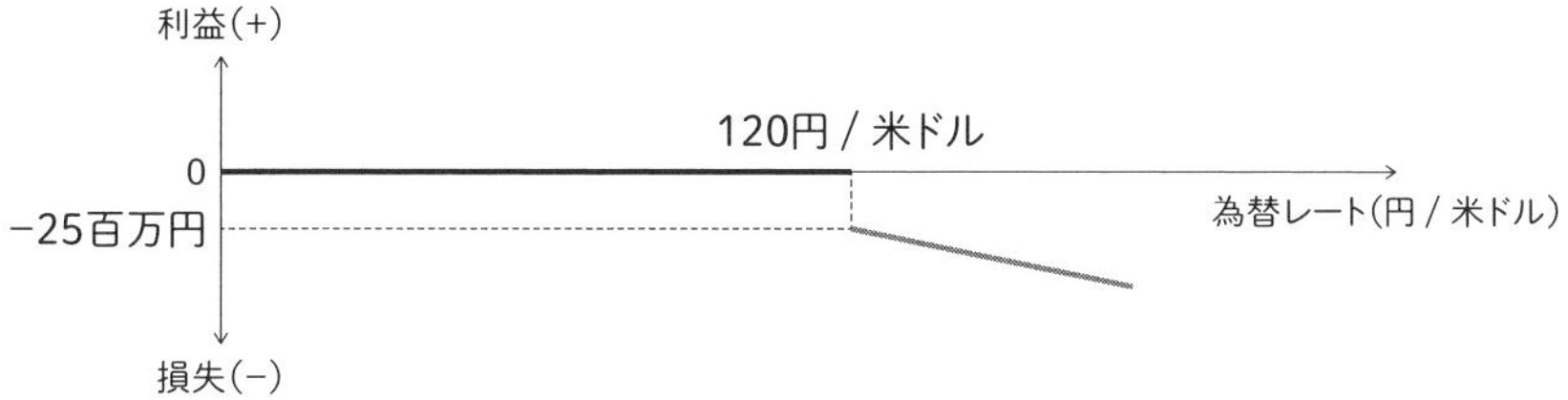

図表5・43 元本変動型ノックアウト型通貨スワップ（A+B+C）

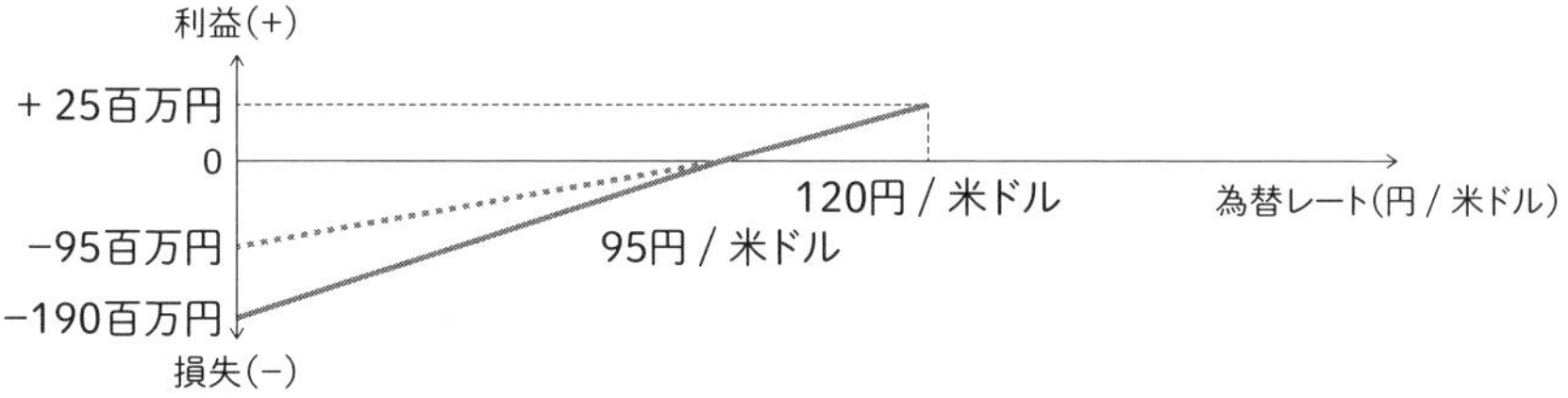

15 元本変動型ノックアウト型為替デリバティブ（2）

元本変動型ノックアウト型為替デリバティブについて、ここでは細分化した通貨オプションを利用して時価評価額を計算します。

（A）コール・ロングの通貨オプション（元本1百万米ドル）、（B）プット・ショートの通貨オプション（元本1百万米ドル）、（C）ノックアウト・オプションの3つのオプションを利用して計算します。

ただし、プット・ショートのオプションは元本が2倍になっているため、評価額の計算においては、（B）×2を利用します。

まず、（A）コール・ロングと（B）プット・ショートを併記したものが図表5・44です。本件においては、（B）プット・ショートの元本が2倍のものを利用します。

次に（C）ノックアウト・オプションは図表5・45です。

3種類のオプションを合成したものが図表5・46で、シンプルな通貨スワップと比較すると、時価評価額が大きく下がっていることがわかります。

なお、オプションと元本変動型ノックアウト型通貨スワップの時価評価額の合計は、以下のとおりです。

（A）コール・ロング：△114・6百万円
（B）プット・ショート：△117・3百万円
（C）ノックアウト・オプション：△84・6百万円
（A＋B×2＋C）元本変動型ノックアウト型通貨スワップ：△204・6百万円

❖元本変動型ノックアウト型為替デリバティブの時価評価額の計算

図表5・44 コール・ロングとプット・ショートの通貨オプション

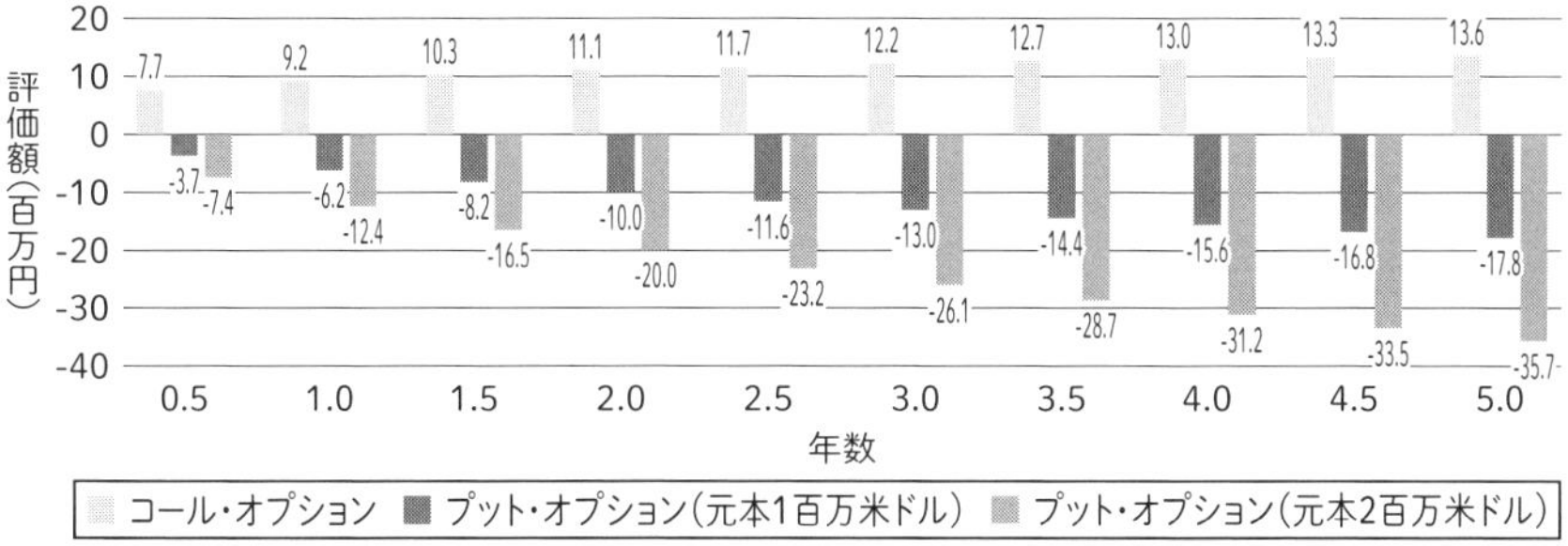

図表5・45 ノックアウト・オプション

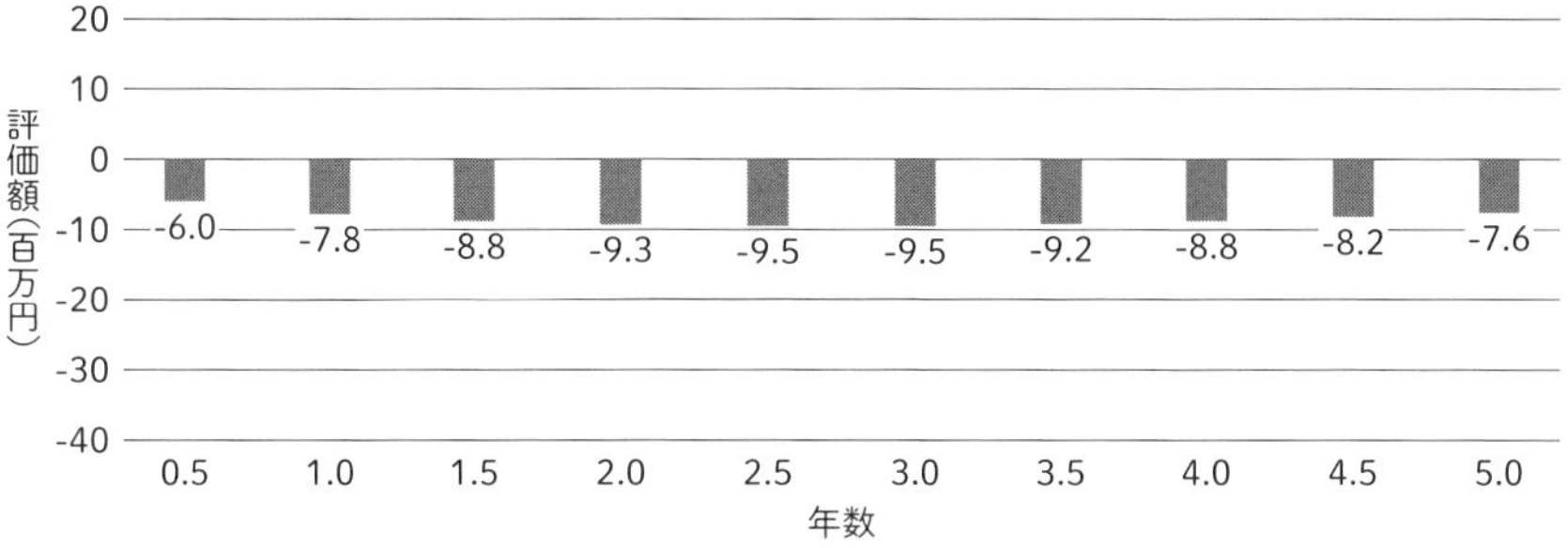

図表5・46 元本変動型ノックアウト型通貨スワップ

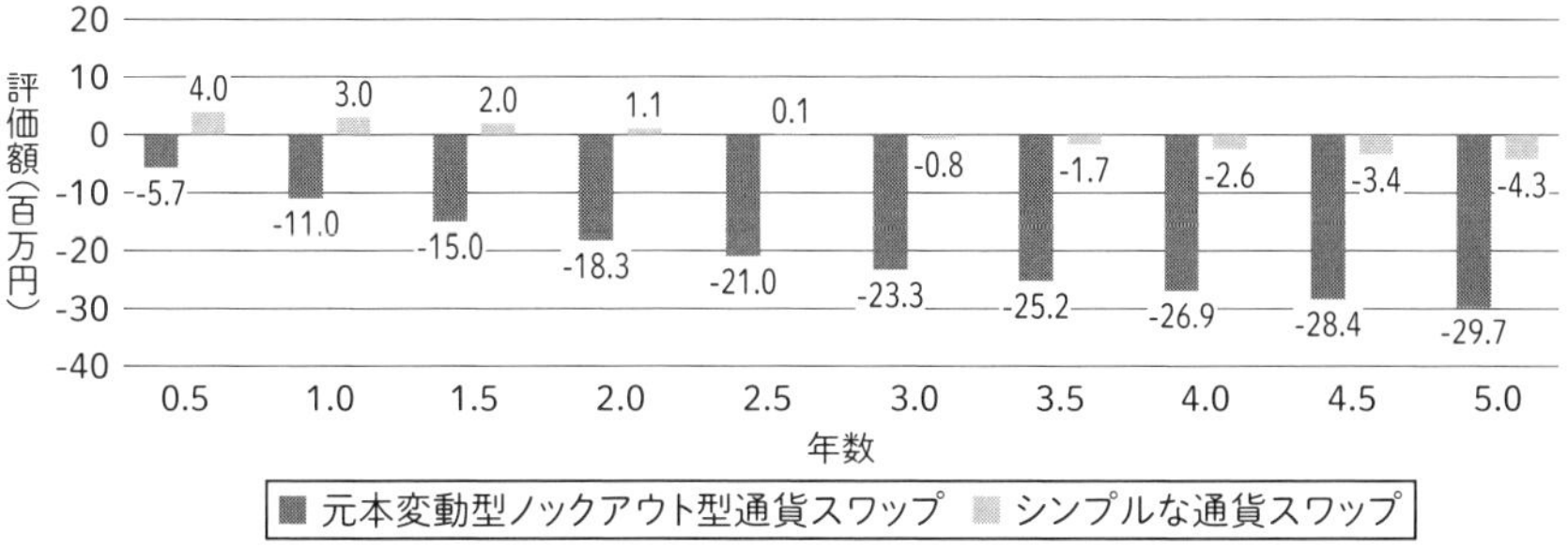

コラム

自己査定と為替デリバティブ

為替デリバティブを金融機関が販売した後、特に大きな為替相場の変動がなければ、契約は何の問題もなく終了します。本書で説明しているような為替デリバティブは、スポット・レートよりも低い為替予約レートや交換レートを設定しているため、為替相場が大きく変動しなければ、顧客にキャッシュ・インが発生します。何もなければ、それほど悪い商品設計ではないのです。

ただし、為替相場に大きな変動があると、金融機関が顧客と締結している為替デリバティブは、評価額が大きくプラスになったりマイナスになったりします。銀行には自己査定という与信管理のためのしくみがあり、「債務者（銀行に対して債務を追っている会社）がその債務を返済できそうか？」を判断しなければいけません（その際の会社の信用状況を「債務者区分」といいます）。

銀行が会社と為替デリバティブの契約を締結していて、その時点の時価評価額が会社側にプラス（金融機関側はマイナス）の場合、銀行側が債務者なので自己査定の必要はありません。

ただし、為替デリバティブの時価評価額が会社側にマイナス（金融機関側はプラス）の場合、銀行は会社に対して債権を有していて、会社が債務者となるため、自己査定が必要になるのです。

自己査定では「その債務を返済可能か？」を判断しなければならず、返済できそうにない状態（たとえば、債務者区分が破綻懸念先）と判断されてしまうと、為替デリバティブの評価益が不良債権と認定されてしまいます。

すなわち、銀行からすると「評価額がプラスの方が銀行には都合がいいが、債務者区分が悪くなると困る」というのが本音です。為替デリバティブを販売するにあたって、金融機関は「良い会社だけに販売したい」と思っているのです。

選ばれた会社は、ある意味では栄誉といえるのかもしれません。

第 6 章

為替系仕組債

前章まで代表的な為替デリバティブの種類やその特徴について解説してきました。為替デリバティブそのものではないものの、為替デリバティブが含まれる金融商品が世の中には存在します。その代表的なものが、為替系仕組債です。本章では為替デリバティブが含まれている代表的な為替系仕組債について説明します。

1 為替系仕組債とは

本書は為替デリバティブについての書籍ですが、為替デリバティブが単独で利用されずに、有価証券に組み合わされて利用されている場合があります。

特に、為替系仕組債は、債券と為替デリバティブの組合せで発行されています。

ここでは、代表的な為替系仕組債について説明していきます。まず、代表的な為替系仕組債は、以下の3つです。

- デュアル・カレンシー債（DC債）
- リバース・デュアル・カレンシー債（RDC債）
- パワー・リバース・デュアル・カレンシー債（PRDC債）

それぞれの性質は後で説明しますが、投資家のなかには、為替リスクを負っても、少しでも利回りを上げたいという人がいます。

そのような投資家のニーズに対応した、為替リスクはあるものの、円建の債券よりも利回りが高いものが「為替系仕組債」です。

一般的に、為替系仕組債は**円建の債券よりも利率が高く設定されています**ので、低金利の日本円で運用するよりも高い利回りが期待できます。

時期によりますが、投資家からの資金運用ニーズを満たすために発行量はかなりの金額になっています。

❖為替系仕組債の特徴

期　間	長期（20～30年程度）
元本の通貨	外国通貨、日本円
利息の通貨	外国通貨、日本円
金　利	日本円よりも高く設定される
性　質	為替デリバティブが債券に含まれている
信用格付	高い

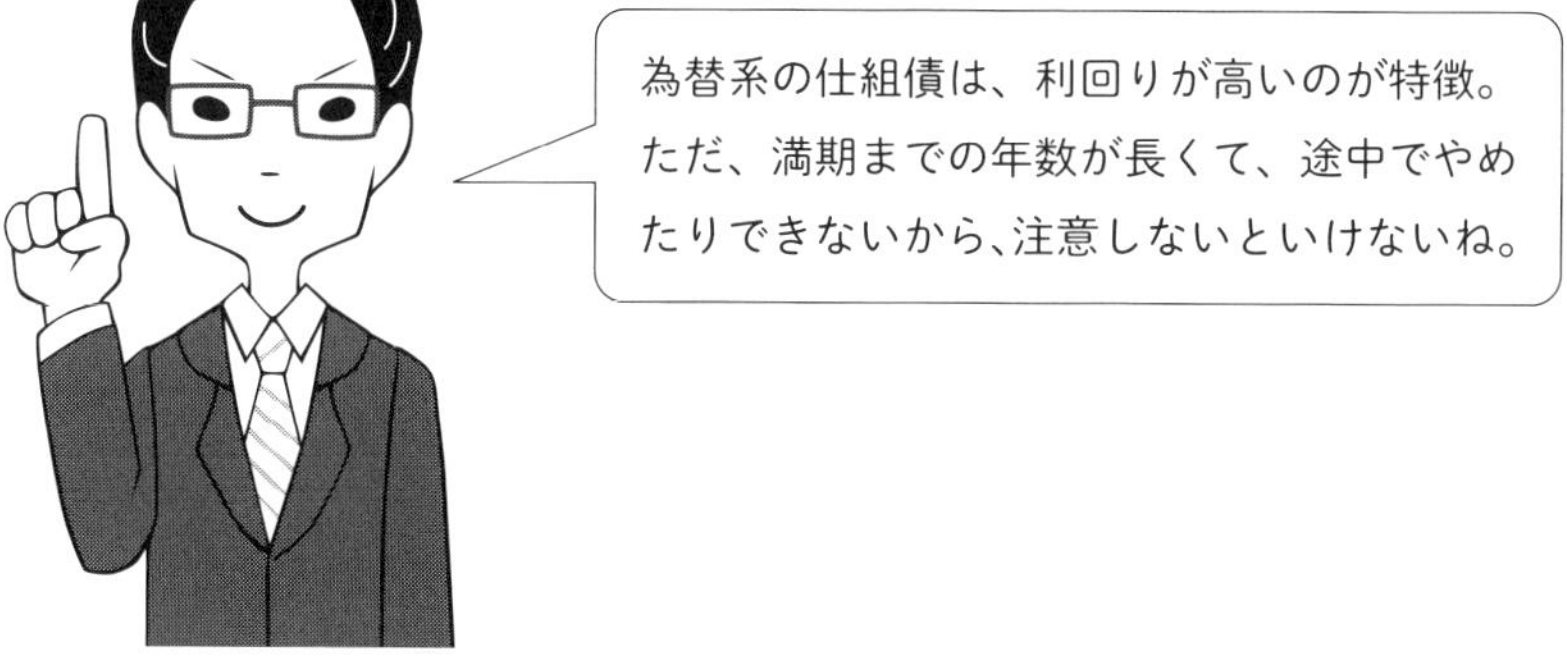
為替系の仕組債は、利回りが高いのが特徴。ただ、満期までの年数が長くて、途中でやめたりできないから、注意しないといけないね。

2

為替系仕組債はなぜ金利が高いのか？

仕組債は、5%や10%といった高い金利を受け取ることが可能な商品です。

タイプによって違いますが、PRDC債の場合、金利の計算方法は次のようになっています。

適用金利＝20%×FX÷80－15%

この計算式では、為替レート（FX）が100円／米ドルの場合、10%の金利を受け取ることができます。

仕組債の金利がなぜ高くなるかというと、外国通貨の金利を使用しているからです。

日本円の30年金利が2%でも、米ドルの30年金利が8%とすると、30年間運用すれば米ドルで8%の金利が受け取れます。

また、PRDC債の場合は、為替レートによって金利が変動しますが、ある一定まで円高（為替レートが下がる）になると、金利はゼロになります。

フォワード・レートの特性から、為替レートは円高（低く）になるように評価するため、いくら発行時に10%の金利がもらえたとしても、将来は金利をもらえなくなる前提で評価しているのです。このため、実際の米ドル金利の8%よりも、金利を高く設定しても、将来の金利ゼロの期間があるため、問題ありません。

よって、仕組債の金利が高くなる理由は、大きく次の2つです。

① 外国通貨の金利であるため
② フォワード・レートが円高になり、金利ゼロの期間が発生するため

❖ PRDC の金利

適用金利＝20％× FX ÷80－15％

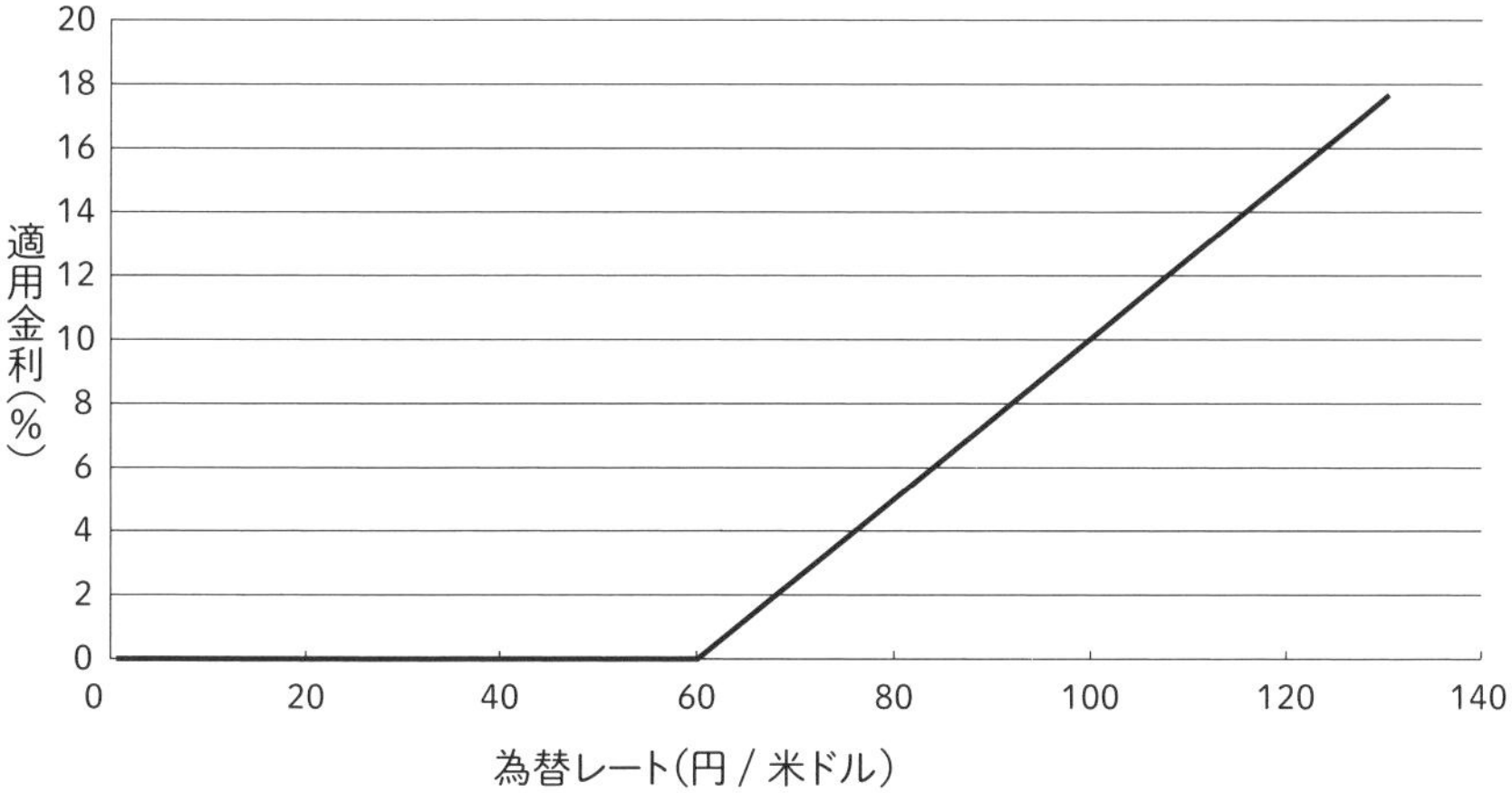
20
18
16
14
12
10
8
6
4
2
0
適用金利（％）
0
20
40
60
80
100
120
140
為替レート（円 / 米ドル）

このケースでは、為替レートが60円 / 米ドルよりも円安（高い）の場合、金利を受け取ることができる

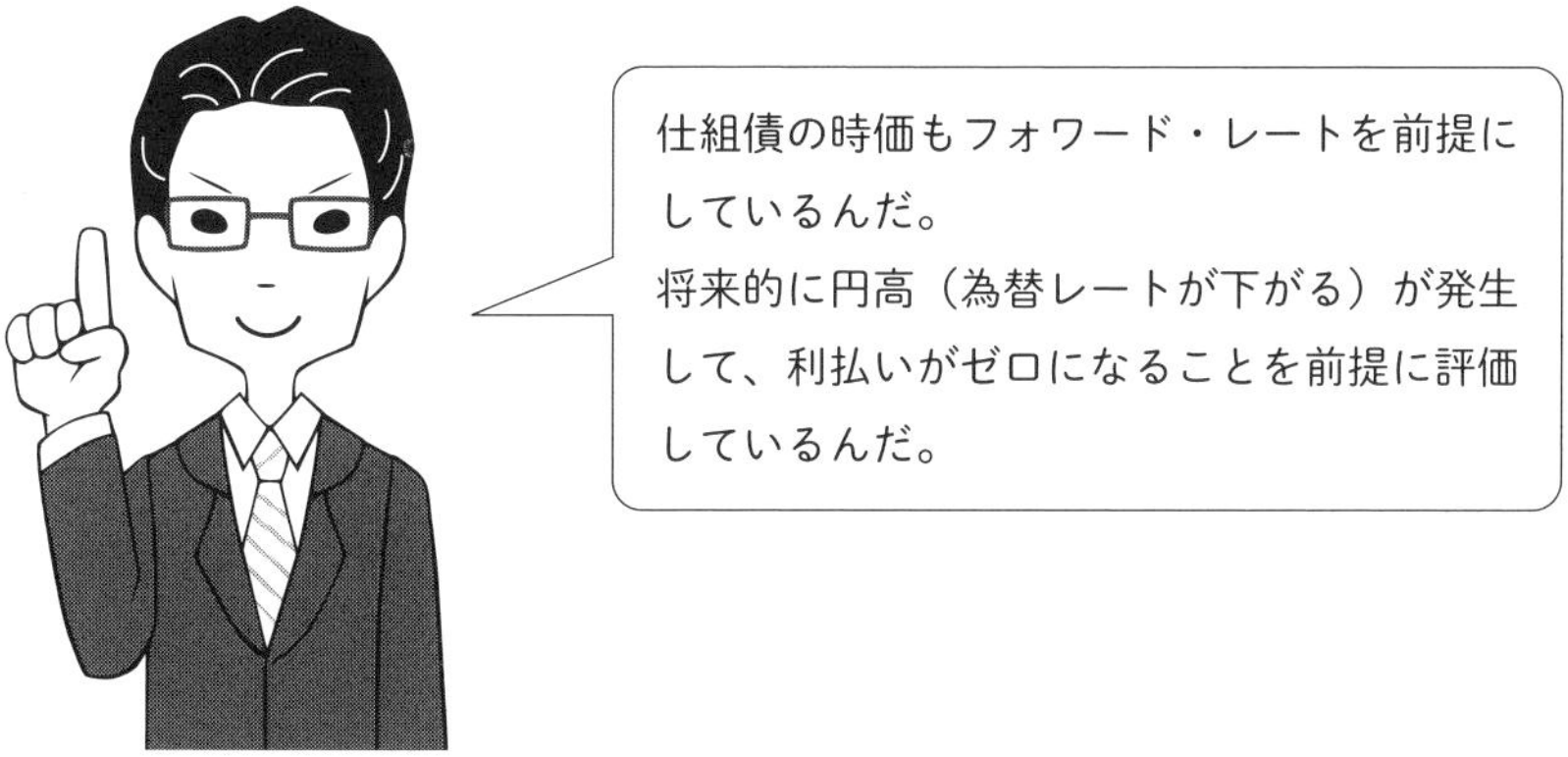
仕組債の時価もフォワード・レートを前提にしているんだ。
将来的に円高（為替レートが下がる）が発生して、利払いがゼロになることを前提に評価しているんだ。

3 デュアル・カレンシー債（DC債）とは

デュアル・カレンシー債とは、二通貨建（デュアル）の債券という意味です。原則として**元本が外貨建で償還され、利息が円建で受け取るタイプの債券**です（図表6・1）。

為替リスクとの関係でいうと、元本が外貨建、利息が円建であるため、元本のみが為替リスクを有しています。

デュアル・カレンシー債を発行するためには、図表6・2のように外貨建債券の利息部分（外貨建）を通貨スワップ（ベーシス・スワップ）で米ドル金利と日本円金利を交換することによって、日本円の利息を発生させます。

すなわち、デュアル・カレンシー債は、外貨建債券＋通貨スワップ（ベーシス・スワップ）で、作り出すことができます。社債を発行する会社も、外国法人の場合、日本円の金利を支払うインセンティブはないため、為替デリバティブを利用して、日本円の利息支払を可能な状態にします。

DC債は、外貨建債券に為替デリバティブを合成したものといえます。

このように、利息支払に関する為替リスクを排除したいという投資家に販売する際に、デュアル・カレンシー債（DC債）という仕組債が利用されています。

❖デュアル・カレンシー債

図表6・1 デュアル・カレンシー債のキャッシュ・フロー

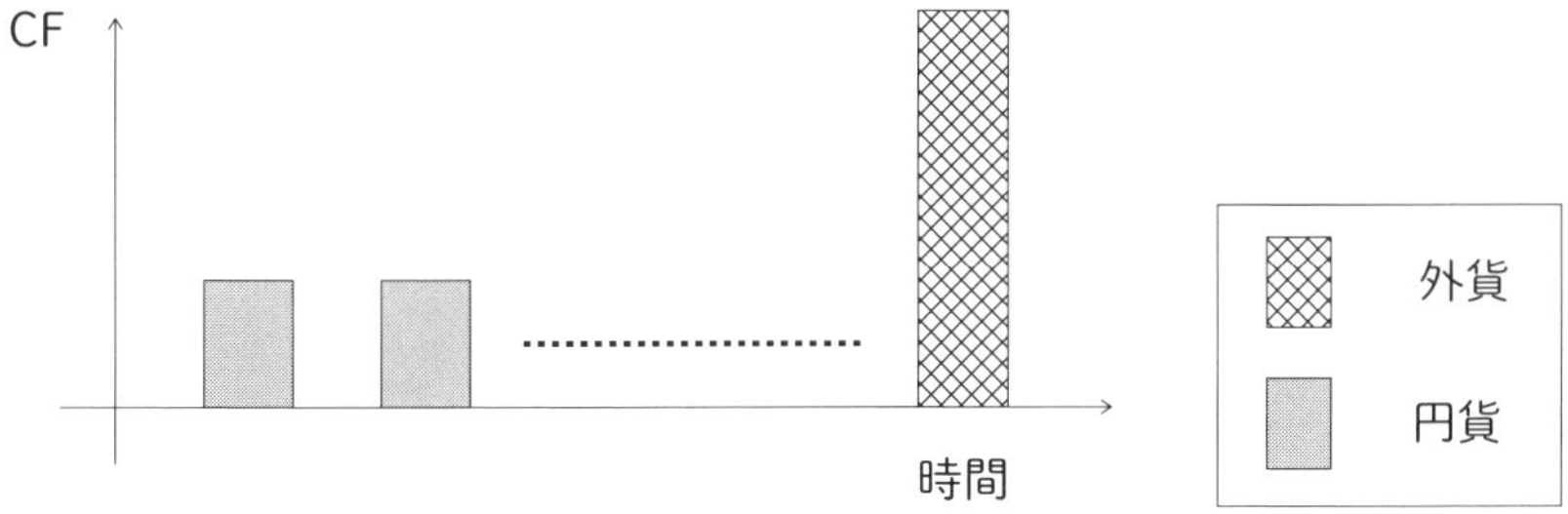

CF
時間
外貨
円貨

図表6・2 DC債発行の仕組み

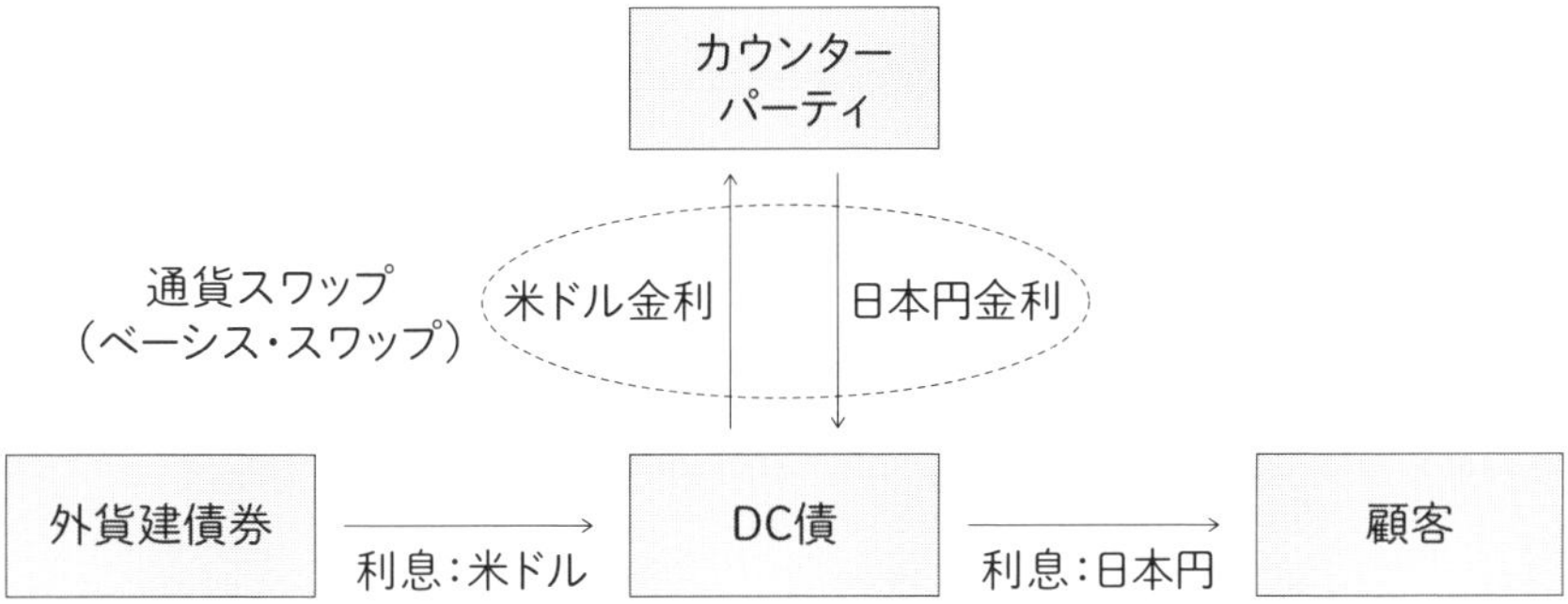

カウンターパーティ
通貨スワップ（ベーシス・スワップ）
米ドル金利
日本円金利
外貨建債券
利息：米ドル
DC債
利息：日本円
顧客

DC債は、利息の支払を円建にするために、為替デリバティブ（通貨スワップ）を利用しているんだ。
ここで、為替デリバティブが利用されているんだね。

4 リバース・デュアル・カレンシー債（RDC債）とは

デュアル・カレンシー債は、二通貨建（デュアル）として、利息を円建、元本を外貨建とする仕組債です。

リバース・デュアル・カレンシー債の〝リバース〟とは「逆」という意味です。デュアル・カレンシー債と同じ二通貨建ですが、**元本と利息の通貨がデュアル・カレンシー債と逆**になります。

具体的には、元本が円建、利息が外貨建です（図表6・3）。

外貨建の元本はフォワード・レートで計算するため、満期まで20～30年もある仕組債ではかなりディスカウントされてしまいます。

リバース・デュアル・カレンシー債は、元本が円建なので、デュアル・カレンシー債に比べると元本の為替リスクが抑えられた仕組債といえます。

図表6・4のように、円建債券の日本円金利を通貨スワップ（ベーシス・スワップ）で米ドル金利と交換することによって、米ドルの利息を発生させます。

すなわち、リバース・デュアル・カレンシー債は、円建債券＋通貨スワップ（ベーシス・スワップ）で作り出すことができます。

日本円の金利と米ドルの金利を比べると米ドル金利のほうが高いため、投資家にとっては日本円建の債券に投資するよりも高い金利を受け取ることができる、というメリットがあります。

❖リバース・デュアル・カレンシー債

図表6・3 リバース・デュアル・カレンシー債のキャッシュ・フロー

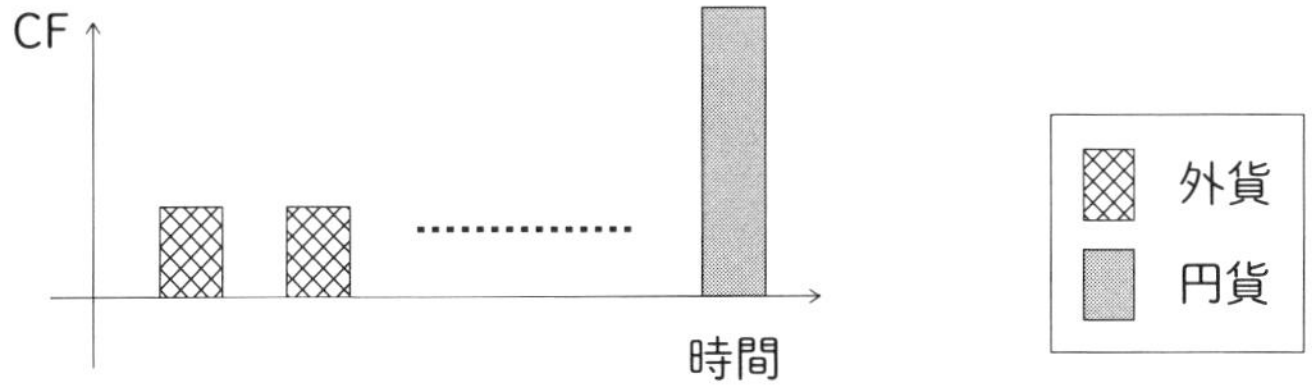
CF
時間
外貨
円貨

●デュアル・カレンシー債と，元本・利息の通貨が逆（リバース）

図表6・4 RDC債発行の仕組み

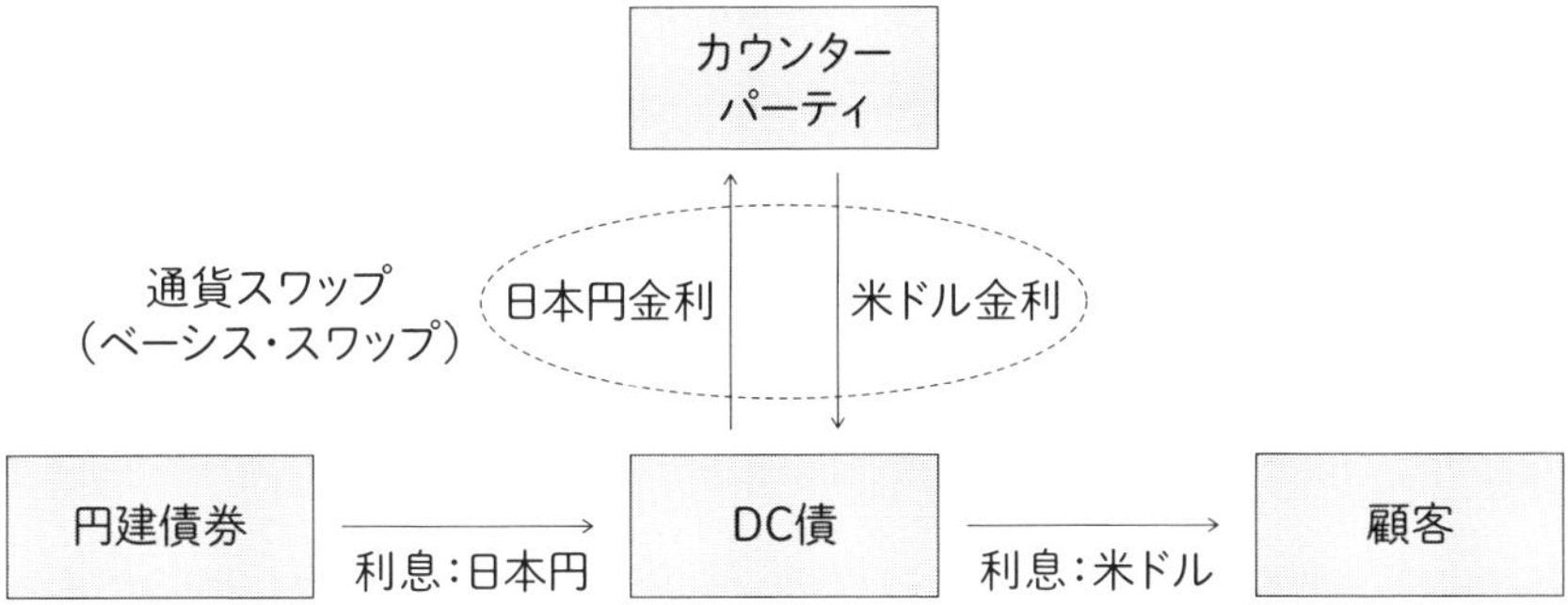
カウンターパーティ
通貨スワップ（ベーシス・スワップ）
日本円金利
米ドル金利
円建債券
利息：日本円
DC債
利息：米ドル
顧客

RDC債は、利息を米ドル金利にするために為替デリバティブが利用されているんだね。

5 パワー・リバース・デュアル・カレンシー債（PRDC債）とは

パワー・リバース・デュアル・カレンシー債は、英語の頭文字をとって〝PRDC債〟と呼ばれます。

4で、リバース・デュアル・カレンシー債（RDC債）の説明をしましたが、PRDC債は文字通りパワー（P）が違います。

PRDC債はRDC債を基本にしていますので、日本円建の元本、外国通貨の金利が基本です。

ただし、元本が外国通貨の場合もあります。このあたりの用語の使い分けは、為替デリバティブと同じで微妙です。勝手に金融機関が商品名称として付けます。

さて、話をパワー（P）に戻しましょう。PRDC債はRDC債に何を追加しているかというと、**レバレッジ**です。

RDC債は、利息が外貨建というだけで、基本的には金利はレバレッジが掛かっていません。

一方、PRDC債はというと、次のような金利条件になり、為替レートの動きに応じて利率が大きく変動します。

適用金利＝15％×FX÷100－10％（下限0％）

一般的には、為替レートが円安になった場合に利率が高くなるように設計されていますが、上限が付いていない場合は際限なく上昇していきます。他の仕組債と利率を比較すると、図表6・6のようになります。

ただし、発行体にとっては、際限なく上昇する金利の支払は負担になりますので、利率の上限を設定したり、累積利息支払額が一定の水準を超えると自動的に償還される（ノックアウト）契約になっています。

❖パワー・リバース・デュアル・カレンシー債

図表6・5 仕組債の比較

	元　本	利　息	レバレッジ
円建債券	日本円	日本円	なし
外貨建債券	外　貨	外　貨	なし
DC 債	外　貨	日本円	なし
RDC 債	日本円	外　貨	なし
PRDC 債	日本円	外　貨	あり

※上記は、基本的な区分けで、実際の商品とは異なる場合がある。

図表6・6 仕組債の利率の比較

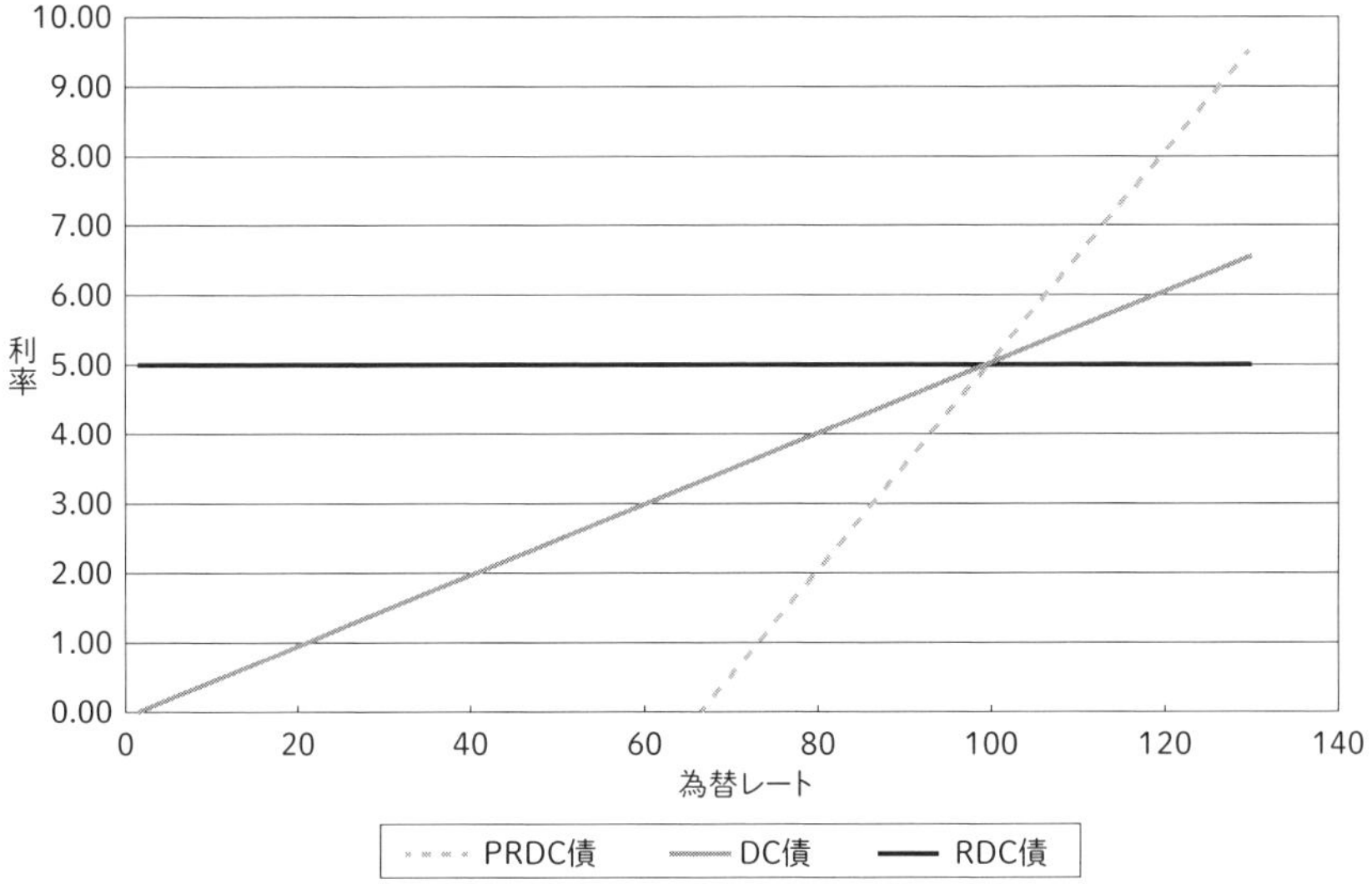

PRDC債 ＝ 15%×FX÷100－10%（下限０%）
DC債 ＝ ５%
RDC債 ＝ FX÷100×５%

6 割安になりやすい為替系仕組債は？

為替系仕組債にはさまざまな種類があります。一般的に、為替系仕組債は、発行から満期までの期間が20～30年と長いものが多く、評価額が低くなるものが数多く含まれます。

ここでは、どのような仕組債の価格が低くなる傾向があるかを説明します。

① **満期までの期間**

仕組債は債券なので、元金返済のキャッシュ・フローを割引計算します。

割引現在価値は年数が長いほど小さくなるため、期間が長い仕組債ほど価格は低くなります。

② **元本の通貨**

仕組債は、元本が日本円建のものと、外貨建のものがあります。フォワード・レートの箇所でも触れましたが、日本円の金利は他の通貨と比較しても低いため、外貨建の元本の償還時における為替レート（フォワード・レート）は、小さく（円高）なります。元本は、日本円のほうが価格は高くなり、外貨建のほうが価格は低くなります。

③ **ノックアウト**

為替系仕組債にはノックアウト条項が付いているものが多く発行されています。元本が外貨建であっても、ノックアウトすると日本円で償還されます。

仕組債は、償還までの期間が長いため、満期まで保有すると元本の割引現在価値はとても小さくなります。

ノックアウト条項がある場合、満期よりも前に償還される可能性があるので、元本返済のキャッシュ・フローの割引現在価値は大きくなります。この結果、ノックアウトがある仕組債のほうが価格は高くなります。

❖仕組債の発行条件の評価に与える影響

●評価の高い仕組債と低い仕組債

	評価額の高い仕組債	評価額の低い仕組債
年　数	短い	長い
元本の通貨	日本円建	外貨建
ノックアウト	あり	なし

●円建債券と外貨建債券の価格の比較

【前提条件】

額　面	100	X
日本円金利	1%	
米ドル金利	5%	

30年後の日本円の現在価値係数　0.7419A
30年後の米ドルの現在価値係数　0.2314B

日本円建債券の現在価値	74.19	X × A
米ドル建債券の現在価値	23.14	X × B／A × A

⇕ 大きな差が生じる

7 為替系仕組債の担保としての有効性

為替デリバティブを締結するときに、不動産などの担保がない場合、金融機関から代わりとなる何らかの担保を求められる場合があります。

銀行との取引では、すでに不動産などを担保設定しているケースが多いでしょうから、証券会社との取引の場合に、金融資産を追加担保として差し入れるケースが多いと思います。

この際に、為替系仕組債を担保として差し入れているケースも見られます。取引先の証券会社が販売したものを、そのまま担保として利用しているのでしょう。

一般的に、会社が金融機関と締結する為替デリバティブは、円高になる（為替レートが低くなる）と損失が発生するタイプです。

為替系仕組債は、円高になる（為替レートが低くなる）と評価損が発生します。

すなわち、損失が出る方向が同じなので、実際に担保として有効かといわれると、そんなはずはありません。

本来であれば、担保は為替デリバティブのリスクとは切り離されたものである必要があります。

円建社債であれば、為替リスクを受けないので、為替デリバティブの担保として利用できますが、外貨建社債は為替デリバティブと同じ為替リスクを受けるため意味がありません。

担保資産は、リスクヘッジすべき対象の性質をよく考えたうえで設定しなければなりません。

❖担保としての有効性の比較

●為替デリバティブと仕組債

為替デリバティブ	為替リスクがある
↕	担保として有効ではない
為替系仕組債	為替リスクがある

●為替デリバティブと円建社債

為替デリバティブ	為替リスクがある
↕	担保として有効
円建社債	為替リスクはない

為替デリバティブの担保には、為替デリバティブと同じ動きをするものは使えないよ。為替デリバティブの担保に仕組債を利用しても、あまり意味がないね。

コラム

投資家はなぜ外貨建債券を購入するのか？

本章では、外貨建債券のうち、デリバティブを組み込んで組成した仕組債を紹介しました。仕組債かどうかはともかく、投資家の外貨建債券への投資ニーズは昔から高いのです。

まず、年金基金などの機関投資家が投資を行う場合、投資対象となる「債券が投資適格か」ということが第一段階に判断する事項です。投資適格とは格付機関の BBB 格（ムーディーズは Baa 格）以上の信用格付を取得している債券のことで、投資するのに十分な信用力のあることを前提とします。無格付けや BB 格以下の信用格付の債券は、基本的に年金基金などの機関投資家の投資対象になりません。

年金基金は資金運用益を原資に年金受給者への支払を行うため、将来の年金支払のために必要な利回りを確保しなければなりません。一方、投資適格の債券は債券の元利金の回収可能性は高いものの、一般的に利回りが低くあまり儲かりません。

すなわち、機関投資家は高格付けの信用力の高い債券で、できる限り利回りの高い債券に投資したいと考えているわけです。日本には高格付けの債券は存在しても、残念ながら低金利（ほぼゼロ金利）の債券しかありません。そのため、どうしても金利の高い外国債券が投資対象となってくるのです。

ただし、金利の高い外国債券に投資したいとしても、できるだけ為替リスクを避けたいと考えるので、純粋な外国債券投資よりも、リパッケージ債（外国債券に通貨スワップを組み合わせて円建債券に変換したもの）や本書で説明した RDC 債や PRDC 債が投資対象となります。

為替系仕組債は、利用方法を間違えなければ、投資家の投資対象としては決して悪いものではありません。

◆おわりに◆

本書は、為替デリバティブの入門書として、その内容について広く解説することを目的としています。

第1版の発売時点では為替デリバティブが問題になっていましたが、当時は問題点だけがクローズアップされ、為替デリバティブの本質を理解しないままに議論が繰り広げていたように思います。

その後、経済環境の変化により、日本企業を取り巻く環境は変化しました。取引のグローバル化により、今や中小企業であっても様々な為替リスクを抱えています。為替デリバティブは、その為替リスクをコントロールするための重要な手段です。為替デリバティブをどのように利用すれば良いかを理解しておけば、事業遂行の有力なツールとして活用できるはずです。

本書では読者の皆さんが理解しやすいように、数式などを極力排除して、可能な限り簡易に説明することに努めました。為替デリバティブへの知識成立の一助となれば幸いです。

なお、本書におけるコメント、その他の意見に関わる記述は著者の私見であることを申し添えます。

最後に、素敵なイラストを描いてくださった清水まどかさん、筆者の趣旨を理解し、企画・編集でご協力いただいた中央経済社の阪井あゆみさんに、心よりお礼申し上げます。

2022年7月

山下　章太

【著者略歴】

山下　章太（やました　しょうた）

公認会計士

神戸大学工学部卒業後，監査法人トーマツ（現有限責任監査法人トーマツ），みずほ証券，東京スター銀行を経て独立。

独立後は，評価会社，税理士法人，監査法人を設立し代表者に就任。その他，投資ファンド，証券会社，信託会社，学校法人などの役員を歴任し，現在に至る。

著書に，『金融マンのための実践ファイナンス講座〈第3版〉』『金融マンのための実践デリバティブ講座〈第3版〉』『金融マンのための不動産ファイナンス講座〈第3版〉』『金融マンのための再生ファイナンス講座』『金融マンのための実践エクイティ・ファイナンス講座』『図解不動産ファイナンスのしくみ』（いずれも中央経済社）。

■イラスト：清水まどか

図解　為替デリバティブのしくみ〈第2版〉

2013年4月25日　第1版第1刷発行
2017年11月25日　第1版第6刷発行
2022年7月25日　第2版第1刷発行

著　者　山　下　章　太
発行者　山　本　　　継
発行所　㈱中央経済社
発売元　㈱中央経済グループパブリッシング

〒101-0051　東京都千代田区神田神保町1-31-2
電話　03（3293）3371（編集代表）
03（3293）3381（営業代表）
https://www.chuokeizai.co.jp
印刷／文唱堂印刷㈱
製本／㈲井上製本所

＊頁の「欠落」や「順序違い」などがありましたらお取り替えいたしますので発売元までご送付ください。（送料小社負担）
ISBN978-4-502-43491-4 C3034